KARL GABRIEL

CHRISTENTUM ZWISCHEN TRADITION UND POSTMODERNE

HERDER

FREIBURG · BASEL · WIEN

Die Deutsche Bibliothek – CIP-Einheitsaufnahme

Gabriel, Karl: Christentum zwischen Tradition und
Postmoderne / Karl Gabriel. – Freiburg im Breisgau; Basel;
Wien: Herder, 3. Auflage 1994
(Quaestiones disputatae; 141)
ISBN: 3-451-02141-2
NE: GT

Dritte Auflage

© Verlag Herder Freiburg im Breisgau 1992
Herstellung: Freiburger Graphische Betriebe 1994
ISBN 3-451-02141-2

Inhalt

TEIL II
CHRISTENTUM UND KATHOLIZISMUS IM KONTEXT DER BÜRGERLICH-MODERNEN INDUSTRIEGESELLSCHAFT

TEIL III
CHRISTENTUM IM UMBRUCH ZUR „POST"-MODERNE

Vorwort

Thema der vorliegenden Studie ist die Lage des Christentums in der Gegenwartsgesellschaft der Bundesrepublik Deutschland. Die Arbeit möchte auf der Grundlage verfügbaren empirischen Materials ein Konzept entwickeln, das eine schlüssige Deutung und Erklärung der gegenwärtigen Situation des Christentums zuläßt. Während inzwischen eine Fülle empirischen Materials – insbesondere aus repräsentativen Umfragen – vorliegt, fehlt es bis heute an einer überzeugenden Deutung der Ergebnisse. Der willkürlichen Interpretation – von beliebten Untergangsszenarien des Christentums bis zu beruhigenden „Halb-so-schlimm"-Parolen – ist damit Tür und Tor geöffnet. Schließlich geht es auf dem Feld der Religion immer auch um Interessen und Auseinandersetzungen um kulturelle Vormachtstellungen in der Gesellschaft. Vor diesem Hintergrund entwickelt die Studie einen Deutungsrahmen, der eine Soziologie des Christentums im Prozeß der Modernisierung zur Grundlage hat. Wie der bis in das Hochmittelalter zurückverfolgbare Modernisierungsprozeß nicht ohne Bezug zum Christentum verstanden werden kann, so besitzt auch der heute sich abzeichnende Umbruch zur „Post"-Moderne eine religiös-christliche Dimension. Die Verflechtung des Christentums in die Umbrüche des gesellschaftlichen Modernisierungsprozesses bildet somit das Zentrum der vorliegenden Analyse. Für das moderne Christentum ist seine konfessionelle und kirchliche Verfassung prägend geworden. Eine Soziologie des Christentums – insbesondere in Deutschland – hat es deshalb mit zwei konfessionellen Teilkulturen zu tun. Eine Soziologie des modernen Christentums muß deshalb notwendigerweise den Weg über eine Soziologie des Protestantismus und Katholizismus nehmen und sie zu integrieren suchen. In diesem Sinne liegt der Schwerpunkt der vorliegenden Analyse auf einer Soziologie des modernen Katholizismus als Teil des Christentums. Bis in die Gegenwartsdiagnose hinein ist aber die Arbeit auf eine Ergänzung durch entsprechende Studien der protestantischen Tradition hin angelegt.

9

Die vorliegende Studie ist ihrer Methode nach eine soziologische, spezifisch eine religions- und christentumssoziologische. Sie versteht sich gleichzeitig als Grundlagenarbeit zu einer interdisziplinär ausgerichteten Praktischen Theologie bzw. Pastoraltheologie. Zur Praktischen Theologie gehört unabdingbar die Reflexion der Lage des Christentums und der Kirche in der Gegenwartsgesellschaft. Auf dem heute erforderlichen Reflexionsniveau bedarf es dazu des methodischen, begrifflichen und theoretisch-konzeptionellen Rückgriffs auf die Soziologie. Nur auf einer solchen interdisziplinären Grundlage wird die Praktische Theologie ihrer Aufgabe als Reflexions- und Handlungswissenschaft kirchlichen Handelns in der Gegenwartsgesellschaft gerecht werden können. Daß es für die Praktische Theologie wie für das praktisch-kirchliche Handeln von Nutzen sein kann, mit einer Christentumssoziologie im hier vertretenen Sinne eng zusammenzuarbeiten, dies zu zeigen gehört mit zu den Zielsetzungen der vorliegenden Arbeit.

Ohne langjährige Vorarbeiten wäre es sicher vermessen, als einzelner Autor eine so umfassende Fragestellung überhaupt in Angriff zu nehmen. Seit über einem Jahrzehnt ist in lockerer Form um Franz-Xaver Kaufmann ein religions- und christentumssoziologischer Diskurs entstanden, ohne den diese Studie nicht hätte geschrieben werden können. Aus dem Kreis der Religionssoziologen gilt ein besonderer Dank Andreas Feige, der in seiner unbestechlichen Art den größten Teil der Manuskripte einer kritisch-kommentierenden Lektüre unterzogen hat. Den unmittelbaren Anstoß zu dieser Arbeit gab ein Gespräch mit Rolf Zerfaß auf Burg Rothenfels. Ohne seine Leichtigkeit und Zuversicht ausstrahlende Persönlichkeit hätte ich mich wohl auf das Abenteuer eines solch arbeitsintensiven Unternehmens nicht eingelassen. Neben dem Schreibtisch gehören Hörsäle, Vortragsräume und unzählige Gesprächsrunden zu den Entstehungsorten der vorliegenden Arbeit. All dies hat meine Familie wohlwollend und unterstützend mitgetragen und damit für den nötigen psychischen Rückhalt gesorgt. Widmen möchte ich die Arbeit meiner heute 88jährigen Mutter, die in den Umwälzungen dieses Jahrhunderts jeweils die Rolle des Amboß zugewiesen bekam und daran nicht verzweifelte.

Vechta, im September 1992 *Karl Gabriel*

Einleitung

Was ist los mit dem in den Kirchen zur Institution gewordenen Christentum? Sind wir seit zwanzig Jahren Zeugen des Anfangs seiner zu Ende gehenden Geschichte? In den hochentwickelten Gesellschaften des westlichen Europa drängt sich dieser Eindruck auf. Was mit einem Paukenschlag Ende der sechziger Jahre in der Bundesrepublik begann, scheint sich heute auf einen neuen Höhepunkt zuzubewegen: Immer mehr Menschen lassen sich nicht mehr durch die in den Kirchen Gestalt gewordene Lebensmacht des Christentums bestimmen, sondern bestimmen selbst ihr Verhältnis zu den Kirchen und deren Ansprüchen an ihre Lebensführung. Mehrheitlich fallen die Entscheidungen der einzelnen in vielen Bereichen anders aus, als es in den kirchlichen Lebensprogrammen vorgesehen ist, von deren Befolgung doch nach traditionellem kirchlichem Selbstverständnis nichts weniger abhängt als das ewige Heil des Menschen. Besonders für den Katholizismus kommt die Entwicklung der letzten zwanzig Jahre einer Revolution gleich: Die formell geltenden kirchlichen Sexualnormen finden nur noch bei einer Minderheit Gehör und Unterstützung. Der sonntägliche regelmäßige Gottesdienstbesuch hat sich binnen weniger Jahre mehr als halbiert. Aus dem Alltag sind die konfessionsspezifischen religiösen Rituale als stumm wirksame Erkennungsmerkmale der Gruppenzugehörigkeit so gut wie völlig verschwunden. Daß es sich als Katholik gehört, sein Bildungsinteresse, seine Jugend, seine Freizeit und seine Sorge um das Gemeinwohl vornehmlich im Verein mit Katholiken zu verfolgen und zu verbringen, ist in nur einer Generation in Vergessenheit geraten. Für die Gefährdungen des heilsnotwendigen Glaubens, die nach „guter" katholischer Tradition in unterschiedslosen, näheren Kontakten mit Andersgläubigen lauern, besteht heute kein Verständnis mehr[1]. Wenn auch die Spuren der Veränderung für den

---

[1] Einen nachhaltigen Eindruck vom Verfall des Katholizismus als Lebensmacht gibt neuerdings die zeitgeschichtliche Studie von Michael Klöcker (1991). Ihr Schwerpunkt

11

Katholizismus und die katholische Kirche drastischer und sichtbarer ausfallen als im Protestantismus, so geht es der evangelischen Kirche überall dort nicht viel anders, wo sich im konfessionellen Proporz ähnlich weitreichende kirchliche Ansprüche an die Lebensführung des einzelnen herausbildeten. Von den für das gesamte Jahrhundert ungewöhnlich niedrigen Austrittszahlen der fünfziger Jahre können heute beide Kirchen nur noch träumen. Auch im katholischen Bereich überschreiten die Austrittszahlen gerade die Grenze hin zu einem „Massenphänomen", und der Abstand zwischen den Konfessionen verringert sich auch in diesem Punkt kontinuierlich (*Pittkowski/Volz* 1989:96; Der Spiegel 1991:84 ff.).

Damit nicht genug: Die Lage ist für die Kirchen noch aus einem zweiten Grund schwieriger und komplizierter geworden. Zur selben Zeit, als sich das Verhältnis zum kirchlich verfaßten Christentum so deutlich abkühlte, zogen Phänomene das Interesse einer erstaunten Öffentlichkeit auf sich, die man als „religiös" zu qualifizieren sich genötigt sah. Abseits von den Kirchen entwickelten sich „neureligiöse" Szenen, von neuen Formen von Sektenreligiosität über eine Psycho- und Therapie-Kulturszene bis zu privatem Okkultismus. Die anfangs gehegten Hoffnungen innerhalb der Kirchen, die Anzeichen einer religiösen Revitalisierung würden auch die langersehnte Trendwende in Sachen kirchlicher Religion einleiten, mußten bald aufgegeben werden. Der neue Strom religiöser Vitalität erreichte die Kirchentore nur zaghaft, suchte sich ein Bett außerhalb der Kirchenmauern. Es drängt sich der Eindruck auf, als revitalisiere sich die Religion geradezu auf Kosten ihrer kirchlich-institutionellen Verfassung[2]. Die zu konstatierende doppelte Verunsicherung des kirchlich verfaßten Christentums führt heute innerkirchlich zur Stärkung fundamentalistischer Strömungen innerhalb der Kirchen. Hat nicht alles mit den selbstzerstörerischen Anpassungsversuchen der Kirchen an die moderne Kultur mit ihrem neuerlichen Höhepunkt in den sechziger Jahren begonnen? War es nicht ein sozusagen exemplarisch vollzogener „Aufbruch in den Untergang" (*Hauer/Zulehner* 1991), den die katholische Kirche auf dem Zwei-

---

liegt in der Präsentation eines vielfältigen Materials, während die Frage nach den Gründen der Entwicklung nur am Rande gestellt wird.

[2] So stand die erste Plenarsitzung auf einem deutschen Soziologentag, die seit langem wieder dem Thema Religion gewidmet war, auf dem gemeinsamen Soziologentag der deutschen, schweizerischen und österreichischen Soziologen in Zürich unter dem bezeichnenden Titel: „Religion und Kultur: im Zeichen des Wassermann?" (*Haller* u. a. 1989:277).

ten Vatikanischen Konzil vollzogen hat? Rettung sieht man hier nur noch in einer möglichst scharf geschnittenen, mit Absolutheitsansprüchen versehenen konfessionellen Identität, die wieder klare Grenzziehungen nach außen und Sicherheit nach innen verleiht. Wo, wie im Katholizismus, Machtstrukturen vorhanden sind, die man nutzen kann, nimmt die Auseinandersetzung die Form eines Konflikts um den offiziellen Kirchenkurs an. Die Wirkungen des „neuen Kirchenkurses" scheinen aber überall dort, wo er sichtbar zur Geltung kommt, eher kontraproduktiver Natur zu sein. Die Zahl derer, die sich vom kirchlich verfaßten Christentum distanzieren, wird größer, und innerkirchlich kommt es zu einer Polarisierung der kirchlichen Kräfte, die von parallelen Frontstellungen im Protestantismus nur noch schwer zu unterscheiden sind[3].

Damit ist in groben Umrissen etwas von dem aktuellen Hintergrund skizziert, der in die Fragestellungen der folgenden Untersuchung eingegangen ist. Die Studie nimmt – bewußt über eine Beschreibung der Situation hinausgehend – ihren Ausgangspunkt bei einer Reihe von Fragen, die bisher nicht oder nur unzureichend beantwortet erscheinen. Warum kommt es gerade Ende der sechziger Jahre in der Bundesrepublik, nicht nur dort, aber hier besonders radikal, zu einem so tiefgreifenden Umbruch im kirchlich verfaßten Christentum? Warum überhaupt, und wenn schon, warum dann nicht schon viel früher? Wie konnte das kirchlich verfaßte Christentum, exemplarisch im Katholizismus, bis über die Mitte des 20. Jahrhunderts hinaus eine „massenhaft" wirksame Lebensmacht bleiben, rund 150 Jahre nach der Französischen Revolution? Warum geht plötzlich etwas offenbar nicht mehr, was in einer sich als modern verstehenden Gesellschaft über 150 Jahre seinen festen Platz hatte?

Die Soziologie hält seit langem für derlei Fragen die Antwort parat, was sich da abspiele, sei ein mit der Modernisierung der Gesellschaft untrennbar verknüpfter Säkularisierungsprozeß. Auch unter den Theologen erfreut sich diese Deutung des Schicksals der Religion in der modernen Gesellschaft in sehr unterschiedlichen Variationen hoher Plausibilität[4]. Auf den ersten Blick wird aber erkennbar, daß eine allgemeine Säkularisierungsthese die eben for-

---

[3] Für die katholische Kirche in den Niederlanden, Österreichs und der Schweiz liegen dazu Daten vor (*Felling* u. a.1987; *Hauer/Zulehner* 1991; *Dubach/Campiche* (1992).
[4] In seinem Referat auf dem Soziologentag in Zürich formuliert Kaufmann pointiert: „Die Säkularisierungsdebatte wurde zuletzt im wesentlichen von Theologen getragen und kann uns soziologisch wenig lehren" (*Kaufmann* 1989a:278).

mulierten Fragen nicht oder nur unzureichend beantworten kann. Wie war – die universelle Geltung der Säkularisierungsthese vorausgesetzt – in einer hundertjährigen Epoche gesellschaftlicher Modernität eine religiös-kirchliche Lebensmacht wie der Katholizismus überhaupt möglich? Warum verlor er seine bindende Kraft nicht schon 1850 oder 1870, sondern erst 1970? Warum gerade zu diesem Zeitpunkt? Hier hilft offensichtlich die Vorstellung eines kontinuierlichen Prozesses der Auflösung und des Verfalls religiöser Lebenswelten im Modernisierungsprozeß nicht weiter und muß entweder ersetzt oder zumindest durch Zusatzannahmen und Konkretisierungen ergänzt werden.

Die kritischen Anfragen an die Triftigkeit der Säkularisierungsthese bekommen heute von einer zweiten Seite her zusätzliches Gewicht. Wie sind die schon erwähnten Phänomene einer Revitalisierung des Religiösen erklärbar angesichts einer gesellschaftlichen Entwicklung, die eher auf eine Radikalisierung von Modernität hinweist als auf ihre Einschränkung? Stimmt der in der Säkularisierungsthese enthaltene Zusammenhang von Religion und Modernität nicht oder nicht mehr? Nimmt der Modernisierungsprozeß ab einer bestimmten Stufe gegenüber der Religion einen anderen als den erwarteten Verlauf? Oder haben wir es etwa mit den Geburtswehen eines neuen religiösen Zeitalters zu tun, das die strukturellen und kulturellen Grundstrukturen moderner Gesellschaften, wie sie sich seit dem späten 18. und 19. Jahrhundet durchgesetzt haben, hinter sich läßt und deshalb im strikten Sinn als „postmodern" zu kennzeichnen wäre?[5]

In der Soziologie sind heute Forschungsansätze erkennbar, die bei der Bearbeitung der angesprochenen Fragen möglicherweise über den bisherigen Diskussionsstand hinausführen können. Die soziologische Modernisierungstheorie – dem Begriff nach aus der amerikanischen Soziologie der fünfziger Jahre stammend – erlebt heute eine Renaissance[6]. Sie steht im Zusammenhang mit einer Wiederaufnahme modernitätstheoretischer Fragestellungen und Perspektiven, wie sie von den soziologischen Klassikern, insbesondere von Max Weber, Émile Durkheim und Georg Simmel am Anfang des Jahrhunderts entwickelt wurden. Die neueren modernisierungs-

---

[5] Unter den Vertretern, die im strikten Sinne von einer Wende zur Postmoderne sprechen, kommt Peter Koslowski zum Beispiel einer solchen Position nahe (*Koslowski* 1986).
[6] Informative Überblicke zur Auseinandersetzung um die Modernisierungstheorie geben: *Wehler* 1975; *Lepsius* 1990.

theoretischen Ansätze rücken an charakteristischen Stellen von den Vorstellungen der amerikanischen Modernisierungstheorie der fünfziger und sechziger Jahre ab. So haben sie es aufgegeben, eine bestimmte moderne Gesellschaft – das war wie selbstverständlich die amerikanische – und ihren Entwicklungspfad zur Meßlatte für Modernisierungsprozesse schlechthin zu erheben (*Lepsius* 1990:215). Das Scheitern der amerikanischen Modernisierungstheorie in der Praxis der Entwicklungspolitik der sechziger Jahre hat diesen Abschied erleichtert.

Mit der Aufdeckung der ideologischen und imperialen Komponente der amerikanischen Modernisierungstheorie wurde auch die Vorstellung unhaltbar, Modernisierung lasse sich als ein einliniger, bruchloser, sich gewissermaßen nach innerer Gesetzmäßigkeit auf einem bestimmten Pfad sich selbst entwickelnder Prozeß begreifen (*Habermas* 1988:11). Heute geben die modernisierungstheoretischen Ansätze auch – als dritte Komponente kritischer Umorientierung – den Blick auf die modernen Gesellschaften wieder frei. Nun wird es denkbar, daß der Modernisierungsprozeß in den modernen Gesellschaften nicht längst abgeschlossen ist und nicht nur etwas über deren Herkunft aussagt, sondern als „weitergehende Modernisierung" (*Zapf* 1990:37) oder „Modernisierung moderner Gesellschaften" (*Beck* 1990:40) noch im Gange ist.

Heute zeichnet sich auf dem skizzierten Hintergrund ein Konzept von Modernisierung ab, das als Suchprozesse anleitende Perspektive auf drei Ebenen mit langanhaltenden, gerichteten, den „Zufall" einschränkenden gesellschaftlichen Entwicklungen rechnet[7]:

(1.) Auf der Ebene gesellschaftlicher Strukturen: Modernisierung wird hier vornehmlich als schrittweise Ausdifferenzierung und Rationalisierung funktionaler Systemstrukturen im Bereich von Herrschaft, Religion, Wirtschaft und Wissenschaft betrachtet, um nur die wichtigsten zu nennen.

(2.) Auf der Ebene der Kultur: Modernisierung erscheint hier primär als kulturelle Pluralisierung und als Reflexivwerden kultureller

---

[7] Die folgenden Bestimmungen versuchen, aus einer komplexen und kaum mehr überschaubaren Forschungslage die wichtigsten Elemente herauszudestillieren. Sie stützen sich mit zum Teil veränderten Akzentsetzungen auf folgende, von den soziologischen Klassikern beeinflußten und sie weiterentwickelnden Ansätzen: *Wehler* 1975; 1987; *Schluchter* 1988; *Luhmann* 1980; 1987; *Elias* 1988; *Habermas* 1988; *Beck* 1986; 1988, *Offe* 1986; *Kaufmann* 1989.

Traditionsbestände. Traditional überkommene, relativ einheitliche Kulturmuster werden durch eine Mehrzahl kultureller Deutungsperspektiven ersetzt, deren unmittelbare Zugänglichkeit und Auswahl für den einzelnen sich erleichtern und deren Geltungsmodus reflexive Elemente voraussetzt.

(3.) Auf der Ebene sozialer Beziehungen: Auf dieser Ebene nimmt die Modernisierung die Gestalt von strukturell hervorgerufenen und kulturell gestützten Individualisierungsprozessen an. Die Individuen werden freigesetzt aus traditionalen Bindungen der Herkunft, des Standes und der Religion und erfahren sich als selbstverantwortliche Handlungszentren. In der gesellschaftlichen Integration werden traditionale Regelungen durch ein Zusammenspiel formalisierter Mechanismen wie Recht, Geld und Organisation mit der Erweiterung von Handlungsspielräumen und vom einzelnen zu leistender Formen sozialer Integration ersetzt.

Das reformulierte Modernisierungsparadigma lenkt die Aufmerksamkeit auf unterschiedliche Modernisierungspfade in den westlichen Gesellschaften und ist offen für mögliche Verschränkungen und Amalgamierungen zwischen vormodernen, traditionalen und modernen Strukturmustern gesellschaftlichen Lebens (*Wehler* 1987:24; *Lepsius* 1990:219). Es rechnet mit vielfältigen Spannungen und Ungleichzeitigkeiten zwischen Modernisierungsprozessen auf der strukturellen, kulturellen und individuellen Ebene. Im Rahmen dieses Modernisierungskonzepts eröffnet sich die Möglichkeit, eine historisch identifizierbare Form der Verschränkung von traditionalen und modernen Elementen gesellschaftlichen Lebens als einen spezifischen Typus einer „halbierten" modernen Gesellschaft zu rekonstruieren (*Beck* 1986:114ff.). Für die Analyse des Christentums im Kontext moderner Gesellschaften ist ein in der skizzierten Form entideologisiertes und offenes Modernisierungskonzept deshalb von spezifischer Bedeutung, weil das moderne Christentum in besonderer Weise als ein Amalgam aus Traditionalität und Modernität erscheint. Man kann deshalb erwarten, daß eine in dieser Weise reflektierte Modernisierungstheorie fruchtbare Anknüpfungspunkte für eine gesellschaftsbezogene Analyse des modernen Christentums bietet. Am Beispiel der Verflechtung des konfessionell gespaltenen Christentums in Deutschland in eine „zur Hälfte moderne", bürgerliche Industriegesellschaft möchte die vorliegende Arbeit die Fruchtbarkeit eines solchen Ansatzes deutlich machen. Damit wird es möglich, die Vorstellung eines zwangsläufigen und gradlinigen Prozesses der Auflösung religiöser Lebenswelten im Modernisierungsprozeß aufzugeben und komplexere Deutungsperspektiven an deren Stelle zu setzen, die erst Phänomenen wie dem modernen Katholizimus gerecht zu werden vermögen[8].

Neue Perspektiven eröffnet die revidierte Modernisierungstheorie aber nicht nur für gesellschaftlich-historische Analysen des Umbruchs zur Moderne, sondern auch für die Erfassung von Umbrüchen und Zäsuren innerhalb der Moderne und möglicherweise über sie hinaus. Zum einen bietet sie Raum für die Vorstellung einer schubartigen Entfaltung und Radikalisierung des Modernisierungsprozesses als Bruch mit der Tradition einer „halbierten Moderne" (*Beck* 1986:114ff.; 1990). Für eine Soziologie des Christentums im Nachkriegsdeutschland liegt es nahe, den Umbruch im kirchlich verfaßten Christentum als konstitutiven Teil der schubartigen Transformation von einer „halbierten" in eine „voll entfaltete", moderne Gesellschaft zu interpretieren. Es ist eine der Thesen dieser Arbeit, daß sich für die Analyse von Christentum und Gesellschaft in einer entfaltet-modernen Gesellschaft wie der Bundesrepublik damit neue Deutungsmöglichkeiten der empirischen Befunde zum Traditionsbruch im kirchlich verfaßten Christentum erschließen. Eine kritisch gewendete Modernisierungstheorie erlaubt es aber auch, jene Stellen zu identifizieren, an denen der Modernisierungsprozeß über sich hinausweist und neue Qualitäten annimmt, für die das Etikett „post"-modern eine gewisse Berechtigung beanspruchen kann. Wo der Modernisierungsprozeß in dem Sinne „reflexiv" wird, daß er sich selbst zum Gegenstand wird – in seinen Folgeproblemen, in seinen Einseitigkeiten, seinen Beschränkungen, Risiken und fundamentalen Gefährdungen des menschlichen Lebens –, da überschreitet er Grenzen seiner bisherigen Logik und nimmt Züge des „Post"-Modernen an[9]. Auch in das Reflexiv-Werden des Modernisierungsprozesses – so soll in dieser Arbeit gezeigt werden – ist die

---

[8] Hier setzt die vorliegende Arbeit die Bemühungen um eine Soziologie des Katholizismus auf makrosoziologischer Grundlage fort (*Kaufmann* 1979; *Gabriel/Kaufmann* 1980, 1988).
[9] Auf den nicht unproblematischen Begriff der „Post"-Moderne wird in dieser Arbeit deshalb zurückgegriffen, weil er die Zäsur zwischen der industriegesellschaftlichen, einfachen, vom Fortschrittsmythos geprägten Moderne zur reflexiven Moderne pointiert zum Ausdruck zu bringen vermag. Er ist explizit als kompatibel gedacht mit Phänomenen einer gleichzeitigen Entfaltung und Radikalisierung des Modernisierungsprozesses. Der Begriff wird hier in Anlehnung an die Konzepte einer „postmodernen Moderne" bei *Wolfgang Welsch* (1987) und einer „reflexiven Moderne" bei *Ulrich Beck* (1986) benutzt. In dieser Form impliziert er eine kritische Distanz zu allen Vorstellungen eines „Endes der Moderne" im Sinne einer Überwindung der strukturellen und kulturellen Grundmuster von Modernität. Inhaltlich stimmt die hier entwickelte Perspektive mit den Analysen *Kaufmanns* zur Modernität (1989:32ff.) weitgehend überein.

christliche Tradition in spezifischer Weise einbezogen. Im Rahmen eines modernisierungstheoretischen Konzepts reflexiver Modernisierung läßt sich die im klassischen Säkularisierungsparadigma nur schwer interpretierbare Revitalisierung von religiösen und christlich-prophetischen Phänomenen im Umbruch zur „Post"-Moderne einer plausiblen Interpretation zuführen.

Während die vorliegende Analyse des konfessionell gespaltenen Christentums im Kontext der Moderne sich gesellschaftstheoretisch auf eine kritisch revidierte Modernisierungstheorie stützt, folgt sie religionssoziologisch dem Ansatz einer „Soziologie des Christentums"[10]. Eine Christentumssoziologie grenzt sich nach zwei Seiten hin innerhalb der neueren Entwicklung der Religionssoziologie ab. Auf der einen Seite von einer Kirchensoziologie, die sich als empirische Sozialforschung kirchlich-institutionell definierter religiöser Phänomene versteht, um deren umfassende empirische Vermessung und Klärung ihrer sozialen Verteilung sie sich bemüht. Die Kirchensoziologie reicht in ihren Ursprüngen bis in die dreißiger Jahre unseres Jahrhunderts zurück und erlebte in der Bundesrepublik in den fünfziger und sechziger Jahren eine gewisse Blütezeit. Die Kirchensoziologie – darauf hat ihre soziologische Kritik früh hingewiesen – läßt sich ihren Gegenstand – Religion – kirchlich-normativ vorgeben und kann deshalb nur das als Religion identifizieren, was den institutionellen Kriterien entspricht[11]. Schon die lebensweltlichen Transformationsgestalten institutionell definierten Christentums, auf die sie trifft und deren systematische empirische Vermessung sie unternimmt, müssen ihr von ihren Prämissen her als defizient und als Merkmale von religiöser Indifferenz oder sogar untrüglicher Säkularisierung erscheinen. Sie gerät damit in Gefahr, entgegen ihres Anspruchs und Anscheins, nur an harten Fakten interessiert zu sein, einer impliziten Entchristlichungs- und Säkularisierungsthese zu folgen. Sie bestätigt sich und ihren kirchlichen Auftraggebern bzw. Abnehmern an Hand ihrer Daten immer aufs neue eine Perspektive, in der Religion und Gesellschaft als zwei polare Größen einander gegenüberstehen und die erstere wie in einem Nullsummenspiel

---

[10] Ein christentumssoziologischer Ansatz in der deutschen Religionssoziologie wird mit unterschiedlichen Akzenten von *Matthes* (1967; 1968; 1989) und *Kaufmann* (1979; 1989; *Gabriel/Kaufmann* 1980) vertreten. Eine zusammenfassende Darstellung findet sich in *Gabriel* (1983). Einen Überblick über die religionssoziologische Forschung in der Bundesrepublik aus einer christentumssoziologischen Perspektive bietet *Feige* (1990).

[11] Am schärfsten formuliert in *Luckmanns* kritischer Rezension von kirchensoziologischen Arbeiten aus den fünfziger Jahren (*Luckmann* 1960).

18

beim Wachsen der letzteren auf deren Kosten verliert. Gegenüber der Kirchensoziologie besteht der religionssoziologische Ansatz einer Christentumssoziologie darauf, seinen Gegenstand, die Religion in ihrer kulturellen Prägung, nach eigenständigen, empirisch-soziologischen Kriterien und nicht nach kirchlich-theologischen Vorgaben zu gewinnen. Der christentumssoziologische Ansatz tut dies mit Bezug auf die kulturelle Größe des Christentums und seiner Geschichte, die er als Kulturanalyse zu rekonstruieren sucht. In den Mittelpunkt der christentumssoziologischen Sichtweise rücken damit gerade die Zusammenhänge und Verflechtungsmuster der unterschiedlichen sozialen Aggregatformen des Christentums, seiner kirchlich-institutionellen Verfassung, seiner außerkirchlich-gesellschaftlichen Ausdrucksformen und seiner Transformationsgestalten auf der Ebene persönlicher Sinndeutung und Lebensführung (*Matthes* 1968:126). Für den christentumssoziologischen Ansatz ist es – gerade mit Blick auf die moderne Sozialgestalt des Christentums – eine wichtige empirische Frage, welchen Grad an Verkirchlichung seine jeweilige gesellschaftliche Verfassung aufweist (*Kaufmann* 1979:100). Er rechnet prinzipiell damit, daß die jeweilige Erscheinungsform der christlichen Religion über ihre kirchlich-institutionelle Formgestalt hinausgeht und sich auch in gesellschaftlichen Kulturmustern und Stilen individueller Religiosität ausdrückt. Nähe und Distanz der drei Aggregatformen des Christlichen stellen dabei eine zentrale Dimension unterschiedlicher Sozialformen des Christentums dar. Im Rahmen dieser Arbeit wird zu prüfen sein, ob nicht eine Reihe von Phänomenen, die in der Regel als typische Säkularisierungsprozesse interpretiert werden, angemessener als eine stärkere Differenzierung der drei sozialen Aggregatformen des Christlichen zu deuten sind.

Die Christentumssoziologie grenzt sich nach der anderen Seite hin von einer religionssoziologischen Tradition ab, die ihren Religionsbegriff rein soziologisch aus funktionalen Erfordernissen gesellschaftlichen Lebens abzuleiten sucht und für ihr Konstrukt eine transkulturelle und universelle Geltung beansprucht[12]. Wie begriffsgeschichtliche Analysen leicht zeigen können, läßt sich der allgemeine Religionsbegriff, wie er sich im nachreformatorischen

---

[12] Unterschiedliche Varianten eines soziologisch-funktionalen Religionsbegriffs vertreten in der neueren deutschen Religionssoziologie so bekannte Autoren wie *Luckmann* (1967; 1988; 1990), *Luhmann* (1977; 1987; 1989) und *Dux* 1982. Zusammenfassende Darstellungen zur Diskussion um den Religionsbegriff bieten *Elsas* (1975) und *Wagner* (1986).

Europa entwickelte, nicht von seiner Geschichte innerhalb der Auseinandersetzungen im Christentum ablösen. Wie die Soziologie insgesamt, so zeigt sich die Religionssoziologie in besonderem Maße bis in ihre grundbegrifflichen Optionen hinein von jenen kulturellen Strömungen abhängig, die im Kampf mit dem kirchlich verfaßten Christentum und seiner Theologie um ihre Emanzipation rangen und dazu auf einen allgemeinen, vom verfaßten Christentum gelösten Religionsbegriff zurückgriffen (*Matthes* 1989:322 ff.). Die Christentumssoziologie zieht daraus den Schluß, den allgemeinen Religionsbegriff als einen typischen Begriff der kulturellen Auseinandersetzung und des gesellschaftlichen Diskurses um kulturelle Vormachtstellungen zu betrachten und ihn nur in reflexiver, seine Geschichte berücksichtigenden Form zu benutzen. Heute kommt dies etwa darin zum Ausdruck, daß der christentumssoziologische Ansatz vor einer imperialen Übertragung des aus der christlichen Tradition stammenden allgemeinen Religionsbegriffs auf den außerchristlichen Kulturraum warnt (*Matthes* 1989:324). Ebenso folgt die Christentumssoziologie aus verständlichen Gründen nicht jenen Ansätzen in der neueren Religionssoziologie, die die „eigentliche" Religion moderner Gesellschaften für eine unsichtbare, außerinstitutionelle halten (*Luckmann* 1991; *Knoblauch* 1991). Als gesellschaftlich marginal – so die christentumssoziologische Argumentation – erweist sich das Christentum im empirischen Zugriff nur dann, wenn man zuvor den verengten Definitionen der Kirchensoziologie gefolgt ist. In den Bezugsrahmen einer Soziologie des Christentums – darin liegt seine Stärke – lassen sich sowohl die Ergebnisse der Kirchensoziologie als auch, in einer begriffskritisch reflektierten Form, die funktionalen Analysen der Religion in hochdifferenzierten Gesellschaften westlichen Typs einordnen. In diesem Sinne greift auch die vorliegende Untersuchung auf den allgemeinen Religionsbegriff und die funktionale Analyse der Religion in modernen Gesellschaften zurück, ohne sich von den Bezügen des Begriffs zur Christentumsgeschichte zu lösen.

Eine Religionssoziologie als „Soziologie des Christentums" läßt sich in die Bemühungen um eine wissenschaftliche Selbstvergewisserung der christlichen Tradition einbeziehen und impliziert ein spezifisches Kooperationsverhältnis zur christlichen Theologie und zu den kirchlichen Handlungsvollzügen. Eine Pastoralsoziologie – so läßt sich bis in die Gegenwart hinein zeigen –, die sich ausschließlich an der herkömmlichen Kirchensoziologie orientiert, läuft Gefahr, die notwendig begrenzte institutionell-kirchliche Perspektive der gesellschaftlichen Realität mit den Mitteln der empirischen

Sozialforschung noch einmal zu reifizieren und zu verfestigen[13].
Dies hat zur Folge, daß sich Theologie und Kirche um die wirklichen Früchte einer Kooperation mit der Soziologie bringen, wenn sie die Pastoralsoziologie als eine theologische „Hilfswissenschaft" betrachten, deren Aufgabe sich darauf beschränkt, der sozialen Verteilung dessen nachzugehen, was normativ zuvor als Religion kirchlich-theologisch definiert ist. In der christentumssoziologischen Perspektive liegt der Beitrag einer „Pastoral"-Soziologie als empirischer Teil der Pastoraltheologie darin, das kirchlich verfaßte Christentum mit seinen die kirchlich-institutionellen Grenzen überschreitenden Sozialformen in eine Relation zu bringen, in Beziehung zu setzen (*Matthes* 1985:153). Eine solche „Pastoral"-Soziologie gehört damit zu jenen Anstrengungen, mit deren Hilfe Kirche und Theologie über den mit ihrer institutionellen Spezialisierung immer schon gegebenen Graben hinweg stets aufs neue sich bemühen müssen, zum Glauben ihrer Gläubigen zu finden. So fragt sie nach den empirischen Bedingungen der Möglichkeit christlichen Glaubens und der Zugehörigkeit zur und der Mitgliedschaft in der Kirche für die in dieser konkreten Gesellschaft lebenden Menschen und ihre Sinngebungsakte. Der Beitrag einer solchen „Pastoral"-Soziologie für Theologie und Kirche ist geradezu an die Bedingung geknüpft, daß sie eine zur Theologie inkongruente Perspektive einbringt und sich nicht nur der Methoden der empirischen Sozialforschung, sondern auch der begrifflich-theoretischen Konzepte der Soziologie bedient. Zur nicht immer leichten interdisziplinären Arbeit zwischen Theologie und Soziologie gehört es, den wechselseitigen Transfer der Begriffe und Konzepte kritisch zu kontrollieren (*Kaufmann* 1973). Dabei geht es nicht um ein nun umgekehrtes Abhängigkeitsverhältnis der Theologie von der Soziologie. So vermag zum Beispiel die Theologie einer (Religions-)Soziologie, die ihre eigenen historischen Wurzeln und die kulturelle Gebundenheit ihrer Begriffe aus den Augen zu verlieren droht, wichtige kritische Impulse für ihre eigene Reflexion zu geben (*Matthes* 1989:328).

Für eine „pastorale" Kirche, die ihr „zur Welt kommen" (*Zulehner* 1990) als eine Daueraufgabe betrachtet, die sich nicht auf die kurze Phase eines Konzils beschränken läßt, gehört die hier skizzierte „Pastoral"-Soziologie sicherlich zu den unverzichtbaren Grundlagen ihres Handelns und ihrer Orientierung in der Welt. Ihr

---

[13] Am Beispiel der Kritik an den Grundlagen und Perspektiven einer „Pastoral konzentrischer Kreise", wie sie seinerzeit aus den Daten der Synodenumfrage entwickelt wurde, läßt sich dies gut zeigen (*Kaufmann* 1978:14).

Beitrag erscheint unverzichtbar, um jene Aufgabe der Erforschung der „Zeichen der Zeit" erfüllen zu können, die das Zweite Vatikanische Konzil in der Pastoralkonstitution über die Kirche in der Welt von heute „Gaudium et spes" (GS) der Kirche aufgibt[14]. Im Konzilstext heißt es in diesem Zusammenhang: „Es gilt also, die Welt, in der wir leben, ihre Erwartungen, Bestrebungen und ihren oft dramatischen Charakter zu erfassen und zu verstehen" (GS 4). Dies impliziert, die Welt, an die sich das kirchliche Handeln richtet, zunächst aus sich selbst heraus verstehen zu lernen und den Blick zu öffnen für die ihr „sachnotwendig" inhärenten Bestimmungen. Dieser Aufgabe werden Theologie und Kirche ohne einen Beitrag „pastoral"-soziologischer Forschung und Theoriebildung auf Dauer nicht gerecht werden können. Gefordert ist eine enge, wechselseitige Kooperation von „Pastoral"-Soziologie und Theologie, denn es geht um eine Verschränkung der sachgerechten „Erforschung der Zeichen der Zeit" mit ihrer gleichzeitigen „Deutung im Lichte des Evangeliums" (GS 4), wobei das eine das andere nicht ersetzen kann. Eine an der Erforschung der „Zeichen der Zeit" orientierte „Pastoral"-Soziologie überschreitet dabei notwendigerweise den Gegenstandsbereich der Kirchen- und Religionssoziologie und verlangt die Bemühung um eine soziologische „Zeitdiagnose". Der christentumssoziologische Ansatz bietet dafür im kulturellen Kontext jener Gesellschaften, die durch die christliche Tradition geprägt sind – so soll in dieser Arbeit gezeigt werden –, beachtenswerte Voraussetzungen. Einer seiner zentralen Vorzüge besteht darin, den Horizont des Säkularisierungsdenkens zu durchbrechen. Die Dringlichkeit und wohl auch die Möglichkeit eines Perspektivenwechsels im Verhältnis von christlicher Religion und moderner Gesellschaft ist in der jüngsten Vergangenheit gewachsen, nachdem mit dem einer aktiven Säkularisierungspolitik verpflichteten Staatssozialismus eine der letzten organisierten historischen Mächte zerbrochen ist, die auf ihre Weise zur Plausibilität des Säkularisierungsdenkens beitrugen. Bevor einfachhin Etiketten wie westlicher Individualismus und Konsumismus die Leerstelle besetzen, die der Sozialismus im kirchlichen Säkularisierungsdenken hinterlassen hat, sollte die Chance genutzt werden, das Deutungsschema selbst durch ein anderes zu ersetzen, das es dem kirchlich verfaßten Christentum erlaubt,

---

[14] Von Johannes XXIII. schon in seiner Enzyklika „Pacem in terris" benutzt ist der Topos von den „Zeichen der Zeit" an zentraler Stelle in die Pastorale Konstitution über die Kirche in der Welt von heute „Gaudium et spes" (GS 4) eingegangen (zitiert nach: Lexikon für Theologie und Kirche. Zweites Vatikanisches Konzil III 1968:295).

sich zu seiner gesellschaftlichen Umwelt in ein offeneres, stärker symmetrisches und relationales Verhältnis zu bringen.

Modernisierungstheorie und Christentumssoziologie bilden die konzeptionellen Grundlagen der folgenden Analyse des Christentums zwischen Tradition und „Post"-Moderne. Die Untersuchung setzt ein mit einem Überblick über empirische Befunde zur Lage von Religion und Kirche in der Bundesrepublik, der um zwei unterschiedliche Fragestellungen herum organisiert ist und deshalb zwei Anläufe nimmt. Im ersten Teil lautet die Fragestellung, wie stark im Generationenvergleich die Nachkriegsgenerationen in der Bundesrepublik Deutschland mit der etablierten, kirchlich verfaßten, christlichen Religion gebrochen haben. Zur vergleichenden Ergänzung wird dabei auch ein kurzer Blick auf die Situation in der ehemaligen DDR und auf das gegenwärtige Gesamtdeutschland geworfen. Im zweiten Teil geht es in einer Längsschnittperspektive um die Entwicklung von Religion und Kirche in der vierzigjährigen Geschichte der Bundesrepublik. Das Zentrum des Interesses bildet hier der sich in den Daten deutlich widerspiegelnde Umbruch zwischen 1968 und 1978.

Wie konnte es – so fragt die Untersuchung weiter – zu einem so tiefgreifenden religiös-kulturellen Wandel kurz nach der Mitte des 20. Jahrhunderts kommen, und was bedeutet der Umbruch für das Christentum, seine gegenwärtige gesellschaftliche Verfassung und seine Zukunft? Zur Beantwortung dieser Frage wendet sich die Untersuchung jener Gesellschaftsformation einer bürgerlich-modernen Industriegesellschaft zu, wie sie sich in Deutschland im 19. Jahrhundert durchsetzte und zu neuen Sozialformen der christlichen Tradition führte. Aus der Einsicht heraus, daß konkrete Analysen der christlichen Tradition in Deutschland ihren Schwerpunkt auf der Ebene konfessioneller Kulturen haben müssen, wird die Untersuchung gewissermaßen exemplarisch am Beispiel des Katholizismus durchgeführt. Ohne selbst entsprechende Paralleluntersuchungen zur christlich-protestantischen Tradition im Kontext bürgerlich-moderner Industriegesellschaften anstellen zu können, ist die Studie aber – bei aller Betonung der Besonderheit der katholischen Tradition – auf einen solchen Vergleich der konfessionellen Kulturen hin angelegt[15]. Im Zentrum steht die Analyse der katholischen Teiltradition des Christentums im Kontext einer bürgerlich-modernen Industriegesellschaft, die ein spezifisches Mischungsverhältnis traditio-

---

[15] Zum Protestantismus im 19. Jahrhundert bietet zum Beispiel die Studie von *Hölscher* (1990) interessante Vergleichsmöglichkeiten.

naler und moderner Elemente erkennen läßt. Es wird sich zeigen, wie stark der moderne Katholizismus als eine spezifische Sozialform der Christentumsgeschichte in die bürgerlich-moderne Industriegesellschaft integriert war und in ihr seine Existenz- und Stabilitätsbedingungen fand.

Der dritte Teil der Untersuchung betrachtet den Auflösungsprozeß des Katholizismus als Sozialform als Teil des Umbruchs der bürgerlich-modernen Industriegesellschaft zu einer entfaltet-modernen Gesellschaft mit „post"-modernen Elementen. Ein erster Abschnitt gibt einen Überblick über die wichtigsten Modernisierungstrends seit den sechziger Jahren in der Gesellschaft der Bundesrepublik, die zu einer neuen Gesellschaftsformation mit Zügen radikalisierter Modernität einerseits und „post"-modernen Grenzüberschreitungen andererseits führte. In ihrem Kontext – so versucht die Untersuchung im nächsten Schritt zu zeigen – nimmt das Christentum eine neue gesellschaftliche Verfassung an. Der Prozeß der Auflösung des Alten und der Entstehung des Neuen wird in einem dritten Schritt wiederum am Beispiel des Katholizismus analysiert. Wenn die Untersuchung zu dem Ergebnis kommt, daß heute ein strukturierter und konturierter Pluralismus für die katholische Teiltradition des Christentums charakteristisch ist, so liegen die Parallelen zur pluralen Sozialgestalt der heutigen protestantischen Tradition unmittelbar auf der Hand. Mehr als der Protestantismus steht heute aber die katholische Tradition vor der Alternative, entweder sich zu neuen Formen legitimer Pluralität und Konfliktaustragung durchzuringen oder den Fluchttendenzen in eine sektiererische Wagenburg fundamentalistisch formierter Traditionalität nachzugeben. Auf der anderen Seite erscheint auch – hat man die katholischen Bevölkerungsgruppen in Deutschland vor Augen – die Zeit für eine basisorientierte „Bewegungs-Kirche" als prägende Sozialform ebensowenig reif zu sein.

Die Studie verfolgt insgesamt eine doppelte Intention. Sie möchte als erstes einen Beitrag zur seltener gewordenen soziologischen Gegenwartsdiagnose leisten. Wenn sie dies mit Mitteln von Modernitätstheorie und Religionssoziologie tut, knüpft sie an die soziologischen Klassiker an und versucht deutlich zu machen, daß sich deren Tradition, Gesellschaft von ihrer kulturell-religiösen Dimension her begreifbar zu machen, auch heute fortsetzen läßt. In der hier eingenommenen christentumssoziologischen Perspektive ist die Gegenwartsgesellschaft, mehr als heute in der Regel auch in soziologischen Analysen bewußt wird, ein spannungsreiches Amalgam aus modernitätsresistenter Traditionalität, klassischer Modernität und

„post"-moderner Reflexivität. Die Frage nach dem jeweiligen Mischungsverhältnis der drei Elemente wird damit für konkrete Analysen der gesellschaftlichen Realität viel wichtiger als der Streit um die Charakterisierung der Gesellschaft als modern oder postmodern.

Zum zweiten möchte die Untersuchung zur Selbstverständigung der christlichen Tradition, insbesondere der kirchlich verfaßten, über ihre Lage im Kontext einer entfaltet-modernen Gesellschaft beitragen. Besonders für den Katholizismus geht es darum, einen in seiner bisherigen Geschichte wohl einmaligen Umbruch mit den Mitteln der soziologischen Analyse erklärbar und verständlich zu machen. Angezielt wird damit beides: Einerseits eine Entdramatisierung und eine gewisse „Normalisierung" der Vorgänge im kirchlich verfaßten Christentum und im Katholizismus. Es soll einsehbar werden, warum gerade der Katholizismus in den gesellschaftlichen Umbruch zur entfalteten Moderne in besonderem Maße involviert ist. Seine gegenwärtigen Probleme lassen sich dann möglicherweise genauer benennen, in sachlicher, zeitlicher und sozialer Hinsicht teilen und einer schrittweisen Bearbeitung zuführen. Insofern die gegenwärtig erstarkenden fundamentalistischen Tendenzen im Christentum Ausdruck von Ängsten und Untergangswahrnehmungen sind, soll den „Unglückspropheten", wie sich Papst Johannes XXIII. in seiner Eröffnungsrede zum Konzil ausdrückte, ein realistisches Bild der Lage der Kirche mit ihren Risiken und Chancen entgegengehalten werden (*Kaufmann/Klein* 1990:116 ff.; *Vorgrimler* 1991:31). Nur Prozesse der Aufklärung und Selbstvergewisserung der christlichen Tradition werden längerfristig die Tendenzen zum Fundamentalismus in Grenzen halten können. Die Intention der Entdramatisierung verbindet sich gleichzeitig mit dem Interesse an einer gewissen Objektivierung und Konsensbildung hinsichtlich des hohen und unverkennbaren Innovationsbedarfs innerhalb des kirchlich verfaßten Christentums. Ohne ein Mindestmaß an reflektierter, institutionell gesicherter und auf Dauer gestellter Innovationsfähigkeit seines kirchlich verfaßten und organisatorisch handlungsfähigen Teils wird das Christentum in der entfalteten Moderne nicht bestehen können. Vielleicht lassen die folgenden Ausführungen erkennen, daß eine „Pastoral"-Soziologie, wie sie hier vertreten wird, aus den interdisziplinären Anstrengungen zur Orientierung und zur Erhöhung des Reflexionsniveaus kirchlichen Handelns nicht weggedacht werden kann.

Teil I
Christentum im Umbruch:
Der empirische Befund

1. Der Bruch der Nachkriegsgenerationen mit dem kirchlich verfaßten Christentum

1.1 Das kirchlich verfaßte Christentum in Deutschland: Ein Überblick

Deutschland hat eine geteilte Nachkriegsgeschichte[1]. Für das Feld der Religion trifft dies in besonderer Weise zu. In diesem Kapitel geht es schwerpunktmäßig um das kirchlich verfaßte Christentum in Westdeutschland und sein Verhältnis zu den Nachkriegsgenerationen. Soweit Daten zu Verfügung stehen, wird auch auf die Situation in Ostdeutschland eingegangen[2]. Im vereinigten Deutschland treffen heute faktisch zwei sehr unterschiedliche Religionssysteme aufeinander. Ein Vergleich drängt sich deshalb gewissermaßen auf. Wegen der unterschiedlichen Datenlage ist ein solcher Vergleich aber nur begrenzt möglich. In einem ersten Schritt wird im Folgenden ein knapper Überblick über die Entwicklung von Religion und Kirche in Deutschland gegeben, bevor es im zweiten Abschnitt um das Verhältnis der Nachkriegsgenerationen zur kirchlich verfaßten, christlichen Religion geht.

Seit der Reformation, den Religionskriegen und der Konfessionalisierung besitzt Deutschland zunächst drei (Katholiken, Lutheraner, Calvinisten), dann zwei (Katholiken, Protestanten) etablierte Kirchensysteme (*Schilling* 1988; *Gabriel/Kaufmann* 1988). Mit der von Preußen ausgehenden Bildung des deutschen Nationalstaats in

---

[1] Das folgende Kapitel ist im Zusammenhang der Mitarbeit in einer internationalen Forschungsgruppe zum Thema „Post-War Generations and Religious Establishments" unter der Leitung von *Jackson Carroll* und *Wade Clark Roof* entstanden. Wie die Diskussion in der Forschungsgruppe zeigte, weisen die empirischen Befunde in entwickelten Gesellschaften des Westens viele Parallelen auf. Die einzelnen Länderberichte werden unter der Herausgeberschaft von *Jackson Caroll* und *Wade Clark Roof* in englischer Sprache veröffentlicht.
[2] Einen informativen Überblick über die Entwicklung von Religiosität und Kirchlichkeit in der ehemaligen DDR gibt neuerdings *Pollack* (1991).

der zweiten Hälfte des 19. Jahrhunderts geraten die Katholiken in eine Minderheitenposition. Es etablieren sich zwei volkskirchliche Systeme, wobei sich im Katholizismus als nationale Minderheit andere Organisationsformen herausbilden als im Protestantismus mit seiner Mehrheitsposition. Die Katholiken errichten in der zweiten Hälfte des 19. Jahrhunderts ein eigenes soziokulturelles Milieu, das von einem Netz von katholischen Institutionen zusammengehalten wird (*Gabriel/Kaufmann* 1980).

Das Ende des Zweiten Weltkriegs bringt einen tiefen Einschnitt für das Religionssystem in Deutschland mit sich. In der Bundesrepublik Deutschland kommt es in etwa zu einem zahlenmäßigen Gleichgewicht zwischen Protestanten und Katholiken. Die Flüchtlingsströme führen in ganz Deutschland zu einer Auflösung konfessionell geschlossener Siedlungsgebiete, die bis in die Reformationszeit zurückreichten. In den fünfziger und frühen sechziger Jahren erhalten die Kirchen in der Bundesrepublik eine herausragende Stellung. Von allen Institutionen gelten sie als am wenigsten durch den Nationalsozialismus kompromittiert. Die Kirchenbesucherzahlen sind auf einem hohen Niveau leicht ansteigend (*Köcher* 1987:175). Die Austritte aus beiden Kirchen befinden sich auf einem historisch einmalig niedrigen Niveau (*Pittkowski/Volz* 1989:96). In die kirchlichen Riten an den Lebenswenden ist faktisch die Gesamtbevölkerung integriert. Die privilegierte Stellung der Kirchen drückt sich im staatlichen Einzug der Kirchensteuer, in der konfessionellen Prägung von weiten Teilen des staatlichen Schulsystems, im kirchlich kontrollierten Religionsunterricht als Pflichtfach an allen Schulen und in der staatlichen Förderung der kirchlichen sozialen Arbeit aus. Die kirchlichen Soziallehren – insbesondere die katholische – besitzen einen großen Einfluß auf die staatliche Sozialpolitik. In der bundesrepublikanischen Bevölkerung überwiegt eine konservative Grundstimmung mit einer Bevorzugung traditioneller Werte (*Klages* 1985). Gegen Ende der sechziger Jahre vollzieht sich in der Gesellschaft der Bundesrepublik ein tiefgreifender Umbruch. Das kirchlich verfaßte Christentum ist an vorderster Stelle in diesen Wandel einbezogen. In einem Zeitraum von nur fünf Jahren (1968–1973) geht die Zahl der regelmäßigen Kirchenbesucher um rund ein Drittel zurück (*Köcher* 1987:175). Die Kirchenaustritte schnellen um ein Vielfaches nach oben. Die Schulreform beseitigt die konfessionelle Prägung des staatlichen Schulsystems. Ein Wertwandlungsschub verschiebt die Wertprioritäten in die Richtung von persönlichen und gesellschaftlichen Selbstentfaltungswerten und läßt traditionelle Wertmuster zurücktreten. Der kirchliche Einfluß auf die Politik geht zurück. Die Kirchenmitglieder signalisieren eine wachsende Distanz zu den kirchlichen Lehren und Verhaltensnormen. Von diesem Wandel sind beide volkskirchlichen Systeme in analoger Weise betroffen (*Feige* 1990). In den achtziger Jahren verlangsamt sich das Tempo des religiösen Wandels deutlich. Die Kirchenaustrittszahlen bewegen sich wieder nach unten, bevor sie am Ende des Jahrzehnts wieder anzusteigen beginnen. Auch die Kirchenbesucherzahlen sinken nur noch langsam, wenn auch stetig. In beiden volkskirchlichen Systemen geht der Prozeß der Differenzierung der Mitgliedschaftsformen weiter. Das Ritenmonopol der etablierten Religion an den Lebenswenden bleibt – mit Ausnahme von Auflösungstendenzen in den städtischen Ballungszentren – weitgehend erhalten (*Daiber* 1988). Auf der anderen Seite stabilisiert sich eine Form von Religiosität, die nah am Pol der etablierten kirchlichen Religion praktiziert wird. Dazwischen bewegt sich die Mehrheit der Kirchenmitglieder, die fallweise und bei Gelegenheit auf die kirchliche Religion zurückgreift, im übrigen aber das Angebot der kirchlichen Religion als Material für den Fleckenteppich ihrer selbstkomponierten Religiosität nutzt[3]. Heute kann man davon ausgehen, daß auf dem Territorium der alten Bundesrepublik von 61 Millionen Menschen rund 51 Millionen Mitglieder der evangelischen und katholischen Kirche sind und damit einem der etablierten volkskirchlichen Systeme angehören[4]. In den Nachkriegsgenerationen hat sich aber ein neues Verhältnis zum kirchlich verfaßten Christentum durchgesetzt, das sich deutlich vom Verhältnis der älteren Generationen zu den christlichen Kirchen unterscheidet. Dies wird Thema des nächsten Abschnitts sein.

Zuvor aber ein Blick auf die Situation der kirchlichen Religion in Ostdeutschland. Die Entwicklung in der DDR verläuft in etwa spiegelbildlich zu der in der Bundesrepublik. 1950 sind von den 18,3 Mio. Einwohner der DDR 14,8 Mio. evangelisch und 1,37 Mio. katholisch (*Reitinger* 1991:3 ff.). Das letzte Statistische Jahrbuch der DDR aus dem Jahr 1990 gibt 5,1 Mio. Mitglieder der evangelischen Kirche und 1,1 Mio. der katholischen Kirche an (Statistisches Jahrbuch der DDR 1990:451). Heute weiß man durch Umfragen, daß diese Zahlen nach unten korrigiert werden müssen. Nach einer Re-

---

[3] Diese Skizze der religiös kirchlichen Entwicklung in der Bundesrepublik wird unten entfaltet.
[4] Unter den Interviewten der Allgemeinen Bevölkerungsumfrage der Sozialwissenschaften (ALLBUS) 1990 (repräsentativ für die bundesrepublikanische Bevölkerung ab 18 Jahren) waren 44,5 Prozent evangelisch (ohne Freikirchen) und 41 Prozent römisch-katholisch.

präsentativerhebung des Instituts für Demoskopie Allensbach aus dem Jahr 1990 bezeichnen sich 32 Prozent der Gesamtbevölkerung als Mitglied einer Konfessionsgemeinschaft (*Köcher* 1990:25). Realistisch erscheint eine Zahl von ca. 23 Prozent evangelische Christen und 4 Prozent katholische Christen (*Hannemann/Franke* 1990; *Pollack* 1991). Der weitaus größte Teil der Bevölkerung ist konfessionslos. Die größten Verluste an Mitgliedern hat die evangelische Kirche in den ersten beiden Jahrzehnten der DDR-Geschichte hinnehmen müssen, die durch Repression und einen scharfen politischen Druck auf die Kirchen gekennzeichnet waren. Nach den offiziellen Daten reduzierte sich die Zahl der Mitglieder bis zum Jahr 1978 um über 6 Millionen. Von 1978 an entspannte sich das Verhältnis zwischen sozialistischem Staat und evangelischer Kirche. Seitdem kam es zu einer gewissen Stabilisierung der Kirchenmitgliedschaft (*Reitinger* 1991; *Pollack* 1991). Die katholische Kirche hat deutlich geringere Verluste in der Mitgliedschaft zu verzeichnen. Von Anfang an zogen sich die Katholiken stärker aus dem gesellschaftlichen Leben zurück und zeigten sich in höherem Maß immun gegenüber der staatlichen Repression. Die Katholiken bezahlten ihre größere Stabilität mit einer äußerst marginalen gesellschaftlichen Position ohne erkennbare Ausstrahlung nach außen (*Zander* 1988). Für die DDR fällt es schwer, die christlichen Kirchen überhaupt als etablierte Religion zu bezeichnen. Hier trägt der staatlich verordnete Atheismus alle Züge einer etablierten Religion. Laut „Handbuch der Jugendweihe" nahmen seit 1976 etwa 97 Prozent des Altersjahrgangs an der atheistisch geprägten Jugendweihe teil (*Reitinger* 1991:34). Bis 1990 zeigt sich die mehrheitlich atheistische Position der Jugend durch den politischen Umbruch wenig beeinflußt. So bezeichnen sich noch 1989 85 Prozent der Studenten der DDR als atheistisch und nur 6 Prozent als religiös (*Friedrich* 1990:27). Im vereinigten Deutschland machen die Mitglieder der evangelischen und katholischen Kirche ca. 73 Prozent der Gesamtbevölkerung aus, 37,6 Prozent sind evangelisch und 35,6 Prozent katholisch. Für Gesamtdeutschland betrachtet, machen die Mitglieder der beiden volkskirchlichen Systeme knapp drei Viertel der Bevölkerung aus. Alle Anzeichen sprechen heute dafür, daß die beiden christlichen Kirchen in den nächsten Jahren versuchen werden, ihren volkskirchlichen Charakter beizubehalten bzw. in Ostdeutschland auf breiterer Basis wiederzugewinnen. Ob dies gelingen wird, ist eine offene Frage.

1.2 Die Nachkriegsgenerationen und das kirchlich verfaßte Christentum

Bevor neuere Daten zum Verhältnis der Nachkriegsgenerationen in Deutschland zur christlichen Religion präsentiert werden, seien zwei Vorbemerkungen gemacht. Zu den Nachkriegsgenerationen werden hier die nach 1946 Geborenen, also die heute 46jährigen und Jüngeren gerechnet. Nicht in jedem Fall läßt das Datenmaterial die Bildung von Altersklassen exakt nach dieser Altersgrenze zu. Deshalb wird bei der Gegenüberstellung der Generationen von einem Spielraum um diese Altersgrenze herum ausgegangen. Für Deutschland erscheint es naheliegend, die Grenze zwischen den Generationen an die bewußte Erfahrung des Nationalsozialismus, des Krieges und der unmittelbaren Nachkriegssituation zu binden. Die Nachkriegsgenerationen beginnen dann dort, wo die deutsche Zweistaatlichkeit, die ständige Ausweitung der Konsumchancen, der Aufbau eines funktionierenden demokratischen Wohlfahrtsstaats auf dem Territorium der Bundesrepublik und die Durchsetzung einer sozialistischen Gesellschaftsordnung auf dem Gebiet der alten DDR den Erfahrungsraum der nachwachsenden Generationen bestimmen. Daran in etwa orientieren sich die folgenden Ausführungen in der Frage der Abgrenzung der Nachkriegsgenerationen.

Die zweite Vorbemerkung betrifft die Art des Datenmaterials, das präsentiert wird. Es stammt überwiegend aus repräsentativen Umfragen der letzten Jahre. Der Wert solcher Daten gerade in Sachen Religion ist berechtigterweise umstritten. Die Hauptschwierigkeit liegt darin begründet, daß gegenwärtig kein Konsens über einen angemessenen sozialwissenschaftlichen Religionsbegriff in der Auseinandersetzung unterschiedlicher religionssoziologischer Ansätze zu erzielen ist (*Kaufmann* 1989:53ff)[5]. An dieser Stelle geht es aber nicht um das gesamte Spektrum von Formen der Religiosität innerhalb der Nachkriegsgenerationen, sondern um ihr Verhältnis zur kirchlich verfaßten, historisch gebundenen Religion des Christentums. Hier liegt auch der Schwerpunkt der Aussagekraft der religionsbezogenen Umfrageforschung. Sie geht von einem kirchlich orientierten Religionsbegriff aus und prüft, inwieweit sich die Befragten – gemessen

---

[5] So gibt die folgende Formulierung von Andreas Feige die Lage realistisch wieder: „Für Bemühungen in der Religionssoziologie, die Frage nach der ‚Religion' und ihren sozialen Formgestalten von einem vorgängigen Einfluß der existierenden Institution ‚Kirche' freizuhalten ohne ihn zu negieren, steht eine konsensfähige religionssoziologisch-theoretisch übergreifende Konzeption aus" (*Feige* 1992:1).

an den vorgegebenen Standards – als kirchlich und religiös erweisen und begreifen. Die unausweichliche Bindung der Umfrageforschung an die nach wie vor durch die kirchliche Religion geprägte öffentliche Semantik läßt etwas anderes kaum zu. Wenn die im Folgenden präsentierten Daten einen tiefgreifenden Bruch der Nachkriegsgenerationen mit der kirchlichen Religion in Deutschland erkennen lassen, darf daraus nicht ohne weiteres der Schluß gezogen werden, die Nachkriegsgenerationen seien weniger religiös oder christlich. Der hier verwendeten Umfrageforschung sind in der Regel nur Veränderungen im Verhältnis zum kirchlich verfaßten Christentum zugänglich. Die Daten müssen deshalb ihrem begrenzten Status entsprechend als Indikatoren der Veränderung institutionsbezogener Verhaltens- und Glaubensformen interpretiert werden[6].

1.2.1 Kirchenmitgliedschaft

Auf den ersten Blick sind innerhalb der alten Bundesrepublik die Unterschiede der Generationen hinsichtlich der Kirchenmitgliedschaft nicht groß. Wie die Tabelle 1 zeigt, sind im Jahre 1982 die Differenzen zwischen den bis 1952 und nach 1952 Geborenen nur 1

Tabelle 1: Kirchenmitgliedschaft nach Alter (in v. H.)

	unter 30 Jahre (n = 604)	30 Jahre und älter (n = 2385)	alle Befragten (n = 2991)
Evangelische Kirche (ohne Freikirchen)	44,4	45,4	45,1
Römisch-katholische Kirche	41,1	42,6	42,3
Evangelische Freikirche oder andere christliche Religionsgemeinschaft	5,0	4,6	4,7
nicht-christliche Religionsgemeinschaft	–	–	–
keine Religionsgemeinschaft	9,6	7,3	7,8
darunter:			
früher evangelisch	5,3	4,2	4,4
früher katholisch	2,0	1,6	1,6
insgesamt	100,1	99,9	99,9

Quelle: ALLBUS 1982; *Lukatis/Lukatis* 1987:125

---

[6] Wo mit den Daten der Umfrageforschung in einer „naiven" Gleichsetzung von Religiosität, Christlichkeit und Kirchlichkeit theoretisch unreflektiert umgegangen wird, kommt es leicht zu weitreichenden Fehlinterpretationen (*Gabriel* 1990).

bzw. 1,5 Prozent. Immerhin machen unter den Jüngeren die keiner Religionsgemeinschaft Angehörenden bereits knapp 10 Prozent aus, während unter den Älteren ihr Anteil 7,3 Prozent beträgt.

Den Daten derselben Studie läßt sich entnehmen, daß in den Geburtsjahrgängen zwischen 1948 und 1957 der Anteil der Konfessionslosen überproportional groß ist. Es handelt sich offensichtlich um die 68er-Generation, die Mitte der siebziger Jahren die Austrittszahlen in beiden Kirchen um ein Vielfaches nach oben schnellen ließ.

Tabelle 2: Konfessionszugehörigkeit und Lebensalter (in v. H.)

Altersgruppen	Insgesamt	Evangelisch	Katholisch	Konfessions-los
18–24 Jahre	11	10	11	11
25–34 Jahre	19	19	17	31
35–65 Jahre	52	50	54	50
65 Jahre und älter	18	21	18	8
insgesamt	100	100	100	100
n =	2846	1350	1264	232

Quelle: ALLBUS 82; *Pittkowski/Volz* 1989:103

Deutliche Differenzen zeigen die Generationen aber hinsichtlich der bekundeten Austrittsneigung aus der Kirche. Während im Jahr 1986 die 16- bis 44jährigen Katholiken zu 25 Prozent angaben, schon einmal mit dem Gedanken gespielt zu haben, aus der Kirche auszutreten, betrug der Anteil unter den 45jährigen und älteren Katholiken nur 6 Prozent. Unter den protestantischen Befragten gaben 30 Prozent der bis 44jährigen an, den Kirchenaustritt schon erwogen zu haben, während es unter den 45jährigen und älter 20 Prozent waren (*Institut für Demoskopie Allensbach* 1986, Tab. 24a, 25a). Die größte Differenz zwischen den Generationen zeigen also die Katholiken. Unter den Nachkriegsgenerationen gleichen sich die Differenzen zwischen den beiden Konfessionen rapide an. Beträgt der Unterschied zwischen den Katholiken und Protestanten bei den Älteren noch 14 Prozent, so schmilzt die Differenz zwischen den Konfessionen bei den Jüngeren auf 5 Prozent[7].

Der Blick auf die alte DDR bzw. die neuen Bundesländer zeigt ein völlig anderes Bild. In Tabelle 3 sind Mitgliedschaftszahlen aus Umfragedaten aus dem Jahr 1990 wiedergegeben:

---

[7] Zur Gesamtproblematik der Kirchenaustritte siehe den Überblick bei *Feige* 1989.

Tabelle 3: Kirchenmitgliedschaft in den neuen Bundesländern (in v. H.)

	Bevöl-kerung insgesamt	16–29 Jahre	Altersgruppen 30–44 Jahre	45–59 Jahre	60 Jahre u. älter
Es sind Mitglied einer Konfessionsgemeinschaft	32	20	19	34	61
Es sind ausgetreten	28	9	32	44	30
Es waren nie Mitglied	39	70	50	22	9

Quelle: *Köcher* 1990:25

Während heute von den 16- bis 44jährigen noch 20 Prozent einer Konfessionsgemeinschaft angehören, sind es unter den 45jährigen und älter 47,5 Prozent, wobei die Altersgruppe der 60jährigen und älter mit 61 Prozent zu Buche schlägt. Von den Nachkriegsgenerationen waren 60 Prozent nie Mitglied einer Konfessionsgemeinschaft, 20,5 Prozent sind ausgetreten. Für die neuen Bundesländer gilt also, daß die Kirchenmitgliedschaft die Generationen in besonders scharfer Form trennt, wobei sich insgesamt eine ausgeprägte Überalterung unter den Kirchenmitgliedern zeigt. Für die evangelische Kirche ist festzustellen, daß sie heute nicht mehr durch Austritte, sondern in erster Linie durch die Überalterung weiter an Mitgliedern verliert (*Pollack* 1991:146). Gerade die Kirchenmitgliedschaft im Generationenverhältnis macht auf nachdrückliche Weise deutlich, daß das vereinigte Deutschland aus zwei sehr unterschiedlich geprägten Gesellschaften besteht, deren wechselseitiger Angleichungsprozeß noch lange Zeit in Anspruch nehmen wird.

1.2.2 Rituelle Praxis

Hinsichtlich der kirchlich-rituellen Praxis ist zu unterscheiden zwischen den kirchlichen Riten an den Lebenswenden im Lebenslauf und dem mehr oder weniger regelmäßigen Gottesdienstbesuch. Wie die von Lukatis/Lukatis ausgewerteten Daten des ALLBUS 1982 für die Bundesrepublik zeigen, lassen sich hinsichtlich der Einstellung zu Taufe, kirchlicher Trauung und Beerdigung zwar deutliche Unterschiede zwischen den bis 1952 und den nach 1952 Geborenen feststellen, sie überschreiten aber in der Regel die 10-Prozent-Grenze nicht. Wie die Tabelle 4 zeigt, liegen die größten Differenzen mit 11 Prozent (evangelisch) bzw. 10 Prozent (katholisch) bei der kirchlichen Trauung der bereits Verheirateten. Die hohe Zahl der Jüngeren, denen eine kirchliche Beerdigung heute „egal" ist, wird man aus dem altersbedingten Abstand zu Sterben und Tod erklären können. Insgesamt ergibt sich das Bild, daß etwa drei Viertel (evangelisch) bzw. vier Fünftel (katholisch) der Jüngeren die Einbindung in die kirchlichen Passageriten bejahen. Vornehmlich aus den Passageriten beziehen demnach die beiden volkskirchlichen Systeme in der Bundesrepublik ihre relative Stabilität.

Tabelle 4: Einstellung zu Taufe, kirchlicher Trauung und Beerdigung und bereits vollzogene kirchliche Trauung bzw. Taufe eigener Kinder (in v. H.)

	evangelisch		katholisch		ohne Konfession		alle Befragten	
	unter 30 J. (n=268)	30 J. u. älter (n=1082)	unter 30 J. (n=248)	30 J. u. älter (n=1016)	unter 30 J. (n=58)	30 J. u. älter (n=173)	unter 30 J. (n=603)	30 J. u. älter (n=2383)
wenn Heirat: kirchliche Trauung gewünscht								
ja	77,7	85,6	86,4	90,9	4,4	12,1	74,9	82,5
nein	22,3	14,4	13,6	9,1	95,6	87,9	25,1	17,5
wenn verheiratet: kirchlich getraut								
ja	76,1	87,0	82,9	92,6	33,3	40,1	75,1	86,3
nein	23,9	13,0	17,1	7,4	66,7	59,9	24,9	13,7
wenn Kinder: gewünscht								
ja	77,2	81,0	89,0	89,8	15,2	29,7	74,6	76,9
weiß nicht	14,3	14,8	6,8	8,0	39,1	34,3	13,8	14,8
nein	8,5	4,2	4,3	2,1	45,7	35,9	11,6	8,4
wenn bereits Kinder: getauft								
ja	91,9	96,8	96,3	99,1	***	62,6	90,8	95,7
nicht alle	–	0,2	1,2	0,2		4,7	0,6	0,8
nein	8,1	3,0	2,4	0,6		32,7	8,7	3,5
kirchliche Beerdigung gewünscht								
nein	4,5	1,8	4,0	1,4	**		4,2	1,6
egal	31,6	11,4	16,3	7,4			23,8	9,6
ja	64,0	86,7	79,7	91,2			71,9	88,7

Quelle: ALLBUS 1982; *Lukatis/Lukatis* 1987:132
** Frage wurde nicht gestellt
*** Zellenbesetzung zu gering

Anders als bei den Passageriten zeigen die Generationen in der Praxis des Gottesdienstbesuchs deutliche Unterschiede. In eindrucksvollen Zeitreihen hat Renate Köcher das „Auseinandertreiben der Generationen" (1987:175) in beiden Konfessionen hinsichtlich des regelmäßigen Gottesdienstbesuchs belegt. Wie die Tabelle 5 zeigt, hat die erste Nachkriegsgeneration in beiden Konfessionen Ende der sechziger und Anfang der siebziger Jahre in großer Zahl mit dem regelmäßigen Gottesdienstbesuch gebrochen. Der zu diesem Zeitpunkt eingeleitete Trend hat sich seitdem fortgesetzt. 1982 gaben 22,5 Prozent der 16- bis 44jährigen Katholiken an, regelmäßig den Gottesdienst zu besuchen, unter den 60jährigen und älter waren es 54 Prozent. Dazwischen lag die Gruppe der zwischen 1923 und 1937 Geborenen mit 29 Prozent.

Tabelle 5: Regelmäßiger Gottesdienstbesuch der Katholiken und Protestanten 1952–1982

	Es besuchten regelmäßig den Gottesdienst				
	1952 %	1963 %	1967/69 %	1973 %	1982 %
Katholiken insgesamt	51	55	48	35	32
Katholiken im Alter von –					
16–29 Jahren	52	52	40	24	19
30–44 Jahren	44	51	42	28	26
45–59 Jahren	50	56	53	46	29
60 Jahre und älter	63	64	62	57	54
Protestanten insgesamt	13	15	10	7	6
Protestanten im Alter von –					
16–25 Jahren	12	11	6	3	4
30–44 Jahren	7	10	6	3	3
45–59 Jahren	13	16	11	7	6
60 Jahren und älter	23	24	22	12	12

Quelle: *Köcher* 1987:175

In den späten achtziger Jahren hat sich diese Entwicklung weiter verschärft. 1988 gaben knapp 20 Prozent der 20- bis 45jährigen Katholiken an, den Gottesdienst jeden oder fast jeden Sonntag zu besuchen, während es unter den 45jährigen und älter insgesamt 47,5 Prozent waren (*Institut für Demoskopie Allensbach* 1989 a:33 ff.). Nach dem Ausweis aller verfügbaren Daten ist die Situation innerhalb der evangelischen Kirche ähnlich; der Einbruch war lediglich auf dem niedrigeren Niveau der protestantischen Kirchgangsgewohnheiten nicht so ausgeprägt wie unter den Katholiken. Als Beispiel seien hier die Daten der beiden EKD-Studien aus den Jahren 1974 und 1984 wiedergegeben (Tabelle 6). Für 1984 weisen die ab 1950 Geborenen einen regelmäßigen Gottesdienstbesuch von 4,5 Prozent auf, während die bis 1949 Geborenen zu 15 Prozent angaben, jeden oder fast jeden Sonntag den Gottesdienst zu besuchen.

Tabelle 6: Gottesdienstbesuch der evangelischen Kirchenmitglieder
nach Lebensalter

Kirchgang	Lebensalter				
	14–24	25–34	35–49	50–64	über 65

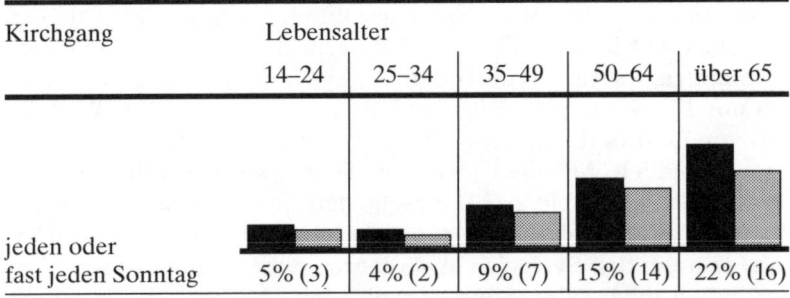

Kirchgang	14–24	25–34	35–49	50–64	über 65
jeden oder fast jeden Sonntag	5% (3)	4% (2)	9% (7)	15% (14)	22% (16)

Quelle: *Hanselmann* u. a. 1984:212; in () Vergleichswerte für 1972 in Prozent

1.2.3 Gottesglaube und Einschätzung eigener Religiosität

Schon die Internationale Wertestudie 1981/82 wies auf bemerkenswerte Unterschiede zwischen den Generationen hinsichtlich des bekundeten Gottesglaubens hin. So gaben von den 18- bis 39jährigen
56,5 Prozent an, an Gott zu glauben, während es unter den 40jähri-
gen und älter insgesamt 80 Prozent waren (*Köcher* 1987:172). Für
1989 liegt ein ähnliches Ergebnis vor: 62,4 Prozent der 16- bis 44jäh-
rigen äußerten, an Gott zu glauben, während dies die 45jährigen und
älter zu 79 Prozent angaben (*Institut für Demoskopie Allensbach*
1989 b:Tab. 1 a). Auch die Daten des ALLBUS 82 zeigen, daß bei
Fragen zu den Gottesvorstellungen die Generationen dann am weitesten auseinanderliegen, wenn die Aussagen sich der kirchlichen
Dogmatik nähern. So finden die Sätze „Es gibt einen Gott, der Gott
für uns sein will" und „Es gibt einen Gott, der sich in Jesus Christus
zu erkennen gegeben hat" unter den Befragten im Alter von 18–29
Jahren etwa zu gleichen Teilen Ablehung und Zustimmung. Bei den
über 30jährigen überwiegen die Zustimmenden etwa zu drei Viertel.
Währenddessen liegen die Generationen auf eben diesem Niveau
der Zustimmung nahe beieinander bei dem Satz: „Unser Leben wird
letzten Endes bestimmt durch die Gesetze der Natur" (*Lukatis/Lu-
katis* 1987:137). Dieselbe Tendenz zeigt sich bei der Zustimmung zu
Fragen nach dem „Sinn des Lebens". Auch hier trennen sich die Generationen ausgeprägt nur hinsichtlich von Fragen, die sich explizit
auf die religiös-kirchliche Tradition beziehen. Es sind dies die Sätze:
„Das Leben hat für mich nur eine Bedeutung, weil es einen Gott
gibt" und „Das Leben hat einen Sinn, weil es nach dem Tod noch

etwas gibt" (*Lukatis/Lukatis* 1987:139). Der Internationalen Wertestudie 1981/82 ist zu entnehmen, daß die Generationen sich deutlich hinsichtlich eines konkreteren und abstrakteren Gottesverständ-
nisses unterscheiden. Während in der Bundesrepublik dem Satz „Es
gibt einen leibhaftigen Gott" 33,5 Prozent der 40jährigen und älter
zustimmten, waren dies unter den Befragten im Alter von 18–39 Jahren nur 17,5 Prozent (*Köcher* 1987:202). Gefragt nach der Wichtigkeit von Gott in ihrem Leben, reagieren die Generationen deutlich
unterschiedlich. Auf einer 11stufigen Skala zwischen völlig unwich-
tig (0) und sehr wichtig (10) entschieden sich 1986 für die Stufe 0
knapp 14 Prozent der Befragten zwischen 16 und 44 Jahren, während es unter den Befragten ab 45 Jahren nur 5 Prozent waren. Umgekehrt wählten die Stufe 10 von den Älteren ab 45 Jahren
31 Prozent, unter den Jüngeren waren es 14 Prozent (*Institut für Demoskopie Allensbach* 1986, Tabelle 6 a).

Schaubild 1: Selbsteinschätzung der Religiosität durch jüngere und
ältere Befragte (in v. H.)

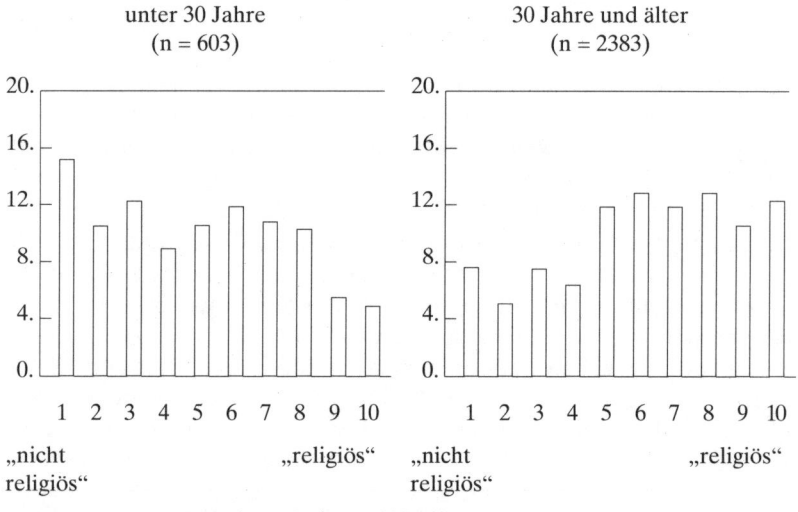

Quelle: ALLBUS 82; *Lukatis/Lukatis* 1987:141

Ergibt sich – so soll nun gefragt werden – ein anderes Bild, wenn die
Befragten aufgefordert werden, sich selbst hinsichtlich ihrer Religiosität einzuschätzen? Lukatis/Lukatis haben auch mit Bezug auf
diese Frage die Daten des ALLBUS 82 ausgewertet.

Wie das Schaubild 1 erkennen läßt, zeigen die beiden Kurven der religiösen Selbsteinschätzung der Befragten unter 30 und über 30 insgesamt einen gegensätzlichen Verlauf. Während bei den unter 30jährigen die Kurve vom nicht-religiösen zum religiösen Pol kontinuierlich sinkt, ist es bei den 30jährigen und älter gerade umgekehrt. Daten aus dem Jahr 1989 weisen dieselbe Tendenz auf. Die Befragten im Alter von 16–29 Jahren bezeichnen sich zu 36 Prozent als religiöse Menschen, bei den 30- bis 44jährigen sind es 49 Prozent. In der Altersgruppe zwischen 45 und 59 Jahren steigt der Prozentanteil auf 58 Prozent, um schließlich bei der Gruppe „60 Jahre und älter" einen Wert von 75 Prozent anzunehmen (*Institut für Demoskopie Allensbach* 1989 a:24). Die Befragten konnten in diesem Fall zwischen vier Antwortkategorien wählen: religiöser Mensch, nichtreligiöser Mensch, überzeugter Atheist und unentschieden. Wenn die Fragestellung so formuliert ist, daß die Alternative religiös – nichtreligiös nicht auftaucht, sondern nur nach persönlichen Einstellungen und Eigenschaften gefragt wird, rechnen sich deutlich weniger zu den „religiösen, gläubigen Menschen". In der Altersgruppe 16–44 Jahre sind es dann 16 Prozent, in der Gruppe zwischen 45 und 59 Jahre 28 Prozent und in der Gruppe der 60jährigen und älter 50 Prozent (*Institut für Demoskopie Allensbach* 1989 a:26). Die Daten zeigen, daß in der Bundesrepublik die Befragten die Tendenz haben, die Antwortkategorie „nichtreligiös" eher zu meiden.

Tabelle 7: Glaube an Gott, Altersgruppen, Ost- und Westdeutschland im Vergleich

	DDR Altersgruppen				BRD Altersgruppen			
	16–29 Jahre	30–44 Jahre	45–59 Jahre	60 J. u. älter	16–29 Jahre	30–44 Jahre	45–59 Jahre	60 J. u. älter
Ja	20	19	37	55	59	66	72	85
Nein	69	68	45	32	18	16	10	5
Unentschieden	11	13	18	13	23	18	18	10
	100	100	100	100	100	100	100	100

Quelle: *Köcher* 1990

Ganz anders dagegen die Situation in Ostdeutschland. Bei der Frage nach dem Glauben an Gott zeigt sich im Vergleich zwischen Ost- und Westdeutschland, daß die Differenzen innerhalb derselben Altersgruppe insgesamt etwa zwischen 40 und 50 Prozent liegen und daß die Unterschiede zwischen den Generationen in Ostdeutschland noch ausgeprägter sind als im Westen. Während von den ostdeutschen Befragten im Alter zwischen 16 und 44 Jahren 68,5 Prozent angeben, nicht an Gott zu glauben, sind es unter den 45jährigen und älter nur 38,5 Prozent. In Westdeutschland beträgt die entsprechende Differenz 17 : 7,5 Prozent.

Auch innerhalb der Bevölkerung Ostdeutschlands ist es eine Ausnahme, daß sich Menschen, die aus der Kirche ausgetreten sind oder nie Kirchenmitglied waren, als religiöse Menschen bezeichnen. Von den Ausgetretenen sind es insgesamt 6 Prozent, von denen, die nie Mitglied waren 2 Prozent. „38 Prozent der Bevölkerung der DDR, 52 Prozent der jungen Generation" – so Renate Köcher – „beschreiben ihre Haltung zum Glauben mit den Sätzen: ,Der Glaube sagt mir nichts. Ich brauche keine Religion'. In der Bundesrepublik beträgt dieser Anteil 12 Prozent, in der jungen Generation 17 Prozent" (*Köcher* 1990:25). Daten des Zentralinstituts für Jugendfragen (ZIJ) in Leipzig bestätigen diese Ergebnisse tendenziell. Nach Umfragedaten aus den Jahren 1988/89 bezeichneten sich 65 Prozent der Lehrlinge als atheistisch, 15 Prozent als religiös, unter den jungen Arbeitern 64 Prozent als atheistisch und 16 Prozent als religiös und unter den Studenten 85 Prozent als atheistisch und 6 Prozent als religiös (*Friedrich* 1990:27). Das Verhältnis von Lehrlingen und Arbeitern zu Studenten überrascht insofern, als in Westdeutschland inzwischen deutlich mehr Befragte mit höherem Schulabschluß sich als religiös einschätzen als Personen mit Real- und Volksschulabschluß (*Institut für Demoskopie Allensbach* 1986:40). Anders als in Westdeutschland genießt die Kirche im Augenblick in den neuen Bundesländern ein relativ hohes Ansehen. Auch die junge Generation erwartet zu drei Viertel, daß der Einfluß der Kirchen in den nächsten Jahren größer wird, eine Mehrheit nimmt an, daß es zu einer Wiederbelebung von Religion und Glaube kommt (*Köcher* 1990:26). Es ist heute schwer abzusehen, ob der Kirche im Augenblick ein kurzfristiger Bonus aus der Zeit der Opposition und des Umbruchs zugute kommt, oder ob sich hier die Umrisse einer neuen Rolle einer Minderheitenkirche in einer mehrheitlich säkularen Gesellschaft ohne explizite Religion abzeichnet.

1.2.4 Religiös-ethische Orientierung

Wo in neueren Umfragen in der Bundesrepublik Stellungnahmen zu explizit kirchlichen Normen vorliegen, bestätigen sie das bisher gewonnene Bild einer deutlich ausgeprägteren Distanz der Nachkriegsgenerationen zur kirchlichen Normenwelt (*Köcher* 1987:233; *Eichelberger* 1989:85; *Institut für Demoskopie Allensbach* 1989a:42 und 46). Besonders interessante Ergebnisse hat in diesem Zusammenhang eine 1984 durchgeführte Studie zu „Ethos und Religion bei Führungskräften" erbracht (*Kaufmann/Kerber/Zulehner* 1986). Mit einem außergewöhnlich hohen Intensitätsgrad – ca. 400 Variablen wurden einbezogen – ging die Untersuchung den religiös-ethisch relevanten Bewußtseinszuständen von insgesamt 530 Führungskräften aus dem süddeutschen Raum nach. In der gesamten Untersuchung schob sich die Altersgrenze der nach 1945 geborenen Nachkriegsgeneration von Führungskräften zu den Älteren in den Vordergrund. So erwiesen sich die unter 40jährigen Führungskräfte zu 55 Prozent als religiös kaum ansprechbar, zu 30 Prozent als distanzierte Christen und nur zu 15 Prozent als kirchenfeste Gläubige.

Schaubild 2: Opportunismus und Lebensalter

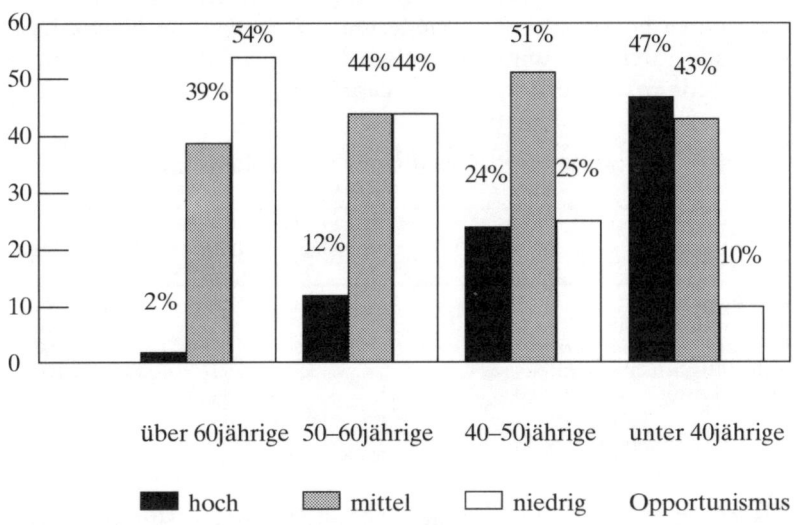

Quelle: *Kaufmann/Kerber/Zulehner* 1986:258

Von den 40jährigen und älter waren 28 Prozent den religiös kaum Ansprechbaren zuzurechnen, 40 Prozent den distanzierten Christen und 31 Prozent den kirchenfesten Gläubigen (*Kaufmann/Kerber/ Zulehner* 1986:259). Besonders deutlich fielen die Unterschiede zwischen den Generationen hinsichtlich des gemessenen ethischen Opportunismus aus. Mit der Opportunismusskala wurde ein Orientierungssyndrom gemessen, das sich aus materiellem Erfolgsstreben mit allen – auch unredlichen – Mitteln und der Verneinung allgemeingültiger, über das „reine Gefühl" hinausgehender ethischer

41

Maßstäbe zusammensetzt. Wie das Schaubild 2 zeigt, wiesen 47 Prozent der unter 40jährigen hohe, 43 Prozent mittlere und nur 10 Prozent niedrige Opportunismuswerte auf. Schon unter den 40- bis 50jährigen verschob sich die Relation erheblich, und für die 50jährigen und älter ergab sich ein zu den Jüngeren gegensätzliches Bild von 9,5 Prozent hohen und 49 Prozent niedrigen Opportunismuswerten.

Die Studie war bemüht, auch Elemente eines nichtreligiösen Ethos unter den Befragten zu erfassen. Auch hier zeigte sich, daß mit abnehmendem Lebensalter religiöse wie nichtreligiöse ethische Orientierungen parallel zurückgingen, während die Durchschnittswerte für den Opportunismus jeweils anstiegen (*Kaufmann/Kerber/Zulehner* 1986:272 f.). Wie die Tabelle 8 zeigt, konnte die Untersuchung schließlich eine Klassifikation von fünf unterschiedlichen Orientierungstypen herausarbeiten. Wiederum erwies sich die Nachkriegsgeneration der Führungskräfte als bei weitem am stärksten durch einen religiösen Indifferentismus geprägt[8].

Tabelle 8: Religiöser Indifferentismus und Lebensalter

C=-39 Relind	Alter	bis 40 Jahre %	40–50 Jahre %	50–60 Jahre %	60+ Jahre %	N= 100%
kirchliche Aktive		12	20	50	19	100
Kirchenverbundene		17	33	24	26	100
nicht kirchlich, aber christlich		21	31	33	15	100
nicht christlich, aber ethisch		26	39	23	12	100
weder christlich, noch ethisch		47	34	14	5	100
alle		24	32	36	8	100

Quelle: *Kaufmann/Kerber/Zulehner* 1986:275

Als Resümee läßt sich Folgendes festhalten: Übereinstimmend weisen die verfügbaren Daten darauf hin, daß die Generationen sich in ihrem Verhältnis zu den beiden christlichen Kirchen deutlich unterscheiden. Die Nachkriegsgenerationen haben die Tradition ihrer Elterngenerationen in punkto kirchlich verfaßtem Christentum nur begrenzt fortgesetzt. In der alten Bundesrepublik unterscheiden sie sich zwar von den Älteren in der Kirchenmitgliedschaft und im Einbezug in die kirchlichen Passageriten nur unwesentlich. In der Selbstverständlichkeit der Mitgliedschaft, im Gottesdienstbesuch,

---

[8] Zum Konzept des religiösen Indifferentismus im Zusammenhang mit der hier referierten Studie siehe Kaufmann (1989:146 ff.).

in ihren Stellungnahmen zu kirchlichen Glaubensaussagen und Normvorgaben und in ihrer religiös-ethischen Orientierung setzen sie sich aber von den Älteren nachhaltig ab. An der Generationengrenze nimmt die Distanz zur kirchlichen Religion in beiden volkskirchlichen Systemen sprunghaft zu. Unter den gänzlich anderen gesellschaftlichen und weltanschaulichen Bedingungen Ostdeutschlands ist die Kirchenmitgliedschaft zu einem Minoritätenphänomen geworden und hatten die Kirchen ihr Ritenmonopol verloren. Im übrigen lassen sich aber ähnliche Tendenzen wie im Westen beobachten, nur in einer viel schärferen Ausprägung. Es stellt sich nun die Frage, wie läßt sich diese Kluft der Generationen im Bezug auf die kirchliche Religion erklären? Wo liegen die Ursachen für den plötzlichen Bruch der Nachkriegsgenerationen mit dem kirchlich verfaßten Christentum nicht nur unter den Bedingungen atheistischer Politik und Propaganda, sondern auch im Kontext der westlichen Gesellschaftsentwicklung? Die präsentierten Daten haben dieser Fragestellung Plausibilität und Nachdruck verliehen. Für sie soll im Folgenden ein Erklärungszusammenhang entwickelt werden, der die empirischen Phänomene im Licht eines gesamtgesellschaftlichen Umbruchs interpretiert. Zuvor aber soll noch ein zweiter empirischer Zugang zum Umbruch im kirchlich verfaßten Christentum gewählt werden, der den Veränderungsprozessen im kirchlich-religiösen Sektor in der 40jährigen Geschichte der Bundesrepublik nachgeht.

2. Der Umbruch in der religiös-kirchlichen Entwicklung in der Bundesrepublik[9]

2.1 Kontinuität und Umbruch: Die Uneindeutigkeit des ersten Blicks

Welche Rolle spielt die christliche Religion, der „religiöse Faktor" insgesamt, in der 40jährigen Geschichte der Bundesrepublik Deutschland? Wie nachhaltig waren die Veränderungen, wie tiefgreifend der Wandel der religiösen Orientierungen im Zeitraum der letzten 40 Jahre? Auf den ersten Blick scheinen einander direkt widersprechende Aussagen möglich und begründbar. Betrachtet man unbeeindruckt von den Aufgeregtheiten des Tages und der jeweili-

---

[9] Im Folgenden handelt es sich um eine überarbeitete Fassung des Textes *Gabriel* 1990a.

gen Interessenten die Entwicklung des kirchlich verfaßten Christentums in der Geschichte der Bundesrepublik, so kann man zu dem Schluß kommen, daß sich im Grunde recht wenig verändert habe. Wie vor 40 Jahren können auch heute die beiden christlichen Großkirchen als „monopolartige Repräsentanten" von Religion innerhalb des Territoriums der alten Bundesrepublik gelten (*Daiber* 1988:61). Die evangelischen Landeskirchen und Freikirchen und die katholische Kirche können hier auch heute gegen 90 Prozent der Gesamtbevölkerung zu ihren Mitgliedern zählen, 1950 waren es 96 Prozent (ALLBUS 1984). Der Anteil derer, die keiner Religionsgemeinschaft angehören, ist seit 1950 nur um etwa 6 Prozent gestiegen. Sowohl die anderen christlichen als auch die anderen nicht-christlichen Religionsgemeinschaften bleiben unter der 1 Prozent-Marke. Im Religionssystem der Bundesrepublik scheint sich tatsächlich wenig verändert zu haben: Es wird nach wie vor von den beiden großen christlichen Kirchen, den evangelischen Landeskirchen und der katholischen Kirche dominiert. Weder hat sich – wie mancherorts vermutet wurde – nach US-amerikanischem Vorbild ein stärkerer „Denominationalismus", eine pluralistische Konkurrenz einer Mehrzahl von Religionsgemeinschaften, stärker durchgesetzt, noch hat die Zunahme der keiner Religionsgemeinschaft Angehörenden die Struktur des bundesrepublikanischen Religionssystems gesprengt[10]. Auf der anderen Seite scheint der religiös-kirchliche Wandel von den fünfziger bis zu den späten achtziger Jahren geradezu symptomatisch für die stärksten Ausprägungen des soziokulturellen Wandels in der Bundesrepublik insgesamt. So betrachtet etwa Helmut Klages die „Rückläufigkeit der Religiosität – oder vielmehr: des Verhältnisses zu den Kirchen" als „Symptom einer ‚Revolution' der gesellschaftlichen Einstellungen" (*Klages* 1985:93). Innerhalb wie außerhalb der Kirchen teilt man die Annahme, daß sich die Geschichte der Bundesrepublik als ein Prozeß zunehmender „Säkularisierung" begreifen lasse – ablesbar am schwindenden Einfluß der Kirchen auf das gesellschaftliche Leben, insbesondere auf die Poli-

---

[10] *Matthes* stellte 1968 für das Religionssystem der Bundesrepublik die Frage, ob es nicht längst so etwas wie eine „denominationale Substruktur" gäbe, „deren Profil freilich noch von den beiden etablierten volkskirchlichen Systemen überlagert wird" (*Matthes* 1968:137). Heute muß man feststellen, daß diese Überlagerung bis in die Gegenwart hinein wirksam geblieben ist. Für Holland kann man mit Recht von einem Strukturwandel des Religionssytems insofern sprechen, als der Anteil derer, die keiner Religionsgemeinschaft angehört, von 1947 bis 1984 von 17,1 Prozent auf 31,3 Prozent gestiegen ist (*Dobbelaere* 1988). Wie in Kapitel 2 deutlich wurde, hat rein zahlenmäßig das gesamtdeutsche Religionssystem heute viel Ähnlichkeit mit dem holländischen.

tik, am dramatischen Rückgang der Kirchlichkeit und am Bedeutungsverlust religiös-kirchlicher Sinndeutungen für den einzelnen (*Meulemann* 1985; *Kehrer* 1988). Bei einer so widersprüchlichen Ausgangslage erscheint Vorsicht geboten. Die Vorsicht beginnt bei der Verständigung über die zugrunde gelegten Begriffe. Das Unternehmen, die Entwicklung von Religion und Religiosität in der Geschichte der Bundesrepublik zu beschreiben, wird durch den Umstand erschwert, daß – weniger im Alltagsbewußtsein als im wissenschaftlichen Diskurs – der Konsens darüber, was Religion sei, gerade innerhalb des hier interessierenden Zeitraums verlorengegangen ist (*Kaufmann* 1989:53 ff). Wer definiert, welche Orientierungen und Verhaltensweisen mit Recht als religiös zu qualifizieren sind? Die kirchliche Dogmatik und die Theologen? Die Soziologen oder die Vertreter einer allgemeinen Religionswissenschaft? Oder die Menschen auf der Straße in ihrem Alltagsbewußtsein? Zum Unterschied von den fünfziger Jahren und der damals praktizierten Religionssoziologie ist es heute nicht mehr möglich, Religion ohne weiteres mit ihrer institutionellen Verfaßtheit innerhalb der christlichen Kirchen gleichzusetzen. Andererseits wird man den religiösen Wandel in der Bundesrepublik nicht erfassen können, ohne der Tatsache Rechnung zu tragen, daß er sich auf dem Hintergrund zweier christlicher, volkskirchlicher Systeme abspielt, in denen die kirchlich verfaßte Religion nach wie vor – und sei es als Folie für religiöse Distanzierungen – eine zentrale Stellung einnimmt. Wie oben schon betont, muß aber bereits begrifflich die Verengung auf kirchlich verfaßte Religion in zwei Richtungen überschritten werden: zum einen in Richtung auf gesellschaftliche Kulturmuster des Christentums und anderer synkretistischer Ausdrucksformen von Religion, zum anderen in Richtung auf persönliche Religiositätsstile als individuelle Transformationen kirchlich-christlicher wie gesellschaftlicher Religion. Die erste Richtung erlaubt Phänomene kulturell verankerter Volksreligion, gesellschaftliche Formen des Christentums, neue Sozialformen von Massenreligion wie auch Formen von „Zivilreligion" in die Analyse einzubeziehen. Die zweite Richtung lenkt die Aufmerksamkeit auf Fragen der Nähe und Distanz von Religiositätsstilen und persönlicher Ausdrucksformen des Christlichen zur kirchlich verfaßten Religion, wie auch auf alte und neue Praktiken magischer Religiosität. Gerade dort, wo der gewählte Religionsbegriff auch außerchristliche Formen von Religion einbezieht, wird man stets mitbedenken müssen, daß dieses begriffliche Verständnis von Religion innerhalb der christlichen Tradition entstanden ist und eine deutliche Prägung durch ein spezifisch christliches Religionsverständnis besitzt[11]. Mit dem Religionsverständnis stehen methodische Probleme der Erfassung von Religion in einem engen Zusammenhang. Den leichtesten empirischen Zugriff bietet die institutionell verfaßte, explizite Religion. Je mehr religiöse Phänomene ihre institutionelle Kristallisation verlieren bzw. überschreiten und damit unbestimmt und „flüssig" werden, desto schwieriger wird ihre empirische Erfassung, insbesondere mit den üblichen Methoden der empirischen Sozialforschung. Man muß also damit rechnen, daß sich in den letzten vierzig Jahren in der Bundesrepublik auch die Bedingungen der empirischen Erfassung von Religion verändert haben[12]. Überblickt man die Entwicklung von Religion und Religiosität in der Geschichte der Bundesrepublik, so läßt sie sich deutlich in drei Phasen unterteilen. Die ersten zwanzig Jahre nehmen in vieler Hinsicht – selbst auf das gesamte Jahrhundert bezogen – eine Sonderstellung ein. Es sind Jahre, in denen die institutionell verfaßte, christliche Religion, gesellschaftliche Kulturmuster des Christentums und persönliche Religiositätsstile eine sonst kaum beobachtbare Nähe zeigen. In diese Phase bricht gewissermaßen „über Nacht" ein tiefgreifender Formwandel der Religion ein – empirisch am deutlichsten ablesbar an Veränderungen innerhalb der institutionell verfaßten, kirchlichen Religion. Auf den Wandlungsschub, der etwa einen Zeitraum von zehn Jahren umfaßt, folgt eine dritte Phase, die sich wiederum von der zweiten deutlich unterscheidet, ohne Anzeichen einer Rückkehr zur ersten zu zeigen. Die folgende Darstellung der Entwicklung der Religion in der Bundesrepublik folgt einem solchen Modell dreier Phasen. Seine Berechtigung kann an dieser Stelle nur postuliert werden und muß sich im Laufe der Darstellung als angemessen erweisen[13].

---

[11] Der gewählte Religionsbegriff orientiert sich an der Position von Joachim Matthes, der auch die Abhängigkeit des gegenwärtigen wissenschaftlichen Religionsverständnisses von der Christentumsgeschichte betont (*Matthes* 1967; 1968; 1988).
[12] Dies wird insbesondere bei der Interpretation von Zeitreihen von Daten zum religiös-kirchlichen Verhalten zu beachten sein. Wo ein Verständnis für die angesprochenen Zusammenhänge fehlt, muß es zu Fehlinterpretationen des Datenmaterials kommen. Als Beispiel dafür können etwa die Interpretationen von Renate Köcher zum religiösen Traditionsabbruch in der Bundesrepublik gelten (*Köcher* 1987).
[13] Die vorgeschlagene Periodisierung stimmt mit Ergebnissen und Modellvorschlägen in der Wertwandlungsforschung überein und bietet damit die Möglichkeit, den Wandel der Religion mit dem allgemeinen Wertwandel in Zusammenhang zu bringen. (*Klages* 1985; *Meulemann* 1985) In einer sehr gründlichen Analyse der Entwicklung der religions – und kirchensoziologischen empirischen Forschung in der Bundesrepublik mit den sie prägenden Fragestellungen im Kontext der jeweiligen gesellschaftlichen und kirchlichen Situation verwendet Feige eine ähnliche Periodisierung (*Feige* 1990).

46

2.2 1949-1968: Renaissance und Stabilität im kirchlich verfaßten Christentum

Für die am leichtesten zähl- und meßbaren Indikatoren von Kirchlichkeit liegen für die Gesamtentwicklung der Bundesrepublik Zeitreihen vor, die einen längerfristigen Vergleich und einen ersten Einblick in die Besonderheiten der unterschiedlichen Phasen zu geben vermögen. Einen ersten Hinweis darauf, daß die Nachkriegsjahre bis in die Mitte der sechziger Jahre hinein für Kirche und Religion eine gewisse Einmaligkeit in diesem Jahrhundert besaßen, finden wir in den Daten zum Kirchenaustritt. Wie Schaubild 3 anschaulich verdeutlicht, hat es seit 1918 – erst ab diesem Zeitpunkt wird der Kirchenaustritt nicht nur rechtlich, sondern auch faktisch möglich – keine ähnliche Phase sinkender und geringer Austrittshäufigkeit gegeben wie in den Jahren zwischen 1950 und 1967. Dies gilt für beide Konfessionen, wobei die Daten für die katholische Kirche jeweils ein deutlich geringeres Niveau der Austrittshäufigkeit aufweisen.

Schaubild 3: Kirchenaustritte in Prozent der Mitglieder

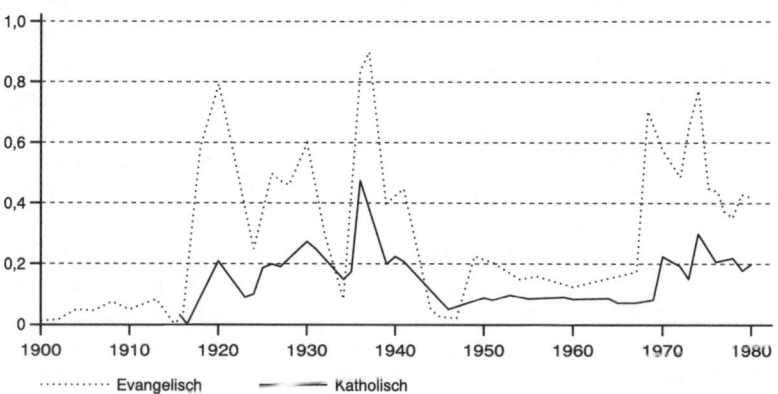

Quelle: *Pittkowski/Volz* 1989:96; eigene Berechnung

47

Nach den vom Institut für Demoskopie Allensbach erhobenen Daten zum regelmäßigen Gottesdienstbesuch von Katholiken und Protestanten ergibt sich hier ein ähnliches Bild. Bei den Katholiken stieg der schon 1952 mit 51 Prozent hohe Gottesdienstbesuch bis 1963 sogar auf 55 Prozent an, um in den Jahren 1967/69 einen Wert von 48 Prozent anzunehmen. Mit 15 Prozent regelmäßigen Gottesdienstbesuchern erreichten die Protestanten ebenfalls im Jahre 1963 einen nie wieder erreichten Nachkriegsrekord, um schon in den Jahren 1967/69 auf 10 Prozent abzusinken. Wie die in Tabelle 5 (siehe oben S. 36) zusammengestellten Daten ebenfalls erkennen lassen, verteilten sich die Gottesdienstbesucher in diesem Zeitraum relativ gleichmäßig auf alle Altersstufen, wobei die mittleren Jahrgänge die niedrigsten Werte aufwiesen. Unter den vom Institut für Demoskopie Allensbach als „kirchennah" definierten Katholiken („Katholiken, die mindestens einmal in der Woche in die Kirche gehen") waren 1953 noch 43 Prozent Männer, so daß die Gottesdienstgemeinden auch die Relation der Geschlechter einigermaßen widerspiegelten (*Köcher* 1987:223).

In die kirchliche Ritualpraxis am Lebensende war beinahe die gesamte Bevölkerung integriert, aber auch die Taufbereitschaft und die Teilnahme an der kirchlichen Eheschließung gehörte für die große Mehrheit der Bevölkerung zum „normalen" Verhaltensrepertoire an den Lebenswenden. Irritationen lösten lediglich die zunehmenden Mischehen aus, gegen die etwa Kardinal Frings in seinem Jahresbericht an den deutschen Episkopat aus dem Jahr 1955/56 zu einem „noch zielbewußteren Kampf" aufrief (*Frings* 1955/56:74)[14]. Für die Verbreitung kirchlicher Alltagsrituale ist das Tischgebet ein guter Indikator. Es ist zwar nach Aussage der 1965 vom Institut für Demoskopie Allensbach Befragten im Verhältnis zu ihrer Kindheit schon deutlich zurückgegangen. Aber zu diesem Zeitpunkt praktizierten nach eigenen Angaben noch 29 Prozent der Gesamtbevölkerung das Tischgebet, weitere 17 Prozent gaben an, es manchmal zu tun (*Köcher* 1987:226). Im Jahr 1967 erprobte Gerhard Schmidtchen zum ersten Mal eine Frageform, die Auskunft über das Verhältnis der Bevölkerung zur christlichen Tradition geben sollte (*Schmidtchen* 1973a:263ff.). Während die sehr dezidierte Äußerung „Ich bin

---

[14] Entsprechende Daten zu Taufe, Eheschließung und Beerdigung sind den Jahrgängen des Statistischen Jahrbuchs für die Bundesrepublik Deutschland (seit 1957 mit einer eigenen Rubrik „Kirchliche Verhältnisse"), dem „Kirchlichen Jahrbuch für die evangelische Kirche in Deutschland" und dem „Kirchlichen Handbuch" für die katholische Seite (letzte Ausgabe Band XXX für die Jahre 1987–1988) zu entnehmen.

gläubiges Mitglied meiner Kirche und stehe zu ihrer Lehre" bei den regelmäßigen Kirchgängern beider Konfessionen zu 85 Prozent (Protestanten!) bzw. 84 Prozent (Katholiken) Zustimmung fand, teilten diese Meinung 38 Prozent der Gesamtbevölkerung, unter den Katholiken eine Mehrheit von 52 Prozent, unter den Protestanten ein gutes Viertel von 28 Prozent. In der Geschichte der Bundesrepublik wurden diese Werte für die Gesamtbevölkerung und die Gesamtzahl der Katholiken und Protestanten nicht mehr erreicht (*Schmidtchen* 1973 a:264 f.). Wo in die fünfziger Jahre zurückreichende Zeitreihen zu Glaubensfragen zur Verfügung stehen, zeigt sich eine bis Mitte der sechziger Jahre nur allmählich abnehmende Tendenz der Bejahung kirchlicher Doktrinen. Dieses Bild ergibt sich bei der Frage in bezug auf ein Leben nach dem Tod. Von April 1956 bis zur Jahreswende 1963/64 sank der Anteil der bejahenden Antworten um 3 Prozent, während die Nein-Antworten die gleiche Häufigkeit aufwiesen und diejenigen, die die Frage für nicht beantwortbar hielten, um 3 Prozent zunahmen (Tabelle 9)[15].

Tabelle 9: Glauben an ein Weiterleben nach dem Tod

Frage: *Glauben Sie, daß es in irgendeiner Form ein Leben nach dem Tod gibt?*

	April 1956	November 1963 März 1964	Januar 1971	Juli/August 1986
Erwachsene Bevölkerung				
Ja	42 %	39 %	35 %	31,3 %
Nein	35 %	35 %	42 %	37,0 %
Unmöglich zu sagen	23 %	26 %	23 %	31,6 %
				(unentschieden)
	100 %	100 %	100 %	100 %
n =	2013	6075	1028	

Frage 1986: Glauben sie an ein Leben nach dem Tod? n = 1050

Quelle: Schmidtchen 1973 a: 157/Institut für Demoskopie Allensbach 1986, Tab. 9 a.

Die hier zusammengetragenen Indikatoren einer außerordentlich hohen Kirchlichkeit in den ersten zwanzig Jahren der bundesrepublikanischen Entwicklung lassen sich nur auf dem Hintergrund der gesamten gesellschaftlich-kulturellen Situation verstehen. Der Zu-

---

[15] Für diesen Zeitraum wird man davon ausgehen können, daß die Frage nach einem Weiterleben nach dem Tod im Sinne christlich-kirchlicher Lehre verstanden wurde. Für die Jugendlichen der 80er Jahre, die zu einem höheren Anteil (1984:49 Prozent) angeben, an ein Weiterleben nach dem Tod zu glauben, als die Jugendlichen der fünfziger Jahre (1953:43 Prozent) trifft dies so ohne weiteres nicht mehr zu (*Fuchs* 1985:285).

sammenbruch der Nazi-Diktatur hatte ein geistiges und institutionelles Vakuum hinterlassen, in das die Kirchen – geistig wenig kompromittiert und institutionell weitgehend intakt – quasi automatisch einrückten. Die seit dem Reformationszeitalter tiefgreifendsten Veränderungen der konfessionellen Landschaft innerhalb der Bundesrepublik lösten dynamisierende Einflüsse aus. Zum ersten Mal in der Geschichte waren die beiden Konfessionen annähernd gleich stark. Für die Katholiken fielen damit gewichtige Motive, ihre defensive Position im Rahmen einer abgegrenzten Sonderkultur weiter aufrechtzuerhalten, weg. Der nachhaltige Einfluß des katholischen Denkens auf die Öffentlichkeit weckte entsprechende Anstrengungen auf protestantischer Seite, soweit nicht schon die Erfahrungen mit dem „Dritten Reich" eine veränderte Haltung bewirkt hatten. So kam es in dieser Phase zu einem einmalig starken Einfluß der Kirchen auf die gesellschaftliche Entwicklung. Der Erfolg der Kirchen im gesellschaftlichen Raum, der besonders für die Katholiken die Erfüllung langgehegter Emanzipationsinteressen bedeutete, ließ gleichzeitig die konfessionellen Sondermerkmale zurücktreten (*Gabriel/Kaufmann* 1988). Als Grundlage der staatlichen Sozialpolitik verlor zum Beispiel der Subsidiaritätsgedanke der katholischen Soziallehre seinen erkennbaren, kirchlich-konfessionellen Sondercharakter. Es kann deshalb nicht überraschen, daß die insbesondere von katholischer Seite aufgerichteten Hindernisse für Mischehen an Wirksamkeit allmählich verloren und an Plausibilität einbüßten.

Von außerordentlicher Wichtigkeit für die Ausprägung und Bedeutung von Kirchlichkeit und Religiosität in dieser Phase erwies sich der Umstand, daß sie in eine Renaissance traditionaler und bürgerlich-industrieller Wertmuster eingebunden waren. Helmut Klages hat die hier angesprochene Wertgruppe unter dem Begriff von „Pflicht- und Akzeptanzwerten" zusammengefaßt. Er versteht darunter zum einen gesellschaftsbezogene Werte wie Disziplin, Gehorsam, Leistung, Fleiß und Bescheidenheit, zum anderen auf das individuelle Selbst bezogene Werte wie Selbstbeherrschung, Anpassungsbereitschaft, Fügsamkeit und Enthaltsamkeit (*Klages* 1985:18). Meulemann hat Zeitreihen zusammengestellt, die gemeinsam mit der Kirchgangshäufigkeit die Bedeutung des Werts von Arbeit an sich, das Ausmaß des politischen Interesses und die Dimension Erziehungsziel „Selbständigkeit" enthalten (Schaubild 4). Übereinstimmend können beide zeigen, daß in der ersten Phase bis Mitte der sechziger Jahre „verhältnismäßig deutlich ausgeprägte Pflicht- und Akzeptanzwerte vorherrschen, die teilweise so-

gar ein Wachstum zur Schau stellen" (*Klages* 1985:21), und daß die
hohe Kirchgangshäufigkeit einhergeht mit einer Betonung der Arbeit als Wert an sich sowie einer geringen Ausprägung des politischen Interesses und des Werts „Selbständigkeit" in der Erziehung
(*Meulemann* 1985:409).

Schaubild 4: Wertewandlungen 1949–1980: Kirchgang, intrinsische
Arbeitsmotivation, politisches Interesse und Erziehungsziel Selbständigkeit

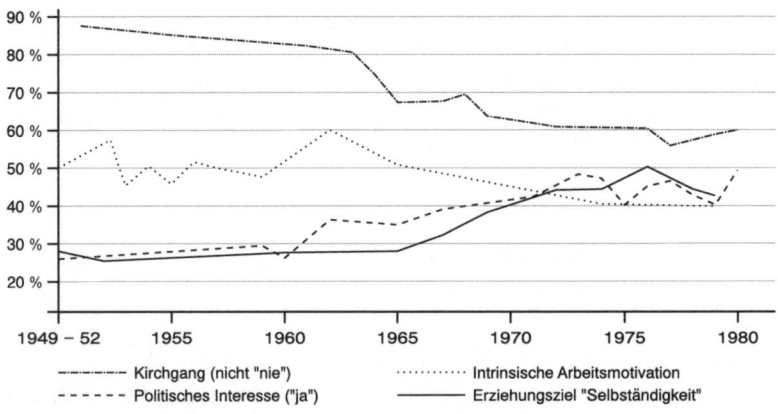

Quelle: *Meulemann* 1985:409

Bei den bis Anfang der sechziger Jahre vorherrschenden Wertmu-
stern handelte es sich um Wertausprägungen, die sich im 19. Jahrhundert als Mischung aus traditionalen und bürgerlich-industriellen Werten nicht ohne kirchlichen Einfluß ausgebildet hatten
und die in den ersten zwanzig Jahren der Bundesrepublik eine
späte, bis dahin nicht gekannte Renaissance erfuhren. Von hier aus
wird deutlich, daß für diese Periode eine Verzahnung von institutioneller Religion mit gesellschaftlichen Kulturmustern von Religion charakteristisch erscheint. Die Frage nach einer „Zivilreligion" stellte sich nicht, weil deren Funktionen weithin fraglos von
den Kirchen erfüllt wurden. Wie insbesondere auch der Blick auf
die Jugend zeigt, hatten die konfessionellen Milieus – trotz erster

51

Anzeichen der Auflockerung – erhebliche Wirkung als Rahmen-konstellationen der Sozialkontrolle (*Zinnecker* 1987:319f.). Ihre Stabilität und Integrationskraft für die Nachkriegsphase ist in der älteren Forschung unterschätzt worden[16]. Obwohl sich die konfessionelle Landkarte mit dem Flüchtlingsstrom und der politischen Nachkriegsordnung grundlegend veränderte, blieb die Wirksamkeit der konfessionellen Milieus, aber nicht nur dieser[17], weitgehend erhalten. Die Religion – so läßt sich zusammenfassen – dieser ersten Phase in der Geschichte der Bundesrepublik ist eine institutionell verfaßte, kirchlich-christliche und in diesem Sinne explizite Religion. Darin hat sie ihr besonderes Gepräge und darin unterscheidet sie sich von früheren Formen, mehr noch aber von dem, was nach 1968 aus ihr wird. Die Einbindung in die konfessionellen Milieus hat eine besondere Nähe der Religiositätsstile zur Kirchlichkeit zur Folge. Eine dritte Besonderheit dieser Periode bildet die enge Verflechtung kirchlicher Religion mit den dominierenden, durch eine Mischung traditionaler und bürgerlich-industrieller Werte geprägten gesellschaftlichen Kulturmuster.

2.3 1968–1978: Enttraditionalisierung und Transformation der christlichen Religion

Seit Mitte der sechziger Jahre sich ankündigend, begann gegen Ende dieses Jahrzehnts mit einer scharfen Zäsur eine neue Phase in der Geschichte der Religion und des Christentums in der Bundesrepublik. Wie von der Vorgeschichte her nicht anders zu erwarten, kommt der Umbruch am deutlichsten in der veränderten Lage der kirchlich verfaßten Religion zum Ausdruck. Ihre bis dahin außerordentlich hohe Integrationskraft verlor plötzlich an Wirksamkeit. Darauf deuten zumindest alle verfügbaren Daten hin. Die schon oben herangezogenen Zeitreihen lassen die angesprochenen Sachverhalte am anschaulichsten hervortreten. Die Kirchenaustrittszahlen aus den Gliedkirchen der EKD wie auch – auf niedrigerem Niveau – aus der katholischen Kirche schnellten plötzlich um ein

---

[16] So *Kühr* (1985) gegenüber *Lepsius* (1966).
[17] Zu Stabilität und Auflösung der proletarischen Milieus siehe den ausgezeichneten Aufsatz von Josef Mooser (1983). Auf den Aspekt der Milieubildung und Milieuauflösung der konfessionellen Milieus wird im weiteren Fortgang der Argumentation noch ausführlich eingegangen.

Vier- bis Fünffaches nach oben und erreichten einen neuen Höhepunkt.

Schaubild 5: Kirchenaustritte – Anzahl pro Jahr 1965–1989

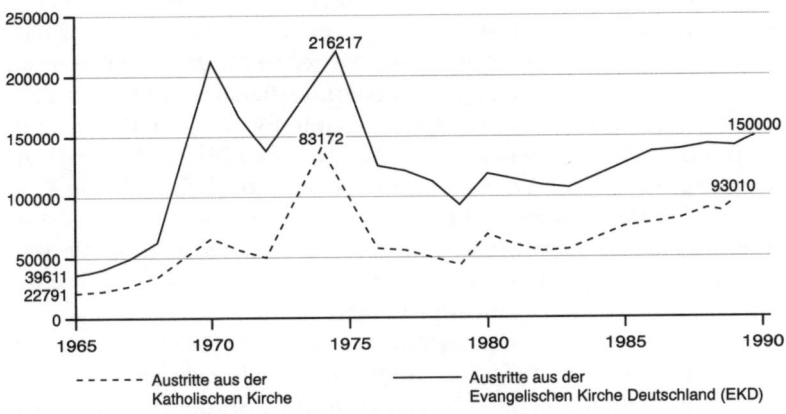

Quelle: *Pittkowski/Volz* 1989:96; *Der Spiegel* 14/1991:84

Zum Unterschied von früheren Spitzenzeiten des Kirchenaustritts war dieser Sprung nicht von öffentlichen und – wie 1938/39 – politisch propagierten Kampagnen zum Kirchenaustritt begleitet. In enger Parallelität dazu – wie dem Schaubild 5 zu entnehmen ist – bewegten sich die Austrittszahlen aus der katholischen Kirche. Hatte die katholische Kirche im Jahr 1966 rund 22 000 Austritte zu verzeichnen, so waren es 1970 schon knapp 70 000, um im Jahre 1974 mit 83 000 auf einen bis dahin einmaligen Höhepunkt zuzusteuern. Zwischen 1968 und 1973 verlor die katholische Kirche knapp ein Drittel ihrer regelmäßigen Gottesdienstbesucher. Unter den 16- bis 29jährigen war es beinahe die Hälfte. Auf dem niedrigeren Niveau der protestantischen Kirchenbesucherzahlen spielte sich in diesem Zeitraum ziemlich genau dasselbe ab. Auch hier war es plötzlich rund ein Drittel weniger, die regelmäßig den Gottesdienst besuchten (Tabelle 5, S. 36). „Die plötzliche Abwendung von der Kirche" – so faßt Renate Köcher die Daten des Instituts für Demoskopie Allensbach zusammen – „erfaßte zwar alle Gruppen der Bevölkerung, doch nicht annähernd im gleichen Ausmaß. Es waren vor allem Männer, die höheren Bildungsschichten, Großstadtbewohner und besonders junge Leute, die den Gottesdiensten fernblieben" (*Köcher* 1987:175).

Aufgeschreckt durch die hier wiedergegebenen Zahlen und den unerwarteten Gegenwind insgesamt, finanzierten die Kirchen in dieser Phase drei große empirische Studien, die Licht in das Dunkel der Gründe für das plötzlich veränderte Denken und Verhalten der Kirchenmitglieder bringen sollten. Sie haben eine Fülle interessanten empirischen Materials zutage gefördert. Offizieller Anlaß der zeitlich frühesten Studie war die Gemeinsame Synode der Bistümer in der Bundesrepublik Deutschland (*Schmidtchen* 1972). Zu ihrer Vorbereitung wurden unter der Verantwortung von Schmidtchen vom Institut für Demoskopie Allensbach drei Umfragen durchgeführt: Eine allgemeine schriftliche Umfrage unter allen Katholiken (ein höchst aufwendiges und umstrittenes Verfahren), eine repräsentative Kontrollerhebung zur allgemeinen schriftlichen Umfrage und eine mündliche Repräsentativumfrage (alle im Zeitraum zwischen Mai 1970 und März 1971). Es folgte unmittelbar darauf eine vom Ansatz her beinahe identische repräsentative Studie desselben Autors und desselben Instituts unter den Protestanten im Bereich der Vereinigten Evangelisch-Lutherischen Kirche Deutschlands (*Schmidtchen* 1973). Eine dritte, sich von den beiden ersten durch ihren theoretischen Ansatz deutlich unterscheidende Studie im Auftrag der EKD hatte ihre Erhebungsphase im Sommer 1972 (*Hild* 1974). Für das kirchendistanzierte Verhalten vieler Katholiken anfangs der siebziger Jahre entwickelt Schmidtchen folgende Begründung: Wenn man die Katholiken nach ihren Wertstrebungen fragt und gleichzeitig gegenüberstellt, in welchen Wertbereichen sie die Kirche als hinderlich, förderlich bzw. wertindifferent sehen, so stoße man auf tiefgreifende Nichtübereinstimmungen. Das Ausmaß der Nichtübereinstimmung zwischen dem kirchlichen Wertsystem und dem gesellschaftlichen Wertsystem – so interpretiert Schmidtchen das Ergebnis seiner zusammengefaßten Daten zu den Wertstrebungen der Katholiken einerseits und den kirchlich geförderten bzw. behinderten Wertstrebungen in den Augen der Katholiken andererseits – bestimme weitgehend den Kirchenbesuch und das Verhältnis zur Kirche insgesamt. Die Menschen strebten nach einer Übereinstimmung ihrer Wahrnehmungen, Gefühle und Handlungen. Wenn und insoweit eine Institution als mit den eigenen Wertstrebungen im Konflikt gesehen werde, bringe man ihr negative

Empfindungen entgegen und unterlasse auf sie bezogene Handlungen. Umgekehrt gelte bei hoher Übereinstimmung die entgegengesetzte Gesetzmäßigkeit. In vielen Variationen belegt Schmidtchen, daß diejenigen Katholiken, die sich in ihren Freiheitsbestrebungen, in ihrer Suche nach sozialer Gerechtigkeit, in ihren Wünschen, etwas vom Leben haben zu wollen, und im Ziel, überflüssige Autoritäten abzubauen, von der Kirche behindert sehen, eine insgesamt kritischere Haltung zur Kirche einnehmen und seltener am Gottesdienst und den übrigen kirchlichen Teilnahmeformen partizipieren. Diese generelle Gesetzmäßigkeit – so argumentiert Schmidtchen – wirke allerdings nicht deterministisch, denn unter den besonderen Bedingungen eines religiösen Elternhauses, einer engen Bindung an die Gemeinde und besonderer Offenheit für Transzendenzfragen wie Tod und Ewigkeit gäbe es auch Gottesdienstbesucher bei hohen Inkongruenzen der Wertsysteme (*Schmidtchen* 1972:80 ff.). In der Regel erweise sich aber das gesellschaftliche Wertsystem als das stärkere und führe bei Wertdiskrepanzen zum Abbruch der Partizipation am kirchlichen Leben. Betrachtet man die von Schmidtchen präsentierten Daten in der hier eingenommenen historischen Perspektive und entkleidet sie den Zwängen „sozialpsychologischer Gesetzmäßigkeiten", so erhält man folgendes Bild: Der in der zweiten Hälfte der sechziger Jahre einsetzende tiefgreifende soziale Wandel in der Bundesrepublik erfaßte auch viele Katholiken und führte unter ihnen zu einer Veränderung von Wertprioritäten. Die kirchlichen Deutungsmuster, eingebunden in das traditional-bürgerliche Wertsystem der Nachkriegsepoche, verloren angesichts der neuen Situation ihre Plausibilität. Es kam infolgedessen in allen Dimensionen zu einem – gemessen an der vorherigen Phase – deutlich distanzierteren Verhältnis einer großen Zahl von Katholiken zur Kirche. Die Integrationskraft der kirchlich verfaßten Religion ließ nach, ohne daß es zu erkennbaren Kristallisationen von religiösen Gegensystemen gekommen wäre [18].

Schärfer als die vielbeachtete Studie von Schmidtchen hat Ursula Boos-Nünning früh die sich neu abzeichnende Sozialform christlicher Religiosität unter den Katholiken auf den Begriff gebracht (*Boos-Nünning* 1972). In einer empirischen Studie aus einer Großstadt des Ruhrgebiets, deren Erhebungsphase ebenfalls im Jahre 1970 stattfand, kommt sie zu folgendem Ergebnis: Die große Mehr-

---

[18] Der Versuch von Schmidtchen, im Glauben an eine bessere Gesellschaftsordnung ein solches Gegensystem zu identifizieren, ist gerade aus der heutigen Sicht als gescheiter zu betrachten.

heit der Katholiken hat eine kirchengebundene Religiosität mehr oder weniger deutlich hinter sich gelassen. Ihre Religiosität bleibt aber eine kirchlich formulierte, christliche Religiosität (*Boos-Nünning* 1972:152). Im Zentrum dieser eher informellen Religiosität steht das Gefühl, im Glauben Hilfe zu finden, das Vertrauen auf Gott, das Sich-geborgen-Fühlen in einer höheren Macht und der Glaube, in den letzten Lebensstunden Trost und Sicherheit zu erhalten. Dagegen spielt für diese Sozialform der Religiosität der sonntägliche Gottesdienstbesuch, der Kontakt mit der Gemeinde, der Kommunionempfang oder der formelle Glaube an ein Weiterleben nach dem Tod nur eine geringe Rolle. Während die kirchengebundene, formelle Religiosität – so schließt Boos-Nünning aus ihren Daten – ein marginales Phänomen geworden sei, treffe dies für die informelle, nach wie vor aber kirchlich beeinflußte und formulierte Religiosität keineswegs zu. Gemessen an dieser neuen Sozialform der Religiosität sind – so das Ergebnis von Boos-Nünning – die Hälfte aller Katholiken als sehr religiös oder religiös zu bezeichnen (*Boos-Nünning* 1972:153).

Es ist für einen Vergleich von besonderem Interesse, daß Schmidtchen zu einem fast identischen Zeitpunkt und mit dem gleichen anspruchsvollen Instrumentarium nicht nur die Katholiken, sondern auch die in der Vereinigten Evangelisch-Lutherischen Kirche Deutschlands (VELKD) zusammengeschlossenen Protestanten befragt hat (*Schmidtchen* 1973). Bis auf sehr geringe Abweichungen kommt Schmidtchen für die Protestanten zu denselben Ergebnissen wie in der Synoden-Studie für die Katholiken (*Schmidtchen* 1973:133ff.).

Die hohe Übereinstimmung im Wertprofil von Protestanten und Katholiken weist darauf hin, wie stark der angezeigte religiöse Umbruch auf eine Auflösung der konfessionellen Milieus der Nachkriegsepoche zurückzuführen ist. Gerade Schmidtchen hatte in seiner Anfang 1972 abgeschlossenen Arbeit zu den konfessionellen Kulturen, die sich auf das Umfragematerial der fünfziger und sechziger Jahre stützte, auf erhebliche Differenzen zwischen Protestanten und Katholiken hingewiesen (*Schmidtchen* 1973a). Anfang der siebziger Jahre zeigten Katholiken und Protestanten ein erstaunlich übereinstimmendes Wertprofil, eine überraschend ähnliche Kirchenwahrnehmung und ein in seiner Struktur tendenziell ähnliches, abgestuft-differenziertes und distanziertes Verhältnis zur Kirche.

Die Ergebnisse der unter dem Titel „Wie stabil ist die Kirche?" publizierten EKD-Studie aus dem Jahre 1972 stehen zunächst in

Schaubild 6: Wertsystem der Protestanten und Katholiken im Verhältnis zum (wahrgenommenen) kirchlichen Wertsystem

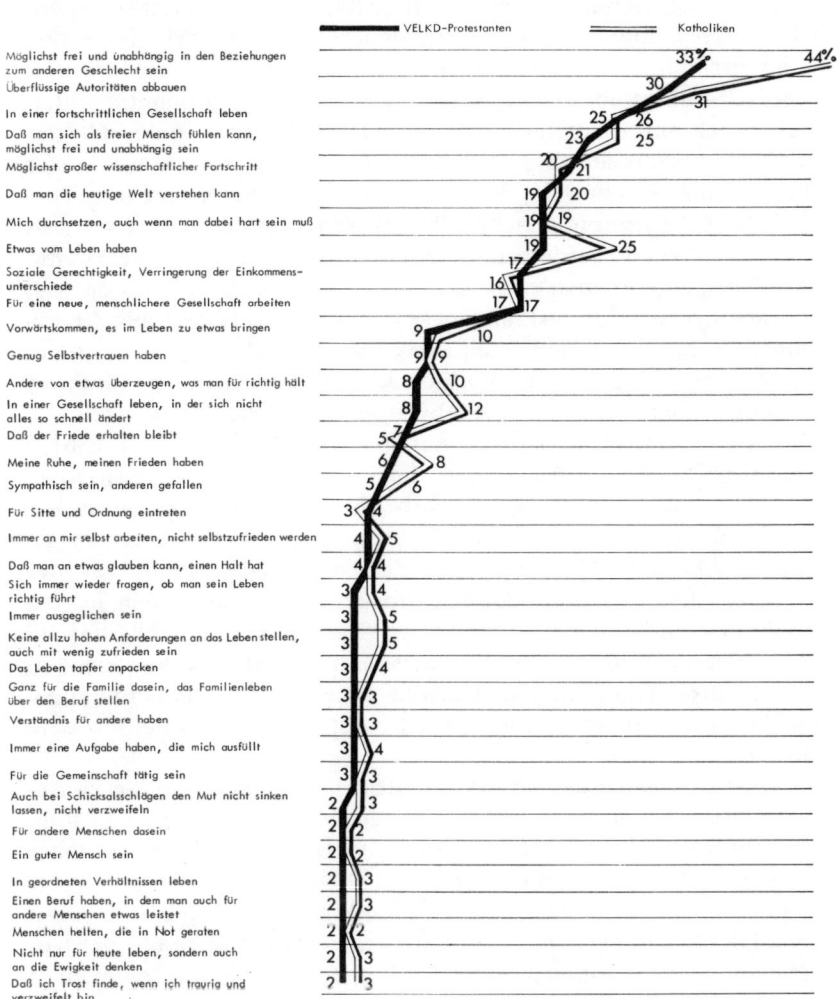

VELKD-Protestanten   Katholiken

Möglichst frei und unabhängig in den Beziehungen zum anderen Geschlecht sein
Überflüssige Autoritäten abbauen

In einer fortschrittlichen Gesellschaft leben
Daß man sich als freier Mensch fühlen kann, möglichst frei und unabhängig sein
Möglichst großer wissenschaftlicher Fortschritt

Daß man die heutige Welt verstehen kann

Mich durchsetzen, auch wenn man dabei hart sein muß

Etwas vom Leben haben

Soziale Gerechtigkeit, Verringerung der Einkommensunterschiede
Für eine neue, menschlichere Gesellschaft arbeiten

Vorwärtskommen, es im Leben zu etwas bringen

Genug Selbstvertrauen haben

Andere von etwas überzeugen, was man für richtig hält

In einer Gesellschaft leben, in der sich nicht alles so schnell ändert
Daß der Friede erhalten bleibt

Meine Ruhe, meinen Frieden haben

Sympathisch sein, anderen gefallen

Für Sitte und Ordnung eintreten

Immer an mir selbst arbeiten, nicht selbstzufrieden werden

Daß man an etwas glauben kann, einen Halt hat
Sich immer wieder fragen, ob man sein Leben richtig führt
Immer ausgeglichen sein

Keine allzu hohen Anforderungen an das Leben stellen, auch mit wenig zufrieden sein
Das Leben tapfer anpacken
Ganz für die Familie dasein, das Familienleben über den Beruf stellen
Verständnis für andere haben

Immer eine Aufgabe haben, die mich ausfüllt

Für die Gemeinschaft tätig sein
Auch bei Schicksalsschlägen den Mut nicht sinken lassen, nicht verzweifeln
Für andere Menschen dasein

Ein guter Mensch sein

In geordneten Verhältnissen leben
Einen Beruf haben, in dem man auch für andere Menschen etwas leistet
Menschen helfen, die in Not geraten
Nicht nur für heute leben, sondern auch an die Ewigkeit denken
Daß ich Trost finde, wenn ich traurig und verzweifelt bin

Quelle: *Schmidtchen* 1973:24f.

einem gewissen Kontrast zu den Untersuchungen von Schmidtchen. Anders als der auf der Sozialpsychologie von Wertkonflikten basierende Ansatz Schmidtchens war die EKD-Studie daran interessiert, das vielgestaltige Feld volkskirchlicher Verbundenheit der Protestanten mit ihrer Kirche auszuleuchten. Sie stützte sich auf einen organisationssoziologischen Ansatz, der von der Normalität unterschiedlich ausgestalteter Mitgliedschaftsverhältnisse innerhalb des Protestantismus ausging. Auf dieser Grundlage konnte die Studie zeigen, daß auch im Jahr 1972 die Verankerung der Kirche in der Lebenswelt der protestantischen Bevölkerung deutlich höher war, als der auf explizite, vordergründige Kirchlichkeit fixierte innerkirchliche Blick zu erkennen erlaubte. Dies zeigte sich sowohl an der viel höheren Ausstrahlungskraft des evangelischen Pfarrers, als die nominellen Kirchenbesucherzahlen es erwarten ließen, als auch an der relativ ungebrochenen Einbindung der kirchlichen Amtshandlungen an den Lebenswenden in die lebensgeschichtliche Orientierung der Mehrheit der protestantischen Bevölkerung (*Hild* 1974:59 ff. 236 ff.; *Matthes* 1975:83 ff.). Auch ergab die Studie keinerlei Anhaltspunkte für eine Auflösung des kirchlichen Monopols für Religion im Bewußtsein der Befragten (*Hild* 1974:173). Allerdings zeigte sich an vielen Stellen der Untersuchung, daß die relative Stabilität der volkskirchlichen Verbundenheit mit der Kirche unter den jungen Gebildeten erhebliche Einbrüche zu verzeichnen hatte. Die Expansion höherer Bildungsabschlüsse begann die Selbstverständlichkeit einer durch Tradition und Umwelt abgestützten Kirchenmitgliedschaft und Kirchenverbundenheit aufzurühren und teils aufzulösen.

Damit läßt sich aus den ersten großen religions- und kirchensoziologischen Studien in der Bundesrepublik für die Lage von Religion und Kirche in der Umbruchsituation der frühen siebziger Jahre folgendes Resümee ziehen [19]: Die kirchlich-explizite Religion büßte einen Teil ihrer bis dahin außerordentlich hohen Integrationskraft ein. Dies äußerte sich nicht primär in einer Abwendung von der Kirche und in einer völligen religiösen Indifferenz, sondern vielmehr in

---

[19] Die Ergebnisse lassen sich aufeinander beziehen und zusammenfassen, wenn man die Selektivität und Einseitigkeit beider Ansätze in Rechnung stellt und die Differenzen zur wechselseitigen Korrektur nutzt. Während der scharfe Gegensatz zwischen Kirche und Gesellschaft in den beiden Studien von Schmidtchen zumindest teilweise ein Konstrukt und Produkt des Ansatzes und entsprechender Rechenoperationen ist, hat man die EKD-Studie als eine „Stabil-Umfrage" kritisiert. (*Schmidtchen* 1977; zum gesamten Komplex sehr aufschlußreich die Ausführungen bei *Feige* 1990).

einem stärkeren Abrücken von kirchlichen Verhaltenserwartungen und in einer größeren Distanz zu den kirchlichen Glaubensvorgaben. Die Daten weisen darauf hin, daß das Verblassen der konfessionellen Milieus für die historisch seit den Kulturkampfzeiten außerordentlich hoch verkirchlichte katholische Religion tiefgreifendere Veränderungen mit sich brachte als für die volkskirchliche Tradition der protestantischen Religion. Die im Kulturkampf geschmiedete Einheit von Volksreligion und kirchlicher Religion (*Korff* 1986), die sich bis in die sechziger Jahre hinein erhalten hatte, löste sich auf. Hier ist das Zentrum der Veränderungen im Katholizismus zu suchen. Vom Wandel in den gesellschaftlichen Kulturmustern waren beide Konfessionen in gleicher Weise betroffen. Ihr enger Bezug zu einer Renaissance traditionaler und bürgerlich-industrieller Wertmuster in den fünfziger und frühen sechziger Jahren wurde ihnen besonders im Verhältnis zu den Jüngeren und Gebildeteren gwissermaßen zum Verhängnis. Darauf machen insbesondere die Daten zum Wertwandel nachdrücklich aufmerksam. Klages resümiert seine Daten in bezug auf die Zeit zwischen Mitte der sechziger bis Mitte der siebziger Jahre folgendermaßen: „Phase eines deutlichen Abbaus der Pflicht- und Akzeptanzwerte bei gleichzeitiger Expansion der Selbstentfaltungswerte" (*Klages* 1985:21). Neben der Kirchenbindung und dem distanzierteren Verhältnis zu Institutionen und Traditionen insgesamt manifestierte sich der Wertwandlungsschub dieser Periode nach dem Ausweis der in den siebziger Jahren einsetzenden Wertwandlungsforschung am deutlichsten in folgenden Wertbereichen: Leistung als selbstverständlich und unbedingt geltender Pflichtwert verlor an Bedeutung; das politische Interesse und die Ansprüche an die Politik nahmen sprunghaft zu, und die Erziehungsziele zeigten einen deutlichen Wandel von einer hohen Bewertung von Konformität zu einer Rangerhöhung des Werts Selbständigkeit (*Klages* 1985; *Meulemann* 1985; Schaubild 4, S. 51). Die Wertwandlungsforscher sind sich heute darin einig, daß der Wertwandel zwar auf die Gesamtbevölkerung ausstrahlte, die Träger des Wertwandlungsschubs aber die jungen Gebildeten waren. Dieses Ergebnis stimmt mit den referierten Daten der religionssoziologischen Forschung weitgehend überein. In diesem Zusammenhang ist hervorzuheben, daß der Wertwandel nicht nur Wertverschiebungen betraf, sondern den gesamten Geltungsmodus der Werte veränderte. Sie verloren ihre traditional eingelebte Geltung. Ebenso war es der traditionale Geltungsmodus kirchenbezogener Religion, der seine unbefragte Plausibilität bei einem Teil der Kirchenmitgliedschaft einbüßte. Die Religion wurde – so läßt sich zusammenfassen – unbestimmter[20], unsichtbarer[21], hintergründiger. Der Abstand – im Christentum immer schon angelegt – zwischen institutionell bestimmter Religion auf der einen und un- bzw. unterbestimmter individueller Religiosität auf der anderen Seite wurde größer. Die sichtbare Religion verlor an Integrationskraft und gab Spielräume frei für eine die institutionelle Vorlage in unterschiedlichem Maße einbeziehende „Fleckenteppichreligiosität" mit individuellen Strickmustern. Die gesellschaftlichen Kulturmuster von Religion verloren an traditionaler Geltung und lösten sich stärker aus kirchlicher Definitionshoheit.

2.4 Die achtziger Jahre: Pluralisierung und Individualisierung

Schon die statistischen Daten zeigen, daß das Ausmaß und die Geschwindigkeit des Wandels in den späten sechziger und siebziger Jahren sich zunächst in den achtziger Jahren nicht fortgesetzt haben. Die Kirchenaustrittszahlen bewegen sich bei den Protestanten etwa in der Mitte zwischen dem niedrigen Niveau der ersten Periode und den sehr hohen Zahlen der zweiten Phase, bis sie gegen Ende des Jahrzehnts wieder in die Höhe klettern (Schaubild 5, S. 53). Auf längere Sicht wird auch ein mittleres Niveau an Kirchenaustritten für die evangelische Kirche zunehmend spürbar und problematisch. So sind zwischen 1972 und 1982 1,52 Mio. Protestanten aus ihrer Kirche ausgetreten, „eine Zahl, deren Größenordnung die einer mittleren Landeskirche übertrifft" (*Hanselmann* u. a. 1984:24). Bei den Katholiken ist die Austrittszahl in den achtziger Jahren nicht mehr unter die 50 000-Marke gesunken und überschritt 1987 wieder die Zahl 80 000 (Schaubild 5, S. 53). Das eigentliche Problem für die Kirchen dürfte die hohe latente Austrittsbereitschaft unter den jüngeren Kirchenmitgliedern sein (*Institut für Demoskopie Allensbach* 1986:Tab. 24 a.26 a). Auf diesem Hintergrund kommen die für 1990 registrierten und für 1991 noch ausgeprägter erwarteten neuen „Rekordzahlen" des Kirchenaustritts nicht so überraschend, wie es in der öffentlichen Diskussion erscheint[22].

---

[20] So die Diagnose von *F. X Kaufmann*, der davon spricht, daß die Religion „durch die neuzeitliche Entwicklung unbestimmt geworden" ist (*Kaufmann* 1989:59).
[21] Unter dem Stichwort „Invisible Religion" versuchte *Luckmann* schon im Jahr 1967 seine Prognose eines Formwandels der Religion zusammenzufassen (*Luckmann* 1967). 1991 ist die Studie Luckmanns zum ersten Mal in deutscher Sprache mit einer ausführlichen Einleitung von Hubert Knoblauch erschienen (*Luckmann* 1991).
[22] *Der Spiegel* (14/1991:84) spricht von „gewaltige(n) Sprünge(n)". Nach Daten des Instituts für kirchliche Sozialforschung des Bistums Essen haben sich die Austrittszahlen

Auch unter den regelmäßigen Gottesdienstbesuchern macht sich der Knick zwischen 1968 und 1973 heute in einer deutlich von der Gesamtbevölkerung abweichenden Altersstruktur bemerkbar. Während die 60jährigen und älter in beiden Konfessionen 45 Prozent der regelmäßigen Gottesdienstbesucher ausmachen, bilden die unter 30jährigen eine Minderheit von 13 Prozent unter den Protestanten und 12 Prozent (!) unter den Katholiken (*Köcher* 1987:176). Verknüpft man drei fundamentale Variablen religiös-kirchlicher Praxis zu einer Typologie miteinander – wie dies die Shell-Studie „Jugendliche + Erwachsene 85" getan hat –, verlieren die von Renate Köcher referierten Daten allerdings etwas von ihrer Dramatik. Mit Bezug auf die Variablen Zugehörigkeit zur Kirche (Ja), Beten (Ja) und Gottesdienstbesuch (ein und mehrmals im Monat), die in der Studie unter dem Typus „praktizierende Religiosität" zusammengefaßt werden, liegen die Differenzen – wie die Tabelle 10 zeigt – zwischen den Jugendlichen (15–24 Jahre) und den Erwachsenen (45–54 Jahren) lediglich bei vier Prozentpunkten (18 Prozent zu 22 Prozent) (*Fuchs* 1985:293).

Tabelle 10: Typen der Religiosität
(Jugendliche 84' und Erwachsene '84)

Zugehörigkeit zu einer Religionsgem. (kath./evang./ andere	Beten (Ja)	Gottesdienst- besuch (ein und mehrmals)	Typ	Jugendliche 1984 (in%)	Erwachsene 1984 (in %)
+	+	+	„praktizierend"	18	22
+	+	−	„privatisiert"	19	20
+	−		„formell"	49	42
+	−	+	„konventionell"	9	9
−	−	−	„nicht religiös"	5	6

Quelle: *Fuchs* 1985:293

für das Bistum Essen von 4859 im Jahr 1990 auf 9421 im Jahr 1991 verdoppelt. Es ist sicher davon auszugehen, daß für die alte Bundesrepublik die Autrittszahlen 1991 die Grenze von 100000 zum ersten Mal weit überschritten haben (*Institut für kirchliche Sozialforschung des Bistums Essen* 1992).

Insgesamt geht der regelmäßige Gottesdienstbesuch in den achtziger Jahren nur langsam zurück. Nach den eigenen statistischen Daten der katholischen Kirche bewegt sich die gegenwärtige Prozentzahl der sonntäglichen Gottesdienstbesucher um die 25 Prozent-Marke, nachdem sie 1980 noch 29 Prozent betragen hatte. In den Umfragedaten aus den achtziger Jahren liegt die Zahl regelmäßig höher[23]. Dies deutet darauf hin, daß das Meinungsklima für den Gottesdienstbesuch im Verhältnis zu den siebziger Jahren günstiger geworden zu sein scheint. Einen direkten Vergleich zwischen den siebziger und achtziger Jahren läßt die im Abstand von zehn Jahren erfolgte Wiederholung der EKD-Studie aus dem Jahr 1972 zu. Die Ergebnisse zeigen überraschend wenig Differenzen zu dem Befund von vor zehn Jahren. Insgesamt weisen die Daten eher ein etwas günstigeres Bild für das institutionell verfaßte, protestantische Christentum in den achtziger Jahren auf (*Hanselmann* u. a. 1984:24). Nach den Ergebnissen der „Allgemeinen Bevölkerungsumfrage der Sozialwissenschaften (ALLBUS 1982)" wünschen nur 2 Prozent der Angehörigen einer der christlichen Religionsgemeinschaften – und das sind 92 Prozent der repräsentativen Stichprobe – keine kirchliche Beerdigung, haben sich 85 Prozent der Gesamtbevölkerung kirchlich trauen lassen und würden dies auch 81 Prozent heute tun, und haben nur 4 bzw. 3 Prozent ihre Kinder nicht taufen lassen und würden dies auch unterlassen, wenn sie Kinder hätten (ALLBUS 1982:52 ff.). Diese Daten zeigen, wie hoch auch in den achtziger Jahren die Integration in die volkskirchlichen Verhaltensmuster Taufe, Trauung und Beerdigung zu veranschlagen ist. Zumindest was die Rituale an den Lebenswenden angeht, besitzen die Kirchen im Westen der Bundesrepublik nach wie vor ein Ritenmonopol. Dagegen hat sich die innere Differenzierung der Kirchenmitgliedschaft in den achtziger Jahren weiter verschärft. Dabei fällt auf, daß sich die Strukturen in beiden volkskirchlichen Systemen weiter angenähert haben. Bei den regelmäßigen Kirchgängern finden die Sätze des Glaubensbekenntnisses in etwa gleicher Höhe in beiden Konfessionen Zustimmung (*Institut für Demoskopie Allensbach* 1989 a). Dies trifft tendenziell auch für diejenigen in beiden Konfessionen zu, die selten oder nie den Gottesdienst besuchen, so daß die innerkonfessionellen Differenzen wesentlich höher erscheinen als die zwischen

---

[23] In der Umfrage des *Instituts für Demoskopie Allensbach* zum Glaubensbekenntnis aus dem Jahr 1989 sind es sogar 37 Prozent der Katholiken, die angeben, jeden oder fast jeden Sonntag den Gottesdienst zu besuchen (*Intitut für Demoskopie Allensbach* 1989, Tab. 7).

den Konfessionen auf der Ebene ähnlicher Formen der Mitgliedschaft [24]. Für den Katholizismus bedeutet diese Entwicklung eine gewisse „Protestantisierung", wie auch für den Protestantismus eine gewisse „Katholisierung", wobei in beiden „kirchlichen Betrieben" der Differenzierungsprozeß als fortschreitende Entkirchlichung und Entchristlichung interpretiert wird. Seine Plausibilität bezieht eine solche Deutung der Situation aus dem in den achtziger Jahren gewachsenen Abstand zwischen einer Minderheit, die ihre Religiosität nah am Pol verfaßter Kirchlichkeit praktiziert und deutet, und einer Mehrheit, für die die kirchlich verfaßte Religiosität ein fallweise in Anspruch genommener Hintergrund und möglicherweise Begleitmusik für die selbstkomponierten Religiositätsmuster darstellt. Die Ergebnisse der Forschungen zum Verhältnis von Jugend und Kirche in den achtziger Jahren können diese Sichtweise bestätigen [25]. Während eine noch kleinere Minderheit als unter den Erwachsenen den kirchlich normierten und abgeforderten Verhaltensweisen folgt und den formellen Glaubensaussagen fraglos zustimmt (6 Prozent), hält ein weiteres Viertel nach eigener Einschätzung am „Wesentlichen" fest (24,2 Prozent) und stimmen weitere 35 Prozent „eher im Prinzipiellen zu".

Ähnlich verteilt sich die große Mehrheit der Jugendlichen in der Frage der Einschätzung des Werts des Christentums für unsere Gesellschaft zwischen knapp 15 Prozent, die von seiner fraglosen Geltung ausgehen, und knapp 11 Prozent strikt Ablehnenden im Zwischenbereich distanzierter Zustimmung.

---

[24] Dies läßt sich am Umfragematerial der 80er Jahre nicht nur am Beispiel des Glaubensbekenntnisses zeigen, sondern faktisch an beinahe jeder Variable (*Instiutut für Demoskopie Allensbach* 1986; 1989; *Hanselmann* u. a. 1984; *Köcher* 1987; *Lukatis/Lukatis* 1989).
[25] Eine informative Übersicht zum Thema Jugend und Religion, die sowohl die „großkirchlich organisierte Religionspraxis" als auch die „großkirchlich ungebundene und oppositionelle Religionspraxis" berücksichtigt, gibt neuerdings *Feige* (1992).

Tabelle 11: Einstellung zu christlichem Glauben und kirchlicher Lehre (in v. H.)

Das Christentum war und ist immer gültig. Es kann vom Menschen gar nicht infrage gestellt werden.	14,8
Das Christentum ist mit seiner Sprache und in seinen Bildern sicherlich oft nicht mehr ganz zeitgemäß. Aber in dem, was es eigentlich will und aussagt, kann es auch heute für uns Menschen hilfreich sein	51,4
Das Christentum ist teilweise ziemlich unmodern. Aber im Prinzip können wir nicht darauf verzichten.	20,6
Das Christentum ist nicht nur veraltet. Sondern in unserer modernen Welt ist es auch überflüssig, manchmal sogar störend.	6,5
Das Christentum dient dazu, die Menschen unmündig und in überkommenen Herrschaftsverhältnissen zu halten.	4,2
k. A.	2,5
insgesamt	100,0

Quelle: *Feige* 1982:418

Tabelle 12: Meinungen über den Wert des Christentums in unserer Gesellschaft (in v. H.)

Ich bin überzeugt: die Aussagen des Glaubensbekenntnisses sind wortwörtlich wahr	5,9
Mit manchen kirchlichen Glaubensformulierungen und -inhalten habe ich schon durchaus meine Schwierigkeiten. Aber trotzdem halte ich mich für einen Christen, der an das Wesentliche, nämlich Gott und Jesus Christus glaubt.	24,2
Ich kann nicht sagen, daß ich bewußt ‚ungläubig‘ bin; aber ob ich das im Sinne der Kirche. streng nach Bibel und Glaubensbekenntnis bin, bezweifle ich sehr. Ich würde sagen, ich stimme eher im Prinzipiellen überein.	35,0
Ich halte mich nicht für ‚gläubig-christlich‘ – weder im allgemeinen noch gar im kirchlichen Sinn.	15,5
Weil ich mir darüber noch keine Gedanken gemacht habe, kann ich mich auch für keine dieser Beschreibungen entscheiden.	17,3
k. A.	2,1
insgesamt	100,0

Quelle: *Feige* 1982:412

64

Die Sprachformen, auf die die Menschen in Fragen der eigenen Weltdeutung zurückgreifen, spiegeln eine ähnliche Tendenz wider. Explizit kirchlich-christliche Sprachformen – wie den Satz „Es gibt einen Gott, der sich in Jesus Christus zu erkennen gegeben hat" – lehnt zwar nur eine Minderheit von 15 Prozent ab, stimmen aber auch nur knapp 40 Prozent voll und ganz zu (ALLBUS 1982:61). Bei der Mehrheit – mit steigender Tendenz bei den Jüngeren – wird der „Fleckenteppich" eigener Weltdeutungssemantik ergänzt durch Sprachformen, die auf die „Gesetze" und die „Entwicklung der Natur" (eher zustimmend insgesamt 60 Prozent) Bezug nehmen. Selbst Aussagen eines allgemeinen Transzendenzglaubens („Ich glaube an die Existenz eines höheren Wesens") sind heute nicht mehr in der Lage, einen allgemeinen Konsens auszudrücken. Knapp 50 Prozent stimmen diesem Satz voll und ganz zu, und weitere 20 Prozent stimmen eher zu, während er bei 20 Prozent überhaupt bzw. eher abgelehnt wird (ALLBUS 1982:62ff.). In Tabelle 13 ist das Spektrum verschiedener Aussagen differenziert nach jüngeren und älteren Befragten wiedergegeben. Sie zeigt bei gemeinsamen Tendenzen die Unterschiede zwischen den Jüngeren und Älteren hinsichtlich explizit kirchlich-dogmatischer Sprachformen.

Angesichts der unabweisbaren Pluralität und Kontingenz von Weltdeutungen kann es nicht überraschen, daß die große Mehrheit der Bevölkerung (88 Prozent) das Empfinden hat, Lebenssinn nicht einfach übernehmen zu können, sondern dem Leben selbst einen Sinn geben zu müssen. Zwischen der hohen Akzeptanz des Satzes „Das Leben hat nur dann einen Sinn, wenn man ihm selber einen gibt" (88 Prozent) und der Ablehnung von Aussagen prinzipieller Sinnlosigkeit menschlichen Daseins deuten die Ergebnisse auch hier auf Eigenkompositionen hin, für die christlich-kirchliche Muster nicht Vorgaben, sondern Hintergrund und Bezugspunkt mit unterschiedlichen Funktionen (ALLBUS 1982:65ff.) darstellen.

Für die Religiosität der achtziger Jahre bis in die Gegenwart hinein zeichnet sich damit das Bild einer Vielfalt nicht ohne Widersprüchlichkeiten ab. Einerseits stabilisiert und formiert sich ein Pol kirchenbezogener Religiosität, der sich aber von der Mehrheitsreligiosität volkskirchlicher Provenienz stärker distanziert. Auf die Gesamtbevölkerung bezogen – insbesondere bei den Jüngeren, den Gebildeteren und bei den Großstädtern – verliert die kirchlich verfaßte Religion weiter an Integrationskraft. Es wird frei „flottierende" Religiosität freigesetzt, was dem Jahrzehnt auch den Anschein einer gewissen Revitalisierung der Religion einbringt. Unter der freigesetzten Religiosität finden sich sowohl lebenspraktisch

Tabelle 13: „Gott und die Welt" – Einschätzung verschiedener Aussagen durch jüngere und ältere Befragte (arithmetische Mittelwerte)

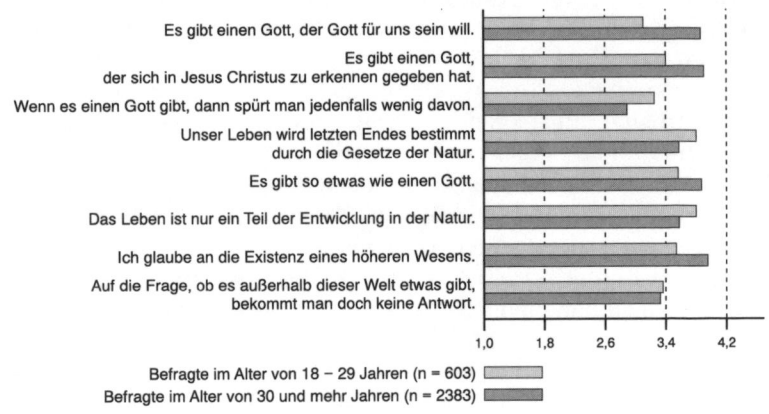

Es gibt einen Gott, der Gott für uns sein will.

Es gibt einen Gott, der sich in Jesus Christus zu erkennen gegeben hat.

Wenn es einen Gott gibt, dann spürt man jedenfalls wenig davon.

Unser Leben wird letzten Endes bestimmt durch die Gesetze der Natur.

Es gibt so etwas wie einen Gott.

Das Leben ist nur ein Teil der Entwicklung in der Natur.

Ich glaube an die Existenz eines höheren Wesens.

Auf die Frage, ob es außerhalb dieser Welt etwas gibt, bekommt man doch keine Antwort.

1,0   1,8   2,6   3,4   4,2

Befragte im Alter von 18 – 29 Jahren (n = 603)
Befragte im Alter von 30 und mehr Jahren (n = 2383)

Quelle: ALLBUS '82; *Lukatis/Lukatis* 1987:137

orientierte magische Religiositäts- bzw. Kultformen, als auch Kristallisationstendenzen esoterisch-ganzheitlicher religiöser Symbolisierungen, wie das literarische Großereignis der achtziger Jahre, das „New Age" (*Hummel* 1988; *Knoblauch* 1989; *Pollack* 1990; *Feige* 1992). Die gewachsene Differenz und Spannung zwischen der kirchlich verfaßten Religion und den gesellschaftlichen Kulturmustern entfacht eine neue Diskussion um die Notwendigkeit einer „Zivilreligion" als Sakralisierung des für die politische Steuerung als notwendig erachteten gesellschaftlichen Minimalkonsenses (*Kleger/Müller* 1986; epd 1987). In der Religionssoziologie wird die Frage neu gestellt, ob und inwieweit das (kirchlich verfaßte) Christentum noch jene Funktionen zu erfüllen vermag, die in der Soziologie als Funktionen der Religion gelten, und wer oder was – zumindest partiell – heute an seine Stelle getreten sei[26]. Auch für die achtziger Jahre lassen sich deutliche Parallelen zwischen dem Wandel der Religiosität und dem Wertwandel insgesamt verzeichnen. Für den Wertwandel konstatiert Klages für diese Phase ein „Stagnie-

---

[26] Kaufmann arbeitet sechs solcher Funktionen heraus: (1) Identitätsstiftung, (2) Handlungsführung, (3) Kontingenzbewältigung, (4) Sozialintegration, (5) Kosmisierung, (6) Weltdistanzierung. „Heute – so folgert er – „gibt es offenkundig keine Instanz und keinen zentralen Ideenkomplex, die im Stande wären, all diese sechs Funktionen in für die Mehrzahl der Zeitgenossen plausibler Weise zugleich zu erfüllen; in diesem Sinne gibt es „Religion" nicht mehr" (*Kaufmann* 1989:86).

ren der Wertwandlungsbewegung bei verhältnismäßig hoher Instabilität („Schwankungen') der Wertbezüge der Menschen (oder zumindest sehr zahlreicher Menschen)" (*Klages* 1985:21 f.).

2.5 Resümee: Das Christentum auf dem Weg ins postmoderne Zeitalter?

Wie immer man die Zäsur benennt – die Angebote reichen ja von nachindustrieller bis postmoderner Gesellschaft –, auch in der Dimension der Religion hat die Bundesrepublik in ihrer vierzigjährigen Geschichte eine Epochenschwelle überschritten. Diese Epochenschwelle bedeutet kein Ende der Religion, kein Traditionsabbruch – auch nicht der kirchlich verfaßten, christlichen Religion. Diejenigen, die dies annehmen, verwechseln eine bestimmte Sozialgestalt der christlichen Religion mit dem christlichen und religiösen Faktor insgesamt. Zu konstatieren ist vielmehr ein Wandel in der Sozialform der Religion. Für diesen Wandel, der sich in allen westlichen, hochentwickelten Gesellschaften beobachten läßt, bietet die Bundesrepublik besonders günstige Beobachtungsbedingungen, weil hier die neue Sozialform in eine Phase der Renaissance der alten gewissermaßen über Nacht einbrach. Für die alte Sozialform galt eine hohe Übereinstimmung und Nähe zwischen institutioneller Verfassung, individuellen Religiositätsstilen und gesellschaftlichen Kulturmustern von Religion. Der Modernisierungsschub der späten sechziger und siebziger Jahre löste diese in ihrer Struktur aus der Industriegesellschaft des 19. Jahrhunderts stammende Sozialform der Religion auf. Mit dem Abschmelzen der Milieus und der Auflösung traditionaler Lebensformen treten heute die kirchlich verfaßte Religion, die individuellen Religiositätsstile und die gesellschaftlichen Kulturmuster von Religion wie nie zuvor auseinander. Wirkte die alte Sozialgestalt eher vordergründig, sichtbar und bestimmt, so ist die neue Sozialform in einem doppelten Sinne hintergründig: Zum einen bleibt die Vermittlung von Institution, Person und Gesellschaft in Sachen Religion im fallweise aktualisierbaren Hintergrund stärker erhalten, als dies öffentlich sichtbar wird; zum anderen verliert die Religion an sozialer Bestimmung. Sie wird wie andere Lebensbereiche auch – informeller und individueller. Der Erklärungszusammenhang, der hier in Umrissen erkennbar wird, bedarf aber der näheren Entfaltung. Dazu ist es notwendig, den Umbruch innerhalb des kirchlich verfaßten Christentums als Teil eines gesellschaftlichen Umbruchs zu begreifen. In die Strukturen der mo-

67

dernen Industriegesellschaft, wie sie sich im 19. Jahrhundert heraus-
bildete, war das Christentum in spezifischer Weise eingegangen.
Diese Verflechtung war das Ergebnis eines langen gesellschaftlichen
Prozesses, der bis an den Beginn der modernen Welt im okzidentalen Christentum zurückreicht. Erst wenn man sich Klarheit darüber
verschafft hat, was sich eigentlich aufgelöst hat, wird man die gegenwärtige Situation richtig einschätzen können. Die Erklärung des empirisch in seiner Radikalität unerwarteten und höchst ungewöhnli-
chen Umbruchs dürfte auch eine Voraussetzung dafür sein, die
gegenwärtige Situation und die Zukunft des Christentums im Kontext „post"-moderner gesellschaftlicher Strukturen richtig einschätzen zu können. Darum soll es im weiteren Fortgang der Analyse
gehen.

Teil II

Christentum und Katholizismus im Kontext der bürgerlich-modernen Industriegesellschaft

3. Die bürgerlich-moderne Industriegesellschaft und das Christentum

3.1 Die Rolle des Christentums in den Ursprüngen der Moderne

Im Hintergrund der folgenden Überlegungen stehen die Analysen Max Webers zur okzidentalen Sonderentwicklung, die gegenwärtig in vielen gesellschaftstheoretischen Ansätzen aufgegriffen werden und eine neue Renaissance erleben[1]. Es zeichnet sich gegenwärtig ein Konsens ab, die Ursprünge der Moderne nicht erst im Reformationszeitalter oder in der Aufklärung zu suchen, sondern schon in den „Revolutionen" des Hochmittelalters[2]. Schon im Hochmittelalter wurde unter dem Dach einer symbolisch repräsentierten Einheitskultur ein religionsgeschichtlich einmaliger struktureller Pluralismus institutionalisiert. Am Ursprung der Moderne spielte die „päpstliche Revolution" des 12. Jahrhunderts eine wichtige Rolle. Im Investiturstreit behauptete das Papsttum erfolgreich einen eigenständigen „geistlichen Bereich" und konstituierte damit notwendigerweise auch einen davon geschiedenen „weltlichen Bereich", wenn es beide auch sogleich in ein Verhältnis der hierarchischen Über- und Unterordnung brachte. Hieraus entwickelte sich ein einzigartiger Pluralismus beider Mächte, der den üblichen Ausweg in die Hierokratie oder den Cäsaropapismus nicht mehr zuließ. Neben diesem Pluralismus war es die mittelalterliche Stadtentwicklung und der Fernhandel, die eigenrationale Handlungszentren entstehen ließen und die Handlungsketten verlängerten.

---

[1] Die okzidentale Sonderentwicklung ist das zentrale Thema von Webers Religionssoziologie (*Weber* 1971/72, zuerst 1920). Zu neueren gesellschaftstheoretischen Ansätzen mit einem engen Bezug zu Weber siehe unter anderem: *Schluchter* 1988; 1988 a; *Münch* 1986; *Imhof* 1990. In dieses Kapitel ist als erste Fassung eingegangen: *Gabriel* 1991.
[2] *Nelson* 1977; *Berman* 1991; *Schluchter* 1988:427 ff; *Kaufmann* 1979:77 ff; interessante Hinweise sind schon bei *Böckenförde* (1967) zu finden.

Die Revolution des Reformationszeitalters betraf nicht die Radikalisierng des mittelalterlichen strukturellen Pluralismus; der wurde zunächst eher retardiert. Vielmehr ging es um die Durchsetzung einer prinzipiell antitraditionalen Lebensführung. Bekanntlich hielt Max Weber die Überwindung des Traditionalismus in der Lebensführung für so unwahrscheinlich und voraussetzungsvoll, daß er diese Leistung nur der Religion als der wichtigsten Macht der Lebensführung in allen vormodernen Gesellschaften zutraute[3]. Vergleichend wie historisch-genetisch rekonstruierte Weber das besondere antitraditionale Potential der jüdisch-christlichen Tradition. Im mittelalterlichen Katholizismus, dem Luthertum und schließlich in der protestantischen Sektenreligiosität sah er Stufen einer Weltablehnung realisiert, die der Lebensführung die selbstverständliche Anpassung an das Überkommene, das Setzen auf die Regelmäßigkeit der Magie, schließlich die periodische Entlastung durch die Beichte nahm, bis schließlich die Welt für den Puritaner zum prinzipiell magiefreien Feld der Bewährung in einem lebenslang zu führenden Kampf wurde. Ohne die jüdisch-christliche Tradition – so Weber und mit ihm heute etwa Wolfgang Schluchter und Richard Münch – wäre der Antitraditionalismus in der modernen westlichen Kultur nicht denkbar. Nur hier entstand ein Weltbild, das zum ständigen, eingreifend-verändernden Handeln in der Welt zwingt und zur rationalen Weltbeherrschung herausfordert. Zum Träger dieses Weltbildes wurde schließlich das Bürgertum mit seiner am rational temperierten, stetigen Erwerb orientierten Lebensführung[4].

Das Christentum ist aber auch mit seinen dunkelsten Seiten in den Prozeß der strukturellen und kulturellen Modernisierung der westlichen Gesellschaften eingeflochten. Nach dem Zerfall der kirchlichen Einheit in der Reformation erwiesen sich die neu entstandenen christlichen Konfessionen im Jahrhundert der Religionskriege als prinzipiell „friedensunfähig"[5]. Um des schieren Überlebens willen erzwang dies eine Emanzipation der sich ausbildenden staatlichen Herrschaftssphäre von der religiös-kirchlichen Kontrolle. Für die Religion in ihrer konfessionellen Ausprägung bedeutete dies eine staatliche Pazifizierung und der Beginn ihrer öffentlichen Neutralisierung. Die Herausbildung eines allgemeinen,

---

[3] Die Flut von Literatur zu Webers Thesen zur „Protestantischen Ethik" reißt auch in jüngster Zeit nicht ab. Zu neueren Interpretationen mit dem angesprochenen Akzent siehe: *Schluchter* 1988:427ff; *Tyrell* 1990.
[4] Vgl. *Schluchter* 1988b; *Gabriel* 1979:24ff.
[5] Hierzu und zum Folgenden siehe *Pannenberg* 1988; *Rabb* 1975.

universalen Religionsbegriffs in Differenz zur historischen Religion des konfessionell gespaltenen Christentums war eine der Reaktionen auf diese Situation und vermochte noch für eine gewisse Zeit die grundsätzliche Neutralisierung und Privatisierung der Religion zu überdecken. Heute tritt bei der Frage nach den Ursprüngen der modernen strukturellen Differenzierung und kulturellen Pluralisierung außer dem Hochmittelalter und seinen frühen „Revolutionen" das 17. Jahrhundert in den Mittelpunkt des Interesses. Neben den staatlich-gesellschaftlichen Strukturen löste sich auch die Sphäre der kulturellen Integration der Gesellschaft vom Christentum in seiner kirchlich-konfessionellen Gestalt. Bezugspunkt des Denkens wurde nun die über dem konfessionellen Hader stehende gemeinsame Natur des Menschen, auf deren Schutz in Gestalt von Natur- und Menschenrechten der Staat verpflichtet wurde.

Die moderne Gesellschaft kommt – so läßt sich aus einem anderen Blickwinkel betrachtet zusammenfassen – als eine spezifisch „nachchristliche" auf den Weg[6]. Im mittelalterlichen Christentum setzte sich eine religions- und kulturgeschichtlich einmalige Verflechtung von Religion und Gesellschaft durch. Die Papst wie Kaiser umfassende, als „Christenheit" thematisierte Gesellschaft wurde dominiert durch einen Kommunikationszusammenhang spezieller Rollen, der sich als Kirche gerade in den Reformbewegungen aus der Gesellschaft ausdifferenzierte. Die wiederum nicht zuletzt durch die Spezialisierung religiöser Kommunikation und Rollen angestoßene Ausdifferenzierung politischer und wirtschaftlicher Funktionen und Rollen blieb zunächst – trotz beginnender Differenzierung – unter der Kontrolle des führenden religiös-kirchlichen Funktionsbereichs. Für diese historisch einmalige gesellschaftliche Formation erscheint es berechtigt, von einer „christlichen" Gesellschaft zu sprechen. Ihre Besonderheit lag darin, daß die einsetzende funktionale Differenzierung von Politik, Wirtschaft und auch Wissenschaft, Medizin und Erziehung unter der Kontrolle und Führung des als Kirche ausdifferenzierten speziellen Kommunikationszusammenhangs religiöser Rollen verblieb. Die Gesellschaftsgeschichte im Bereich der christlichen Tradition läßt sich in dieser Perspektive bis in die Gegenwart hinein als schrittweise Auflösung dieser Gesellschaftsformation beschreiben, die zentrale Impulse gerade aus der Ausdifferenzierung und Spezialisierung eines eigen-

---

[6] Hier in Aufnahme eines Gedankengangs in *Gabriel* 1988a formuliert (*Gabriel* 1988a:28).

ständigen religiös-kirchlichen Bereichs innerhalb des Christentums erhielt.

3.2 Die Strukturen der bürgerlich-modernen Industriegesellschaft und der Umbau der Sozialformen des Christentums

Im späten 18. und 19. Jahrhundert verband sich die prinzipielle Entmachtung und Einschränkung der Tradition mit einer neuen Entfaltung des Pluralismus von Strukturen und Funktionen, von den wirtschaftlichen, politischen, religiösen bis hin zu den familialen, die alle eigene Sinngrundlagen entwickelten, das Ausmaß gesellschaftlicher Komplexität steigerten und den Sinn des „Ganzen" immer undurchschaubarer machten[7].

Mit dem Bürgertum und der von ihr getragenen Doppelrevolution – der politischen wie der industriellen – setzte sich in Westeuropa und Nordamerika eine Gesellschaftsformation durch, die bis in die Gegenwart hinein die Lebensbedingungen und die Lebensführung der Menschen in historisch einzigartiger Weise prägt[8]. Diese Gesellschaftsformation entstand – dies ist noch einmal zu betonen – auf dem Boden der christlich-mittelalterlichen Tradition. Ihre Ursprünge sind seit dem Hochmittelalter mit der doppelten Repräsentation der einen Christenheit in Papst und Kaiser und einem sich um den Fernhandel entwickelnden Stadtbürgertum gut erkennbar. Diese bürgerlich-moderne Gesellschaftsformation läßt sich in einer knappen Skizze durch folgende strukturellen wie kulturellen Merkmale kennzeichnen:

(1) Aus dem Fürstenstaat wird durch die politische Revolution des Bürgertums allmählich der bürgerliche Rechtsstaat. Dabei übernimmt das Bürgertum das durch Machtkonzentration und Machtmonopolisierung in der Hand des Fürsten entstandene strukturelle Gebilde des modernen Zentralstaats, löst ihn aus den Fesseln feudaler Restriktionen und gibt ihm nationalstaatliche Konturen. Herausgefordert durch die Sozialbewegungen des 19. Jahrhunderts und vorangetrieben durch seine inneren Widersprüche, entwickelt sich

---

[7] Die am weitesten entwickelten Analysen dieser Realität moderner westlicher Gesellschaften bieten die differenzierungstheoretischen Konzepte der Systemtheorie (*Luhmann* 1977; 1988); kritisch dazu, bezeichnenderweise aber auch mit systemtheoretischen Mitteln: *Offe* 1986.
[8] Zur Doppelrevolution siehe *Hobsbawn* 1962; zur Struktur der bürgerlich-modernen Gesellschaft: *Habermas* 1962; *Böckenförde* 1967; *Kosellek* 1976; *Riedel* 1975; *Müller* 1982.

dieser westliche Typus des Staates auf unterschiedlichen Pfaden im Laufe des 20. Jahrhunderts zum modernen demokratischen Sozialstaat. Als Resultat finden wir heute eine eigenständige rechts- und sozialstaatlich legitimierte Sphäre des Politischen mit einer hohen Eigenkomplexität vor (*Elias* 1969; *Böckenförde* 1976; *Heimann* 1980; *Luhmann* 1981).

(2) Die bürgerliche „Doppelrevolution" setzt als zentrales Charakteristikum bürgerlicher Modernität eine vom Staat geschiedene Sphäre „bürgerlicher Gesellschaft" frei. Sie ist zuallererst der Raum des freien Warenverkehrs unter autonomen Wirtschaftssubjekten, die Sphäre der kapitalistischen Marktvergesellschaftung. Die bürgerliche Gesellschaft konstituiert sich primär als Arbeits- und Wirtschaftsgesellschaft, die von der Tauschfähigkeit aller als Arbeits- und Wirtschaftssubjekten ausgeht. Ihre zentrale Integrationsform ist der Marktmechanismus: angefangen vom Arbeitsmarkt, über Warenmärkte bis zu marktförmigen Strukturen im kulturellen Bereich. Über den Charakter als Arbeits- und Wirtschaftsgesellschaft hinaus entfaltet sie sich als Bildungsgesellschaft mit einer Sphäre des öffentlichen Räsonnements und der öffentlichen Meinung als Medium der Selbstvergewisserung und Sozialintegration. Im Zusammenspiel mit Naturwissenschaft und Technik löst der Marktmechanismus eine bis dahin unbekannte Entfesselung aller Produktivkräfte aus, die eine allmähliche Anhebung des materiellen Lebensniveaus auch derjenigen ermöglicht, die nichts als ihre Arbeitskraft zu verkaufen haben. Die sozialstaatlichen Absicherungen der Risiken der Lohnarbeiterexistenz spielen dabei für die allmähliche Veränderung der proletarischen Lebenslage eine entscheidende Rolle. Zu den Folgeproblemen des materiellen Erfolgs bürgerlicher Marktvergesellschaftung gehört die Verkümmerung kultureller Formen der Sozialintegration gegenüber materiellen Formen der Systemintegration (*Lockwood* 1964; *Habermas* 1962; 1981).

(3) Mit den modernen Strukturen in Politik, Wirtschaft und Gesellschaft entsteht auch die Sozialform der modernen Familie. Vorbereitet durch die Aufwertung des privaten Innenraums im Protestantismus, lösen sich die familialen Strukturen aus dem herrschaftlich strukturierten Familienverband des „ganzen Hauses", dem unterschiedslos und wie selbstverständlich auch im Haushalt lebende Verwandte und das Gesinde angehört hatten. Die „romantische" Liebe avanciert im Überschreiten der ständischen Fesseln des gesellschaftlichen Lebens zum Ehemotiv und Ehegrund. Auf dieser Basis formt sich im Bürgertum des 19. Jahrhunderts das Familienleben um in eine Sphäre „eigensinniger", privater, intimer Familiarität

als Raum gefühlsbetonter, wechselseitiger Anerkennung. Der Kern des neuen Familienlebens und Familiensinns bildet ein gefühlsmäßig aufgeladenes Mutter-Kind-Verhältnis, das der älteren, schon durch die hohe Kindersterblichkeit erzwungenen Distanz weicht. Dies impliziert eine neue, polar angelegte kulturelle Stilisierung der Geschlechtsrollen. Die neu entstehende Sphäre familiärer Häuslichkeit gilt als das ureigenste Reich der Frau. Dazu gilt sie als von Natur aus bestimmt wie berufen. Wie die auf Gefühl und Anerkennung ausgerichtete Familie das Reich der Frau bildet, so wird die Sphäre des Tausches, der Arbeit, des Berufs und der öffentlichen Angelegenheiten zum Reich des Mannes. Zur Selbstbehauptung in dieser Sphäre bekommt der Mann andere Charaktereigenschaften von „Natur aus" mit auf den Weg als die Frau. An die Stelle der alten Stände tritt im Bürgertum als neue Standesgrenze die im Grunde als „Naturstände" gedachte Differenz zwischen Mann und Frau. Das revolutionäre Pathos des Bürgertums erlaubt es allerdings nicht, diese neue Arbeitsteilung als „ständisch" in den Blick zu bekommen. In diesem Fall kommt das „katholische" Bewußtsein, das – auf Kontinuität mit dem Alten bedacht – von „Naturständen" spricht, der Realität näher. Vom Bürgertum aus tritt das neue Familienmodell seinen Siegeszug über alle sozialen Schichten hin an, verändert sich in diesem Verallgemeinerungsprozeß, bestimmt aber unübersehbar die Lebensführung und Normalbiographie der Menschen bis in die Umbrüche der Gegenwart hinein (*Tyrell* 1976; 1982; *Rosenbaum* 1982).

(4) Der revolutionäre Umbau des Gesellschaftsgefüges erzwingt auch eine neue Sozialgestalt des Christentums. Die im Hochmittelalter eröffnete Trennung des Geistlichen vom Weltlichen erhält nun die Form einer eigenständigen Lebenssphäre des Kirchlich-Religiösen im Unterschied von allen anderen Lebensbereichen. Die religiös legitimierte, durch „Kirchenzucht" in Form gehaltene und alle Lebensbereiche normierende ständische Lebensführung zerbricht. Die Differenzierung des sozialen Lebens kommt – durch die Herkunft der modernen, bürgerlichen Gesellschaft aus der christlich-mittelalterlichen Gesellschaftsformation erzwungen – als Emanzipation vom verfaßten Christentum auf den Weg. Der Umbauprozeß nimmt dabei die doppelte Gestalt eines Verkirchlichungsprozesses und eines Entkirchlichungsprozesses zugleich an. Auf der einen Seite konzentrieren sich die Sinngehalte der christlichen Tradition in ihrer sozialen Verankerung auf einen von den übrigen Lebensbereichen sich absondernden Sonderbereich des Kirchlichen. Dies beginnt bei der sozialen Trennung der Bürgergemeinde von der

74

Kirchengemeinde, setzt sich mit der Absonderung der Sozialisation und Lebensführung der Geistlichen von der übrigen Bevölkerung fort und findet seinen Ausdruck in der Verfestigung eines kirchlich-dogmatischen Christentums auf der Ebene von Kirchenlehre und kirchlicher Theologie. Im Katholizismus schon im 19. Jahrhundert, im Protestantismus erst im 20. Jahrhundert entwickelt sich daraus eine eigene, kirchlich-organisatorisch gefaßte Sozialgestalt des Christentums, die ihrerseits mehr oder weniger erfolgreich um die Emanzipation von den Omnipotenzansprüchen des modernen Staates kämpft.

Mit der Verkirchlichung des Christentums ist eine gleichzeitige Entkirchlichung von Sphären des gesellschaftlichen Lebens, von sozialen Zonen und Regionen und von sozialen Schichten und Lebensmilieus verbunden. Der kirchliche Einfluß auf Politik, Wirtschaft und Familienleben reduziert sich, die Verstädterung verbindet sich mit einem hohen Grad der Entkirchlichung und das neu entstehende Bildungs- und Wirtschaftsbürgertum auf der einen Seite und weite Teile des Proletariats auf der anderen Seite lösen sich von der sich verkirchlichenden Variante des Christentums. Gleichzeitig suchen traditionell geprägte Bevölkerungsgruppen und Sozialbewegungen, die sich dem Umbau der Gesellschaft entgegenzustellen suchen, die Nähe und den Schutz der kirchlichen Strukturen.

Jene Bevölkerungsgruppen, die sich dem Verkirchlichungsprozeß entzogen haben, werden weder religionslos, noch lassen sie sich ohne weiteres als „entchristlicht" charakterisieren. Im Bürgertum entwickelt sich eine neue Sozialform der Religion, die weder die christliche Tradition gänzlich hinter sich läßt noch alle Verbindungen zum kirchlichen Christentum abbricht. Ihr Charakteristikum ist die Transformation der Religion in Religiosität. Sie reflektiert die unmittelbare Zugänglichkeit des Religiösen für den einzelnen und die damit verbundene Subjektivierung der objektiven religiösen Gehalte der christlichen Tradition. In sie gehen auf der Folie der vom Christentum mitgeprägten bürgerlichen Reflexionskultur die neuen Erfahrungen des Bürgertums ein und geben ihr einen synkretistischen Charakter. Auch im Fall der Religion läßt sich vom Bürgertum aus eine stärkere Verallgemeinerung der neuen Sozialform der Religion beobachten. Mit der bürgerlichen Gesellschaft wird die Religion insofern zur Privatsache, als die Form der Teilhabe an der religiös-kirchlichen Sphäre prinzipiell der „freien" Entscheidung des einzelnen anheimgestellt ist. Die „Religionsfreiheit" soll dabei sowohl den freien Zugang zur Religion als auch die freie Entscheidung gegenüber den Totalitätsansprüchen der Religion sichern (*Rendtorff* 1972; *Kaufmann* 1979; *Gabriel/Kaufmann* 1980; *Hölscher* 1990).

3.3 Die bürgerlich-moderne Industriegesellschaft als Amalgam aus Tradition und Modernität

Schon bei Max Weber war ein mögliches Mißverständnis angelegt, das insbesondere in den soziologischen Modernisierungstheorien der fünfziger und sechziger Jahren unseres Jahrhunderts voll zum Tragen kam. Die Durchsetzung der modernen Gesellschaft galt ihnen als ein unüberbietbarer Endpunkt, dem eigentlich nichts Neues mehr hinzuzufügen war[9]. Stand Weber diesem Endpunkt noch zumindest ambivalent gegenüber, so wurde er in den besonders von amerikanischen Soziologen gepflegten Modernisierungstheorien zum Ideal, das die Realität der amerikanischen Gegenwartsgesellschaft widerzuspiegeln schien. Dem standen mit deutlich negativer Wertung traditionale Gesellschaften gegenüber, deren Weg in das Paradies der Modernität es zu initiieren, zu ebnen und zu stabilisieren galt. So konnte zunächst weitgehend verborgen bleiben, daß sich die im 19. Jahrhundert durchsetzende moderne Industriegesellschaft aus regional unterschiedlichen, historisch spezifischen Mischungen traditionaler und moderner Elemente zusammensetzte und Aspekte traditionaler Lebensführung keineswegs aus dem Leben der Menschen völlig verschwanden. Nicht nur alte, ständisch-feudale Traditionselemente blieben bestehen, sondern es bildeten sich im Modernisierungsprozeß auch neue Traditionen heraus. Von daher wird heute deutlich, daß dem prinzipiellen Antitraditionalismus der okzidentalen Kultur stets ein traditionaler Schatten folgte, der ihn erst erträglich und stabilisierbar machte. Es empfiehlt sich deshalb an dieser Stelle, einen kurzen Blick auf die moderne Industriegesellschaft als Amalgam von Tradition und Modernität zu werfen. Erst die Erfahrung eines neuerlichen Modernisierungsschubs in der Gegenwart hat auch innerhalb der Sozialwissenschaften den Blick für die traditionale Seite der modernen Industriegesellschaft geschärft[10].

---

[9] Einen guten Überblick geben *H. U. Wehler* (1975) und *M. R. Lepsius* (1990); siehe auch oben S. 15 ff.
[10] Dies wird insbesondere von *Ulrich Beck* betont (*Beck* 1986), ohne allerdings die Grundlagen im zu Ende gehenden Wirtschaftsdualismus angemessen zu berücksichtigen.

Betrachten wir zunächst die sozialökonomischen Grundlagen dieses Dualismus von Tradition und Modernität am Beispiel Deutschlands. Bis in die späten sechziger Jahre hinein war die gesellschaftliche Entwicklung in Deutschland dadurch geprägt, daß es zwei Sektoren gab, die symbiotisch miteinander verbunden waren: ein industrieller und ein bäuerlich-handwerklicher Sektor (*Lutz* 1984; 1986). Lohnarbeit, Mobilität, nationale und internationale Marktverflechtung waren weitgehend auf den industriellen Sektor begrenzt. Im bäuerlich-handwerklichen Sektor arbeitete man teils für die eigene Subsistenz, darüber hinaus überwiegend nur für regionale Märkte. Die Produktions- wie die Lebensformen waren traditional geprägt: sie setzten ein sich nur wenig änderndes Erbe einer jahrhundertelangen Tradition fort. Industrieller und bäuerlich-handwerklicher Sektor standen sich über lange Zeiträume keineswegs nur feindlich gegenüber, sondern profitierten voneinander: Die Industrie bezog vom Land einen dauerhaften Zufluß von Arbeitskräften, die einerseits an Autorität und Unterordnung gewohnt waren, andererseits keine allzuhohen Ansprüche stellten. Für den bäuerlich-handwerklichen Sektor mit seinen hohen Geburtenraten bedeutete die Abwanderung der nachgeborenen Kinder in die Industrie eine Entlastung und ermöglichte eine bescheidene Verbesserung der Lebenssituation, nicht zuletzt durch den gesteigerten Einsatz von Erntemaschinen. Solange man viele überschüssige Arbeitskräfte hatte, waren Investitionen dieser Art, von denen wiederum die Industrie profitierte, weder möglich noch nötig. In industriellen Krisenzeiten konnten die groß-familiären Strukturen des bäuerlich-handwerklichen Sektors als Auffangbecken für freigesetzte Arbeitskräfte und somit als Ersatz für ausreichende soziale Sicherungsleistungen dienen.

Wir können also resümieren, daß die deutsche Industriegesellschaft, wie die übrigen europäischen auch, bis in die Nachkriegsepoche hinein nur zur Hälfte modern im Sinne von Marktverflechtung, Lohnarbeiterstatus und arbeitsmarktbezogener Mobilität war. Zum anderen Teil blieb sie im selbstverständlichen Geltungsraum einer an der überkommenen Tradition orientierten bäuerlich-handwerklichen Produktions- und Lebensweise.

Aber nicht nur blieb bis in die sechziger Jahre hinein ein traditionaler Sektor in der Gesellschaft der Bundesrepublik erhalten. Darüber hinaus ließen die im wesentlichen sich im Laufe des 19. Jahrhunderts neu ausbildenden zentralen industriegesellschaftlichen Sozial- und Lebensformen ebenfalls eine Mischung traditionaler und moderner Elemente erkennen. So kam es zwar zu einem erheblichen Umbau der traditionalen Familienform, aber was sich vom Bürgertum her als auf Liebe begründete Ehe und als Normalform von Familie allmählich durchsetzte, war ein Amalgam von Tradition und Modernität[11]. Traditional bestimmt blieb nämlich der Determinismus des Geschlechts in der Zuordnung zur Arbeits- oder Familienwelt. Frauen wurden ohne eigene Optionsmöglichkeiten primär der Familienwelt zugeordnet. Eine eigene materielle Existenz war für sie nur in seltenen Ausnahmefällen vorgesehen, ihre Normalversorgung geschah über Mann, Ehe und Familie. Die für die moderne Lebensführung so zentralen Aspekte der eigenen lebenslangen Qualifizierung, der Ausbildung beruflicher Kompetenzen, der Selbstbehauptung auf dem Arbeitsmarkt blieben ihr zunächst verschlossen. Um die ständisch-traditional geprägte Frauenrolle herum gebildet, blieb die neue, sich faktisch herausbildende Kernfamilie doch in wesentlichen Aspekten ihres Leitbildes traditional bestimmt. Obwohl das neue Amalgam ein „Gewächs" des kirchen- und insbesondere katholizismus-distanzierten Bürgertums war, hat die katholische Kirche es mitgetragen und viel zu seiner Durchsetzung insbesondere in den unteren sozialen Schichten beigetragen (*Tyrell* 1982). Heute sieht sie sich beinahe allein in der Verteidigung dieses bürgerlichen, halb traditionalen, halb modernen Erbes.

Betrachten wir einen zweiten, für unseren Argumentationszusammenhang sehr wichtigen Bereich. Das entscheidend Neue der Industriegesellschaft ist die Transformation ständischer Soziallagen in Klassenlagen. Die abhängige Stellung auf dem Arbeitsmarkt wird zum entscheidenden Faktor der Lebenslage[12]. Wie wir insbesondere aus der Geschichte der sozialistischen, aber auch der katholisch geprägten Arbeiterschaft wissen, bildeten sich um die Klassenlage herum sozial-moralische Milieus, die Substitute für die zusammenbrechenden ständischen Lebensformen boten[13]. Sie waren traditonal und modern zugleich und boten Schutz vor den entwurzelnden Folgen der Modernisierung. Auch die Entstehung des neuzeitlichen milieuspezifischen Katholizismus in Westeuropa insgesamt läßt sich auf diesen Zusammenhang beziehen[14]. Er war in seiner durch das

---

[11] Vgl. die Analysen bei *Beck* 1986:161 ff; *Beck/Beck-Gernsheim* 1990; *Gabriel* 1988 b.

[12] Aus sozialgeschichtlicher Perspektive siehe *Kocka* 1979.

[13] Vgl. aus sozialgeschichtlich-soziologischer Perspektive *Mooser* 1983; 1984; *Gabriel* 1990 b.

[14] So schon lange vor der neueren Diskussion die Grundthese des Sammelbandes von *Gabriel/Kaufmann* 1980. Im nächsten Abschnitt werden die hier kurz angesprochenen Aspekte ausführlich weiterentwickelt.

Vereinswesen und dessen allmähliche Organisierung und Zentralisierung geprägten Struktur durchaus modern. Andererseits erlaubte er – beschränkt auf die Innenwelt des Milieus –, den vorneuzeitlich-traditionalen religiösen Kosmos und die Monopolstellung der Amtskirche in bezug auf seine Interpretation relativ problemlos aufrechtzuerhalten. Wie an den Klassen- und konfessionellen Milieus am deutlichsten hervortritt, war die klassische Industriegesellschaft Westeuropas insgesamt geprägt durch Großgruppen mit eigenen Milieukernen und institutionell sowie bewußtseinsmäßig abgesicherten Milieugrenzen. Für sie war die Mischung von Tradition und Modernität besonders charakteristisch. Sie hatten ihre Wurzeln in den Sozialbewegungen des 19. Jahrhunderts, boten Schutz vor den entwurzelnden Folgen der Modernisierung und stellten gleichzeitig entlastete Lernfelder für den Umgang mit Modernität zu Verfügung. Aus der gesellschaftstheoretischen Perspektive betrachtet, sorgten sie für zwar segmentär gespaltene, aber wirkungsvolle integrative Mechanismen als Ausgleich für die sich verschärfende funktionale Differenzierung der Gesellschaft. So blieb innerhalb der weltanschaulichen Bezüge der Milieus die Welt als Ganzes noch interpretierbar. Die einheitliche Kosmisierung von Welt gelang noch in den Grenzen der Milieus, allerdings schon nicht mehr im Rahmen der Gesamtgesellschaft. Die These vom Charakter der klassischen Industriegesellschaft als Amalgam aus Tradition und Modernität ließe sich noch an anderen Phänomenen wie der ständischen Prägung der modernen Berufswelt oder der Standardisierung der Arbeit illustrieren und belegen[15]. Hier soll der Blick auf den eigenständigen bäuerlich-handwerklichen Sektor, die Familie und die milieuspezifischen Großgruppen genügen. Es war die bürgerlich-industrielle Gesellschaft in ihrer Mischung aus Modernität und Traditionalität, die den gesellschaftlichen Kontext abgab, in dem sich der neuzeitliche Katholizismus als spezifische Sozialform der Christentumsgeschichte entwickelte und – so die These im weiteren Fortgang der Analyse – nur entwickeln konnte. Wir wenden uns damit – ohne die protestantische Tradition gänzlich aus dem Blick zu verlieren – einer Teiltradition der Christentumsgeschichte zu: dem Katholizismus.

---

[15] Weitere Belege bei *Beck* 1986:115 ff.

4. Der Katholizismus als Sozialform des Christentums im Kontext der bürgerlich-modernen Industriegesellschaft

4.1. Katholizismus als Sozialform: Grundstrukturen

In der bürgerlich-modernen Industriegesellschaft, wie sie sich im 19. Jahrhundert ausbildete, nahm die katholische Teiltradition des Christentums eine spezifische Sozialform an. Diese wird hier mit dem Begriff „moderner Katholizismus" zu erfassen gesucht. Der Begriff schließt bewußt auch den Wandel der Kirchenstrukturen, ihre theologische Legitimation sowie die spezifische Ausformung des religiösen Deutungssystems mit ein. Damit wird ein engeres Begriffsverständnis überschritten, das unter dem „modernen Katholizismus" nur jene Sozialformen begreift, die die Katholiken jenseits der kirchlichen Amtsstrukturen als Formen der Selbstorganisation in den modernen, sich demokratisierenden Gesellschaften entwickelt haben. Für die Zwecke einer Gesamtanalyse der katholischen Teiltradition des Christentums unter den Bedingungen der Moderne, wie sie hier angestrebt wird, liegt ein solches, weiter gefaßtes Begriffsverständnis nahe. Es erlaubt, gerade das Zusammenspiel weltanschaulicher, theologischer, kirchlich-struktureller und bewegungsmäßiger Faktoren im modernen Katholizismus zum Thema zu machen [16]. Für spezielle sozial- und politikgeschichtliche Analysen des neuzeitlichen politischen und sozialen Aufbruchs der Katholiken kann es selbstverständlich sinnvoll sein, von einem engeren Begriffsverständnis auszugehen.

Im Kontext wie in Gegnerschaft zur Durchsetzung der modernen bürgerlich-industriellen Gesellschaft und dem damit verbundenen Struktur- und Funktionswandel des Christentums entwickelte die katholische Teiltradition im Verlauf des 19. Jahrhunderts eine Sozialform, die sich durch folgende Strukturmerkmale kennzeichnen läßt (*Kaufmann* 1979; *Gabriel* 1980; *Gabriel/Kaufmann* 1988):

(1) Die Entwicklung und Akzentuierung eines eigenen, in sich ge-

---

[16] Darin liegt meines Erachtens die Schwäche der in jüngster Zeit vorgelegten Analysen des modernen Katholizismus, daß sie Kirche und katholische Selbstorganisation zu wenig in ihrer wechselseitigen Interdependenz sehen. So: *Loth* 1984; 1990; 1991; *Klöcker* 1991; *Gauly* 1991. Wenn auch nicht an allen Stellen, so lag den Beiträgen des Sammelbandes *Gabriel/Kaufmann* (1980) doch überwiegend ein weiter Katholizismusbegriff zu Grunde, der in makrosoziologischer Perspektive die Interdependenz kirchlicher Amtsstrukturen und katholischer Selbstorganisation thematisierte. Siehe insbesondere die Beiträge von *Geller, Ebertz, Kaufmann, Katz, Laeyendecker* und *Gabriel*. Mit einem weiten Begriffsverständnis arbeitet auch: *Altermatt* 1989. Verschiedene Katholizismusbegriffe werden bei Leugers-Scherzberg 1991 diskutiert.

schlossenen, von allen anderen Deutungssystemen sich scharf abgrenzenden religiösen Deutungssystems, das alle Bereiche des Lebens umfaßt. Es bezieht seine Geschlossenheit aus der zentral verankerten kirchlich-institutionellen Kontrolle und legt in Fragen der Letztbegründung ein kirchliches Deutungsmonopol fest.

(2) Eine strukturelle Modernisierung der formellen kirchlichen Strukturen. Die Überwindung des feudalen Musters der Herrschaftsausübung vollzieht sich in Form einer Bürokratisierung und Zentralisierung des formellen Kirchensystems auf allen Ebenen und in Gestalt eines umfassenden Disziplinierungsprozesses des Klerus.

(3) Die Sakralisierung der neu gewonnenen Organisationsformen durch eine legitimierende Verschränkung von Deutungssystem und Organisation.

(4) Die möglichst umfassende Einbindung der katholischen Bevölkerungsteile in ein katholisches Milieu als abgrenzender und ausgrenzender konfessioneller Gruppenzusammenhang mit einem gewissen Wir-Gefühl und einer lebenslangen, spezifischen Prägung der Persönlichkeit. Die Milieubildung ihrerseits weist drei unterschiedliche Dimensionen auf:

(4a) Eine eigene, in der Alltagswirklichkeit der Katholiken verankerte „Welt-Anschaung". Diese besitzt eine kognitive, affektive und eine alltags-moralische Dimension, insofern sie selbstverständlich verfügbare Bewertungskriterien und Achtungsbedingungen für Personen, Handlungen und Sachverhalte bereitstellt.

(4b) Ein Netz von eigenen Institutionen für möglichst viele Lebensbereiche und -funktionen, das es erlaubt, die Kontakte mit Nichtmilieuangehörigen bei der Erfüllung der alltäglichen Bedürfnisse auf ein Minimum zu reduzieren.

(4c) Eine dichte Ritualisierung des Alltags mit der Betonung konfessionsspezifischer Frömmigkeitsformen, die das Andersdenken, Andersglauben und Andersfühlen im Alltag zur Darstellung bringen.

Die hier kurz umrissenen Strukturmerkmale des modernen Katholizismus werden im Folgenden in ihrem Durchsetzungsprozeß und in ihren spezifischen Ausformungen erläutert. Bei den drei ersten Merkmalskomplexen handelt es sich um Entwicklungen, die sich insbesondere seit der zweiten Hälfte des 19. Jahrhunderts gesamtkirchlich durchsetzen. Die Milieubildung nimmt je nach nationalgesellschaftlichen Bedingungen sehr unterschiedliche Formen und Intensitätsgrade an. Die stärkste Ausprägung findet sie in den gemischtkonfessionellen Ländern mit starken katholischen Minderheiten wie in Deutschland, den Niederlanden und der Schweiz. Tendenzen zur Milieubildung um unterschiedliche Kristallisationskerne herum finden wir aber überall, wo die Katholiken in bürgerlich-moderne Industriegesellschaften geraten. Der sehr komplexe soziale Prozeß der Milieubildung soll hier am Beispiel des deutschen Katholizismus verfolgt werden. Beginnen wir aber bei den Entwicklungen auf der Ebene des religiösen Deutungssystems. In Relation zum Umbau der Kirchenstrukturen, der schon in der ersten Hälfte des 19. Jahrhunderts beginnt, setzen die Veränderungen auf der theologischen Ebene zeitlich erst später ein und stehen in engen Wechselwirkungen mit den Formierungsprozessen des Katholizismus in den anderen Dimensionen.

4.2 Die Funktion der Neuscholastik für die Durchsetzung des Katholizismus als Sozialform

Zur entschiedenen Abwehr der „Zeitirrtümer", zur scharfen Diskreditierung der bürgerlichen Emanzipationsbewegungen, zur kämpferischen Behauptung und klaren Abgrenzung einer autonomen kirchlichen Eigensphäre nach außen und zur Legitimation der neu gewonnenen Strukturen nach innen, griff die katholische Tradition auf ein kirchlich-theologisches Interpretationsmodell zurück, das eine geschlossene Weltinterpretation mit kirchlichem Deutungsmonopol zuließ. Die in der Scholastik angelegte Synthese von Glaube und Vernunft, von dominierender Kirche und sich differenzierender Gesellschaft bot dafür die besten Anhaltspunkte. Zur „philosophia und theologia perennis" erklärt, wurde die Neuscholastik seit der zweiten Hälfte des 19. Jahrhunderts zur einzig legitimen Ausdrucksform kirchlich-theologischer Deutung dekretiert und mit weitgehendem Erfolg gesamtkirchlich durchgesetzt[17].

Besonders in Deutschland machte die Theologie innerhalb der katholischen Tradition von der ersten zur zweiten Hälfte des 19. Jahrhunderts einen tiefgreifenden Strukturwandel durch (*Welte* 1965:380 ff.). In einem wenige Jahre umfassenden Umbruch trat an die Stelle einer an geistiger Auseinandersetzung, Versöhnung und Ausgleich mit den modernen geistigen Strömungen interessierten

---

[17] Dies geschieht formell in der Enzyklika „Aeterni Patris" Leo XIII. vom 4. August 1879 (ASS 1879: 97–115), wobei die Entwicklung hin zur Neuscholastik und ihre Förderung durch Rom schon um die Mitte des Jahrhunderts einsetzt und bis in das Pontifikat Pius XII. ungebrochen fortdauert. Zu den päpstlichen Stellungnahmen zur „Neuscholastik" siehe: *Aubert* 1988.

Theologie die Neuscholastik. Sie setzte sich in einem atemberaubend kurzen Zeitraum siegreich durch, wobei sie vom kirchlichen Machtzentrum eindeutig gefördert und schließlich auch „von oben" durchgesetzt wurde. Sie blieb in ihrer Vorherrschaft – wie sich in historischer Perspektive zeigt – auf einen angebbaren Zeitraum und eine spezifische Sozialform der katholischen Tradition beschränkt, ja sie verhalf dieser Sozialform erst zu eindeutigen Grenzmarkierungen. Von daher liegt es nahe, die Durchsetzung der Neuscholastik seit der zweiten Hälfte des 19. Jahrhunderts in Interdependenz zur Sozialform des modernen Katholizismus zu sehen. Ein kirchenpolitisches und gesellschaftliches Interesse als Motiv ihrer philosophischen und theologischen Ambitionen räumten auch viele Vertreter der Neuscholastik selbst bereitwillig ein. Um die Rettung der Kirche und des Christentums vor dem durch die Revolutionsepoche hervorgerufenen Chaos ging es Autoren wie Kleutgen und den um die Zeitschrift „Civiltà Cattolica" versammelten Jesuiten. Nach der Einschätzung Auberts ist auch das Interesse Leos XIII. an der Neuscholastik kein primär philosophisches und theologisches, sondern eines der Begründung und Durchsetzung der „wahren christlichen Gesellschaftsordnung"[18]. Eine wissens- und herrschaftssoziologische Interpretation der Vorgänge um die Neuscholastik kann sich auf eine längere Tradition beziehen. Anklänge finden sich bei *Ernst Troeltsch* und in *Max Webers* Herrschafts- und Religionssoziologie (*Troeltsch* 1977, zuerst 1923; *Weber* 1956, zuerst 1922). August M. Knoll hat in einem Anfang der sechziger Jahre in Österreich viel Staub aufwirbelnden Essay die Zusammenhänge zwischen scholastischem Naturrecht und den Herrschaftsinteressen der Klerikerkirche nachzuweisen versucht (*Knoll* 1968). Die Argumente Knolls aufnehmend hat Franz-Xaver Kaufmann in einer wissenssoziologischen Analyse die neuscholastische Naturrechtslehre auf das Problem der Stabilisierung des Katholizismus in der zweiten Hälfte des 19. Jahrhunderts bezogen[19]. Dieser Erkenntnisstand soll hier insofern weitergeführt werden, als die Durchsetzung der Neuscholastk insgesamt im Zusammenhang mit dem Umbau der katholischen Tradition im Kontext der bürgerlich-modernen Industriegesellschaft

---

[18] *Aubert* 1988:311; der Rückgriff auf die Neuscholastik in seiner Funktion für die Durchsetzung kirchlicher Autonomie wird auf der anderen Seite auch daran deutlich, daß die Neuscholastik ebenso dazu diente, die traditionalistische Restaurationstheologie de Bonalds abzuwehren (*Spaemann* 1959).
[19] *Kaufmann* 1973a; vergleiche auch mit Bezug auf die Tradition der katholischen Soziallehre *Gabriel* 1988 b.

betrachtet wird. Die Ausgangsthese läßt sich folgendermaßen formulieren: Die Wende zur Neuscholastik stellt einen integralen Teil der Formierung des modernen Katholizismus als Sozialform in der zweiten Hälfte des 19. Jahrhunderts dar. Sie kann als eine notwendige, wenn auch sicherlich nicht als eine hinreichende Bedingung für den Erfolg des Katholizismus als Sozialform gewertet werden. In komprimierter Form kommen die hier angesprochenen Zusammenhänge in einem Überblicksartikel von Bernhard Welte mit dem Titel „Zum Strukturwandel der katholischen Theologie im 19. Jahrhundert" zum Ausdruck [20]. Es ist erkennbar, daß mit der herrschenden Theologie der ersten Hälfte des 19. Jahrhunderts der moderne Katholizismus im oben beschriebenen Sinne nicht zu machen war. Das theologische „Selbstdenkertum" (*Welte* 1965:386) gewährleistete weder die nötige Geschlossenheit noch die institutionelle Kontrolle des Deutungssystems. Die Gedankenwelt der „Tübinger Schule" bot keine Anhaltspunkte für eine Legitimation und Sakralisierung von zentralisierten und bürokratisierten Kirchenstrukturen. An der Errichtung einer scharf gezogenen geistig-moralischen Grenze zwischen den Katholiken und den übrigen waren sie gerade nicht interessiert. Sie hielten nachweislich von katholischen Sonderinstitutionen nichts. Der Ritualisierung des Alltags, wie sie in den traditionellen Formen der Volksreligiosität praktiziert wurde, standen sie mit Skepsis gegenüber. Ganz anders die neuscholastischen Philosophen und Theologen. Sie stellten von Einheit auf Dissoziation um: Dissoziation zwischen Kirche und moderner Welt, Dissoziation zwischen Theologie und Welt, Dissoziation zwischen Katholiken und Protestanten, zwischen Katholiken und Liberalen, zwischen Katholiken und Sozialisten. Das sicherste geistige Fundament für diese Dissoziation bot ihnen der Rückgriff auf das scholastische Erbe. Als vorrangig erwies sich dabei nicht die Pflege einer historischen Tradition als solcher, sondern der Wunsch nach scharf umrissener Identität. Der Rückgriff auf die „Vorzeit" stellte dem historischen Bewußtsein der Epoche die Wiederkehr des Alten als Ausweis der Überzeitlichkeit entgegen [21]. Für die neuscholastischen Theologen

---

[20] *Welte* 1965. Um die Neuscholastik, insbesonders die neuscholastische Theologie, ist es seit dem 2. Vaticanum sehr ruhig geworden. Eine gründliche Geschichte der neuzeitlichen katholischen Theologie fehlt bis heute (*Eicher* 1991). Für die neuscholastische Philosopie siehe *Coreth* u. a. 1988.

[21] So mit besonderer Schärfe in den beiden Hauptwerken Kleutgens zur Theologie und Philosophie der „Vorzeit" (*Kleutgen* 1867–74; 1878) entwickelt. Zur aufschlußreichen Biographie Kleutgens siehe *Deufel* 1976.

war die zentrale Autorität der Kirche ein wichtiger Topos. Sie wandten den modernen staatlichen Souveränitätsgedanken auf die Kirche an und legitimierten damit die Zentralisierung und Bürokratisierung der Kirche (*Pottmeyer* 1975:346 ff.). Gegen die Entobjektivierung des Religiösen gründeten sie die Objektivität des Glaubens auf die empirischen Kirchenstrukturen und die in ihnen enthaltene unfehlbare Sicherheit und Entscheidbarkeit aller Glaubensfragen. Sie gaben damit den neu entstandenen empirischen Kirchenstrukturen als Plausibilitätsstrukturen und Garanten des Glaubens sakralen Charakter. Einen Zusammenhang zwischen der Bildung des „Corpus catholicum" und der Neuscholastik als „Dissoziations-Theologie" stellt Welte her, wenn er schreibt: „Es ist die Zeit, in der auch soziologisch die Lebensbereiche der katholischen Christen im Ganzen des Daseins sich absondern" (*Welte* 1965:400). Die neuscholastische Theologie vermochte als geistige Grundlage der Absonderung der Katholiken zu dienen; gleichzeitig waren viele der neuscholastischen Theologen selbst kirchenpolitisch aktiv an der Milieubildung beteiligt. Als Volksbildner betrieben sie ein Programm der kulturellen Abgrenzung und traten für ein eigenes katholisches Institutionengeflecht ein. Sie waren an der Reaktivierung und Formierung der Volksfrömmigkeit beteiligt und trugen – erleichtert durch den Kulturkampf – zu einer historisch einmaligen Nähe von kirchlicher und Volksreligion bei.

Das Verhältnis von Neuscholastik als geistiger Bewegung und Katholizismus als sozialem Umbauprozeß wird man insgesamt als eine komplexe Wechselbeziehung auf der Grundlage einer engen Wahlverwandtschaft zu charakterisieren haben und nicht etwa nach dem Muster einer determinierten Basis-Überbau-Relation begreifen können. Die zentralen Ideen der führenden Neuscholastiker und ihre so überraschend schnelle Verbreitung und Durchsetzung sind ohne die sozialen Kontraktions- und Abgrenzungsbewegungen im Katholizismus nicht begreifbar; umgekehrt konnte diese Bewegung nur mit Hilfe der neuscholastischen Ideen ein so hohes Maß an Dynamik, Durchschlagskraft und empirischem Erfolg erzielen.

Welche – so soll weitergefragt werden – gesellschaftsstrukturellen Gründe haben gerade das scholastische Erbe für diese Funktion besonders geeignet gemacht? Für Kirche und Theologie im Kontext der bürgerlich-modernen Industriegesellschaft mußte sich – wie wir gesehen haben – das Problem stellen, den sprunghaft gewachsenen Grad gesellschaftlicher Differenzierung und Autonomie gesellschaftlicher Funktionsbereiche mit dem kirchlichen Deutungsmonopol kompatibel zu machen[22]. Wie einst die thomistische Philosophie und Theologie die einheitliche Deutung der mittelalterlichen Welt mit einer wachsenden funktionalen Differenzierung auszugleichen suchten, so stellte sich dem Katholizismus des 19. Jahrhunderts eine analoge Herausforderung des Ausgleichs segmentärer und funktionaler Differenzierung unter Wahrung eines einheitlichen kirchlichen Deutungsmonopols. Plausibilität erlangten die angebotenen Deutungsmuster und ethischen Prinzipien allerdings weithin nur noch im Rahmen der sich konstituierenden Sonderwelt und Sonderkultur der Katholiken, nicht mehr für die Gesellschaft insgesamt. Dies vermag ein Blick auf die mit Leo XIII. beginnende katholische Soziallehre zu verdeutlichen. Für Leo war die naturrechtlich begründete und lehramtlich verkündete Gesellschaftsphilosophie ein zentraler Bestandteil seines neuscholastischen Reformprogramms. Wie sah auf diesem Feld die angebotene Lösung aus? Auf dem Boden des spezifischen katholischen Naturrechts blieb dem Anspruch nach auch eine funktional differenzierte Gesellschaft im Rahmen eines einheitlichen, kirchlich kontrollierten Deutungsmusters interpretierbar und normierbar. Als Hüterin des Naturrechts kam der Kirche bzw. dem kirchlichen Lehramt die letztgültige Deutungskompetenz auch gesellschaftlicher Fragen zu. Die Gesellschaftsethik hatte ihre Grundlage in einer Sozial- und Gesellschaftsmetaphysik, die „Natur" und das „Wesen" des Seienden begründeten auch im Sozialbereich die sittlichen Normen des gesellschaftlichen Zusammenlebens. In der Ausarbeitung der neuscholastischen Sozialphilosophie wurden durch den Modernisierungsprozeß bedrohte Elemente der traditionalen Lebenswelt ontologisiert. Dies läßt sich bis in die Prinzipien der naturrechtlich argumentierenden katholischen Soziallehre hinein verfolgen: Der Versachlichung und Anonymisierung der Sozialbeziehungen im Gefolge der Verlängerung der Handlungsketten stellte sie als ontologische Wahrheit entgegen: „Der Mensch ist Ursprung, Träger und Ziel aller Sozialgebilde und allen sozialen Geschehens."[23] Im wachsenden Maß sozialer Verflechtung und Vergesellschaftung im Modernisierungsprozeß sah sie das Prinzip der Solidarität enthalten. Angesichts der Revolutionierung der Lebenswelten von Familie, Ortsgemeinde und Region durch einsetzende großräumige funktionale Differenzierung behauptete sie die „Natürlichkeit" eines subsidiären Gesellschafts-

[22] Hierzu und zum Folgenden siehe die Ausführungen in *Gabriel* (1988 b), auf denen der Text teilweise basiert.
[23] So die Formulierung bei *Oswald von Nell-Breuning* 1978:20.

aufbaus[24]. Der von Georg Simmel als Folge funktionaler Differenzierung konstatierten Situation des einzelnen im „Schnittpunkt vieler sozialer Kreise" (*Simmel* 1968:305 ff.) stellte sie die These von der Mittelpunktexistenz des einzelnen als wesensgemäße Situation des Menschen in der Gesellschaft gegenüber. Der Rückgriff auf die scholastische Naturrechtslehre bot einen doppelten Vorteil: einerseits ließ sich mit ihrer Hilfe nach innen – trotz gesellschaftlicher Differenzierung und Autonomisierung – der Anspruch des kirchlichen Lehramts legitimieren, auch in den neu aufgebrochenen Fragen der richtigen gesellschaftlichen Ordnung authentische und letztgültige Interpretations- und Deutungskompetenz zu besitzen. Andererseits erlaubte die naturrechtliche Argumentation nach außen, von der vernunftgemäßen Einsehbarkeit und Anerkennungspflicht der Prinzipien der Soziallehre auch bei denen auszugehen, die der Quelle der Offenbarung (noch) nicht bereit waren zu folgen[25].

Wie sich – so kann an dieser Stelle zusammengefaßt werden – an der Neuscholastik in Theologie und Sozialphilosophie zeigen läßt, besaß sie ihren „Sitz im Leben" im Umbau der katholischen Tradition als Reaktion auf die Modernisierungsprozesse des 19. Jahrhunderts. Der Umstellung von Einheit auf Dissoziation in Philosophie und Theologie entsprach die Absonderung der katholischen Bevölkerungsteile und ihre Segregation vom übrigen gesellschaftlichen Leben. Wie die Neuscholastik ihre Plausibilität in dieser historisch neuen Form von Ent- und Verflechtung von Kirche und Gesellschaft fand, so ermöglichte und erleichterte sie gleichzeitig die dazu notwendigen kulturellen Grenzziehungen.

4.3 Die Zentralisierung und Bürokratisierung der kirchlichen Organisationsstrukturen

Die Durchsetzung der Neuscholastik stand in einem engen Zusammenhang mit einer Transformation der formellen Organisationsstrukturen der katholischen Kirche in einem sich über das gesamte

---

[24] Wie insbesondere das Werk *Oswald von Nell-Breunings* zeigt, bot die scholastisch-naturrechtliche Grundlage auch wiederum so viel Spielraum, daß ein so scharfsinniger Geist wie der Nell-Breunings tief in die Sachprobleme neuzeitlichen gesellschaftlichen und wirtschaftlichen Lebens einzudringen vermochte. Zur Auseinandersetzung mit *Nell-Breuning* siehe: *Kroh* 1982; *Hengsbach* u. a. 1990.
[25] Auf diesen doppelten Funktionsbezug hat *F-.X. Kaufmann* mit Rückgriff auf Überlegungen bei Troeltsch nachhaltig hingewiesen (*Kaufmann* 1973 a:160).

19. Jahrhundert hinziehenden Prozeß. Im Anschluß an Max Weber läßt sich dieser Umbau als Modernisierung im Sinne der Beseitigung feudaler Herrschaftsmuster zugunsten hierarchisch-bürokratischer Strukturen begreifen. Im wesentlichen sind es drei Merkmalskomplexe, die für Max Weber rational-bürokratische Herrschaft konstituieren:

(1) Die Konzentration der Entscheidungskompetenzen an der Spitze und ihre Delegation von oben nach unten in einem System von Über- und Unterordnung von Ämtern.

(2) Hauptamtliches, auf Grund organisationsinterner Kriterien ausgewähltes und angestelltes Personal, das nur durch Ernennung von oben in der Ämterhierarchie aufrückt und diszipliniert an der Durchsetzung des Herrschaftswillens orientiert ist.

(3) Trennung des einzelnen vom Besitz an den Betriebs- und Herrschaftsmitteln, ihre Konzentration an der Spitze und ihre Zuweisung von oben nach unten (Weber 1964:38 ff.157 ff.691 ff.).

Die Annäherung der formellen Organisationsstrukturen der katholischen Kirche an das moderne Strukturmuster der Bürokratie ist erst ein Werk des 19. Jahrhunderts. Mit dem Hierarchieprinzip und dem eigenständigen kirchlichen Ämtersegment lagen zwar die Voraussetzungen dafür seit langem bereit, aber erst unter der besonderen historischen Konstellation des endgültigen Zusammenbruchs der tausendjährigen feudalkirchlichen Tradition und des autonomen Neuorganisationsprozesses der Kirche konnte es sich tatsächlich durchsetzen[26]. War die katholische Kirche bis zum Ende des 18. Jahrhunderts weitgehend Teil des traditionellen feudalen Herrschaftssystems, so entwickelte sie im Laufe des 19. Jahrhunderts eine eigenständige hierarchisch-bürokratische Organisationsstruktur. Die neu entstandene Organisationsform wurde gleichzeitig mit einer sakralen Legitimation ausgestattet. In der Balance zwischen zentralistischen Kräften einerseits und dezentralen Mächten andererseits erwies sich die Kirche bis zum Ende des 18. Jahrhunderts als Teil der feudalistischen Gesellschafts- und Machtstrukturen im westlichen Europa. Seit der Kirchenreform des 11. Jahrhunderts besaß die Kirche zwar eine eigenständige, hierarchisch angeordnete und sakramental abgesicherte Ämterstruktur. Bis auf wenige Jahre blieb aber das von den päpstlichen Juristen entworfene Bild einer vom Papst zentral und souverän geleiteten Kirche, der sich auch der

---

[26] Hierzu und zum Folgenden siehe *Aubert* u. a. 1971; *Rogier* u. a. 1966, *Bertier de Sauvigny* 1966; *Pottmeyer* 1975; *Ebertz* 1980, 1987; *Kaufmann* 1979. Dieses Kapitel greift zurück auf Ausführungen in *Gabriel* 1989 a.

weltliche Arm zu unterwerfen hatte, – auch innerhalb der Kirche selbst – mehr Theorie als Wirklichkeit. Erst mit dem Ende des Feudalzeitalters zerbrach die über Jahrhunderte hin wirksame Machtbalance zugunsten des Zentrums. Ausgerechnet die bürgerliche Revolutionsepoche schuf dafür die Voraussetzungen. Sie zerstörte in erster Linie die Machtgrundlagen der kirchlichen Mittelinstanzen. So beseitigte die Französische Revolution die feudalkirchlichen, dezentralen Gegenkräfte in Gestalt eines machtvollen, adelsständisch verankerten Episkopats und eines durch Pfründen ökonomisch autonomen Pfarrklerus. Während die bischöflichen Kirchenfürsten in Frankreich wie in Deutschland ihre Machtbasis verloren, gab Napoleon das Vorbild für einen sehr weitreichenden Strukturwandel der Kirche, als er bei der Neuordnung der französischen Kirche den Klerus der bürokratisch-hierarchischen Kontrolle durch den Bischof unterwarf. Gleichzeitig bediente er sich zur Stabilisierung seiner Macht der päpstlichen Autorität: die Neueinsetzung der französischen Bischöfe wurde im Konkordat vereinbart und vollzog sich im Namen der päpstlichen Autorität.

Erst diese gesellschaftlich-historischen Rahmenbedingungen schufen die Voraussetzungen für den autonomen Zentralisierungs- und Bürokratisierungsprozeß der katholischen Kirche im 19. Jahrhundert. Er wurde als ein defensiver Kampf um die Freiheit und Unabhängigkeit der Kirche gegenüber dem als Bedrohung wahrgenommenen neuzeitlichen Staat, wie der neuzeitlichen Gesellschaftsentwicklung insgesamt geführt. An die wichtigsten bis heute prägenden institutionellen Veränderungen sei hier nur erinnert: Die seit dem päpstlichen Absolutismus vorhandenen zentralen Verwaltungsinstanzen wurden ausgebaut. Das System der päpstlichen Legaten erhielt seine typische Doppelfunktion als diplomatische Repräsentanz päpstlicher Souveränität im staatlichen Bereich und als Kontrollorgan zwischen römischer Zentrale und bischöflichen Mittelinstanzen. Was schon das Trienter Konzil vorsah, wurde erst jetzt durchgesetzt: die Rechenschaftspflicht der Bischöfe hinsichtlich ihrer Bistumsführung im turnusmäßigen „Ad-limina-Besuch" vor den römischen Instanzen und die Schaffung zentraler Priesterseminare in Rom zur Rekrutierung und Heranbildung einer homogenen kirchlichen Führungselite.

Die Zentralisierung der kirchlichen Strukturen setzte sich nach unten hin fort. Auch hier ist die Entmachtung autonomer Mittelinstanzen zugunsten des Zentrums und der Auf- und Ausbau zentraler Verwaltungsinstanzen zu beobachten. Die neue Herrschaftsstruktur verlieh dem Bischof eine strategisch wichtige Mittelposition. Einerseits rückte er in die zentralistisch-hierarchische Organisationsstruktur ein und sah sich einer ständigen Kontrolle des römisch-kurialen Zentrums ausgesetzt. Andererseits wurde er zum Herrn einer sich ausdifferenzierenden Bistumsverwaltung und einer Priesterschaft, die sich zum ersten Mal in der Kirchengeschichte auch ökonomisch in seiner Hand befand. Diese Konstellation schuf erst die Voraussetzung für die sich in der zweiten Hälfte des 19. Jahrhunderts vollziehende Formung und Disziplinierung des Klerus (*Ebertz* 1987; *Götz v. Olenhusen* 1991). Als Max Weber in den ersten beiden Jahrzehnten unseres Jahrhunderts auf die Schlüsselfunktion zentralistisch-bürokratischer Strukturen für den Modernisierungsprozeß der westlichen Gesellschaften insgesamt stieß, da bot ihm die katholische Kirche viel Belegmaterial für seine These. Weber hielt die Bürokratie mit ihren hierarchischen Strukturelementen für das am schwersten zu zertrümmernde soziale Gebilde. Aus den feudalen Sicherheiten herausgerissen, griff die katholische Kirche im Kampf ums Überleben auf dieses Strukturprinzip zurück. Die Grundlagen dafür hatte in einem offensiven Prozeß das Mittelalter mit der institutionellen Verankerung einer sakramental legitimierten und aus Klerikern bestehenden Amtshierarchie geschaffen. Bis in das 19. Jahrhundert hinein blieb diese aber insofern begrenzt und mehr Anspruch als Wirklichkeit, als es machtvolle Gegenkräfte gab. Das Erbe der mittelalterlichen Kirche hatten zunächst die absolutistischen Staaten Europas angetreten, denen es gerade mit den Mitteln eines verschärften Hierarchieprinzips gelang, die Stände allmählich zu entmachten. Als sich nun der radikalisierte Souveränitätsanspruch des Staates gegen eine autonome institutionelle Existenz der Kirche richtete, da griff sie bedenkenlos auf das Strukturprinzip ihres Gegners zurück, konnte sie es doch mühelos als ihr historisches Eigentum reklamieren. Es gelang ihr damit, gegenüber den Omnipotenzansprüchen des Staates Grenzen durchzusetzen und einen strukturellen Pluralismus zu verankern. Insofern leistete der moderne Katholizismus – gegen seine eigenen Intentionen der Begrenzung struktureller Differenzierung – einen Beitrag zur Verselbständigung der Lebensbereiche.

4.4 Die Sakralisierung der Kirchenstrukturen

Rationale Bürokratie verband sich im Katholizismus mit einer Überhöhung und Sakralisierung der neu entstandenen empirischen Kirchenstrukturen als Ausdruck einer „triumphalen Gegenwart Gottes in einer gottlosen, satanischen Welt". Die strukturell vorangetriebene Differenz zwischen Kirche und Gesellschaft wurde so zur Differenz zwischen Heil und Unheil, zwischen gut und böse, zwischen Rettung und Verdammnis stilisiert[27]. In nicht überbietbarer Perfektion hat die ultramontane Ekklesiologie des 19. Jahrhunderts diese „Charismatisierung" der empirischen, amtsmäßig verfaßten Kirche ausgearbeitet. In das Kirchenschema des 1. Vaticanums und in die dogmatische Definition des päpstlichen Primats und die Definition der päpstlichen Unfehlbarkeit ist sie allerdings nur in rational temperierter, abgeschwächter Form eingegangen.

Zum alles überstrahlenden Fixpunkt der Sakralisierung der Kirchenstrukturen wurde das Papsttum. Im Papst setze sich – so die These der neuscholastischen, ultramontanen Theologen – die Inkarnation Christi unmittelbar fort[28]. Er sei der eigentliche Offenbarungsträger, der mit Adam, Abraham, Mose und Petrus in eine heilsgeschichtliche Reihe zu rücken sei. Zweifellos höre der Papst die „stets vernehmliche zu ihm sprechende Stimme „des Heiligen Geistes"[29]. Das Papsttum sei der herausragende Ort der Präsenz Christi in dieser Welt und das bevorzugte Organ, durch das Christus ständig zur Kirche spreche. Die Thesen der ultramontanen Theologen sind nicht zu verstehen, ohne die mit dem greisen Papst Pius IX. einsetzende emotional und mirakulös gestimmte Papstverehrung. Auf dem Hintergrund einer dualistischen Ekklesiologie sah Pius IX. den katholischen Liberalismus als „ein(en) Fuß in der Kirche und ein(en) Fuß im Geist des Jahrhunderts, ein(en) Fuß mit mir und ein(en) Fuß mit meinen Feinden" (*Aubert* u. a. 1971:756).

Die Sakralisierung setzte sich vom Papsttum ausgehend über den gesamten Klerus hin fort. Dem Wandel in Theologie und Kirchenstruktur folgte in der zweiten Hälfte des 19. Jahrhunderts eine weitreichende Veränderung des Klerus[30]. Die sakrale Absonderung von der Welt vertrieb die städtischen und bürgerlichen Interessenten für den Priesterberuf und ersetzte sie durch Kandidaten mit ländlichkleinbürgerlicher Herkunft. Der Beginn der spezifischen Priesterausbildung mußte – um einen entsprechend „weltfernen" Klerus

---

[27] Hierzu und zum Folgenden siehe auch *Gabriel* 1986.

[28] Hierzu sei auf die Rekonstruktion der ultramontanen Ekklesiologie bei *Pottmeyer* (1975) verwiesen.

[29] So die Formulierung des Kanonisten *George Phillips*. Hier zitiert nach *Pottmeyer* 1975:351.

[30] Hierzu liegt jetzt eine sehr aufschlußreiche Fallstudie für den badischen Klerus vor (*Götz v. Olenhusen* 1991). Die Ausbildung einer „sakralen" Sonderexistenz der Priester folgte dabei regional unterschiedlichen Formen und Intensitätsgraden.

heranbilden zu können – in das Knabenalter vorverlegt werden. Durch scharfe soziale Kontrolle und strafbereite Überwachung gegenüber „unklerikalischem" Verhalten, wie etwa dem Wirtshausbesuch, wurde die neue Lebensform der Kleriker „von oben" durchgesetzt[31].

Der ultramontan orientierte Teil des Klerus wäre – trotz der Krise, die die Ereignisse von 1870 in Deutschland auslösten (*Nipperdey* 1988:9 ff.) – mehr als nur den päpstlichen Primat und die Unfehlbarkeit „ex cathedra" zu akzeptieren bereit gewesen. Gemessen an der ultramontanen Ekklesiologie, betonen die Konzilstexte zu Primat und Unfehlbarkeit den Bezug zum Amt und zur Wahrung der Einheit der Kirche im besonderen Charisma des Papstes. Die Selbststeuerungsfähigkeit, die sich die Kirche gab und die sie an der hierarchischen Spitze verankerte, diente dem Imperativ des Überlebens in einer feindlichen und von den „Mächten des Bösen" beherrschten Welt. „Von Tag zu Tag" – so heißt es in der dogmatischen Konstitution „Pastor aeternus" – stürmen die Pforten der Unterwelt mit größerem Haß von allen Seiten gegen die von Gott gelegte Grundmauer der Kirche, um sie, wenn es möglich wäre, zu zerstören" (*Neuner/ Roos* 1965:235 f.). Zum Schutz der Gläubigen bedurfte es deshalb in den Augen der meisten Konzilsväter einer „hohe(n), bis zum Himmel ragende(n) Kirche" (*Neuner/Roos* 1965:235), die in Lehre, Sitte und Ordnung letztgültige und absolut sichere Entscheidungen zu fällen vermag.

Hier wird deutlich, daß die sakralisierten Kirchenstrukturen eine wichtige Funktion für die Sicherung der von allen Seiten angefochtenen katholischen Glaubenswelt erhielten. Die Herausforderung von Aufklärung und Revolution betraf ja nicht nur die institutionelle Existenz der Kirche, sondern gerade auch die Plausibilität ihrer Sinn- und Glaubenswelt. Die „bürgerliche Welt- und Lebensanschauung" (*Groethuysen* 1978) und wenig später auch der Sozialismus traten als alternative symbolisch-übergreifende Sinnwelten auf, die den Alltagserfahrungen und Interessen der sich formierenden Klassen von Bürgertum und Arbeiterschaft näherstanden. Schon auf ihre erste Herausforderung durch die Reformation hatte die katholische Tradition mit einer engeren Bindung des Glaubensgutes an ihre institutionelle Struktur reagiert. Gegen Luthers Gewißheit aus dem Glauben allein hatte sie die Gewißheit aus der sichtbaren

---

[31] Hier liegen die Ursprünge des modernen, „abgesonderten" Klerikerstandes, dessen Psychogramm – ohne die gesellschaftlich-historischen Bezüge voll in den Blick zu bekommen – *Drewermann* analysiert (1989).

Existenz der Kirche gesetzt. Diese das Konzil von Trient bestimmende Tendenz kam auf dem Ersten Vatikanum gewissermaßen zur Vollendung. Die zweifelsfreie Gewißheit in allen die Glaubens- und Sittenlehre betreffenden Fragen wurde nun in der hierarchischen Amtsstruktur verankert und entscheidungsfähig gemacht. Wie die hierarchische Spitze zum alles entscheidenden Schlußstein und Fundament der Kirche wurde, so sollte sie auch zum jederzeit entscheidungsfähigen Garanten des zweifelsfrei gültigen Glaubensgutes werden. Die Kirche selbst in ihrer empirischen Struktur wurde so zu einem Teil und – für die Sicherung des Glaubens – zentralen Teil des Glaubensgutes.

Zu einer beachtlichen, in sich geschlossenen Sozialform der Christentumsgeschichte wurde der nachrevolutionäre moderne Katholizismus aber erst durch einen weitreichenden Prozeß der Milieubildung auf konfessioneller Grundlage. Die Milieubildung gelang auf der Basis einer Einschmelzung volksreligiöser Frömmigkeit in den kirchennahen Katholizismus. Es erscheint deshalb an dieser Stelle angebracht, einen Blick auf die Entwicklung der Volksreligion in der europäischen Christentumsgeschichte zu werfen. Der Blick konzentriert sich dabei auf die Volksreligion in der deutschen Sozialgeschichte.

4.5 Die Verkirchlichung der Volksreligion als Voraussetzung der Milieubildung im Katholizismus

Für die hochkulturelle Situation des Mittelalters kann es als charakteristisch gelten, daß zwei schichtmäßig fest verankerte Versionen von Religion, eine Volks- und eine Hochreligion, relativ abgeschottet nebeneinander existierten (*Luckmann* 1980). Die bäuerlich geprägte, kleinräumige Alltagswelt der mittelalterlichen Massen war beherrscht durch eine traditionale, magisch-religiöse Version des Christentums. Davon hob sich die offizielle Version des Christentums der mittelalterlichen Eliten aus Geistlichkeit, Adel und Stadtbürgertum relativ klar ab. In der neuzeitlichen Religionsentwicklung erfuhr die traditionelle Volksreligiosität der bäuerlich-kleinhandwerklichen Schichten ein sehr wechselvolles Schicksal. Es lösten sich Phasen des frontalen Angriffs der kirchlichen Religion auf die Volksreligion mit Perioden der Anpassung und der weitgehenden Integration in die kirchliche Version des Christentums ab [32].

---

[32] Der häufig schillernd verwendete Begriff der „Volksreligion" wird hier relational

Der erste, große Vorstoß in die Regionen der Volksreligion erfolgte nicht so sehr in der unmittelbaren Reformationsepoche als vielmehr im Zeitalter der Konfessionsbildung (*Schieder* 1986; *van Dülmen* 1986; 1989). Bis dahin kannte die im Volk gelebte Form des Christentums keine klare Grenze zwischen Magie und Glaube. Für das schriftunkundige Volk war auch die Bibel keine Offenbarungsschrift, sondern ein Wunder- und Mirakelbuch. In der auf mündlicher Tradition beruhenden Religion standen traditionelle Rituale und Praktiken im Vordergrund. Das kirchliche „Heilsangebot" war in diese Welt fraglos eingebettet, ohne über ein ausgeprägtes Monopol zu Verfügen. Mit unterschiedlicher Konsequenz und Tiefe griff die Konfessionsbildung des 16. und 17. Jahrhunderts sowohl im Katholizismus wie im Protestantismus in diese Welt ein und versuchte sie zum ersten Mal an eine von oben gelenkte und gelehrte Lehre anzupassen. Konfessionsbildung und Staatenbildung gingen dabei eine enge Koalition ein, Kirche und Staat begannen mit der systematischen Belehrung des Volkes. Die Eingriffe in die Volksreligion verfolgten das Ziel einer religiös-moralischen Disziplinierung des Volkes. Sie versuchten, die Volksreligion von ihren magischen und weltlichen Verflechtungen zu reinigen und die Differenz von Religiosität und Kirchlichkeit soweit als möglich aufzuheben. Die Spiritualisierung der Religion ging dabei Hand in Hand mit verstärkten Anstrengungen der Belehrung und Unterdrückung. Während die reformierte Kirche die Magie und ihre Bewältigungsstrategien gänzlich aus dem religiös-kirchlichen Bereich abdrängte und verfolgte, erwies sich das Luthertum toleranter. Im katholischen Raum gingen Volksreligion und Konfessionskirche eine gewisse Verflechtung ein, die auch weiterhin keine strenge Trennung zwischen Religion und Magie kannte. Im Katholizismus geriet – ablesbar etwa am barokken Wallfahrtswesen – die Volksreligion stärker in kirchliche Regie, Lenkung und Kontrolle.

Insgesamt hatte der Angriff der Konfessionskirchen auf die Volksreligion im Zeitalter der Konfessionsbildung nur begrenzten Erfolg. Das neue, konfessionell geprägte, gereinigte Christentum wurde vornehmlich eine Sache der besser Gebildeten, und seine

---

aufgefaßt. Eine offizielle, herrschende, institutionell spezialisierte Version der Religion wird als in einem vielfältig ausgestaltbaren Verhältnis zu einer inoffiziellen, dominierten, institutionell unspezialisierten Form der Religion stehend betrachtet (*Ebertz/Schultheis* 1986; *Gabriel* 1991 a). Zur neueren Diskussion um die Volksreligion und ihre Sozialgeschichte im deutschsprachigen Raum siehe: *Altermatt* 1979; 1989; *Schieder* 1986; *Ebertz/Schultheis* 1986; *van Dülmen* 1989. Dieses Kapitel nimmt in überarbeiteter Form Formulierungen aus *Gabriel* 1991 a auf.

Annahme war in der Folgezeit stets auch ein Akt des Sich-Absetzens vom einfachen Volk. Zu einer zweiten Phase der Konfrontation zwischen Volksreligion und offizieller, kirchlicher Religion kam es in der zweiten Hälfte des 18. Jahrhunderts (*Dipper* 1986; *Blessing* 1986). Es mischten sich theologisch motivierte Reformbestrebungen mit spätabsolutistischen staatlichen Interessen zur Indienstnahme der Religion für Zwecke der Mentalitätsänderung und Disziplinierung des Volkes. Die staatliche Religionspolitik hatte die Lücke zwischen dem hohen Ordnungs- und Veränderungsbedarf des spätabsolutistischen Staates und seinen geringen organisatorischen Möglichkeiten zu schließen. Im staatlichen Interesse lag der Aufbau einer flächendeckenden Pastoral, die bessere Ausbildung des Pfarrklerus, die Rolle des Pfarrers als „Volkslehrers", die Kontrolle des Wallfahrtswesens mit seinen Auswüchsen und die Begrenzung der Zahl der vielen arbeitsfreien Feiertage. Auch dieser Angriff auf die Volksreligion, bei dem die Konfessionskirchen häufig selbst Opfer staatlicher Religionspolitik waren, hatte in bezug auf eine nachhaltige Mentalitätsänderung des Volkes nur geringen Erfolg. So vollzog die staatliche Politik in Sachen Volksreligion nach der Französischen Revolution auch schnell eine deutliche Wende. Die Wiederbelebung des Wallfahrtswesens und anderer Formen populärer Frömmigkeit konnte nun mit voller staatlicher Unterstützung rechnen. Wallfahrten wie die zum Heiligen Rock 1810 wurden nun „von oben" organisiert. Seit der Mitte des 19. Jahrhunderts begann mit besonderer Ausprägung im Katholizismus eine neue Ära im Verhältnis von Volksreligion und kirchlicher Religion (Korff 1977; 1986). Unter den besonderen Bedingungen des 19. Jahrhunderts gelang es der katholischen Kirche, die vom Modernisierungsprozeß aufgerührte Volksreligion unter ihre Fittiche zu nehmen und eine historisch einmalige Nähe von Volksreligion und kirchlicher Religion herzustellen. Am erfolgreichsten war dieses Bemühen überall dort, wo die Katholiken als eine Minderheit in mehrheitlich protestantisch geprägte Nationalstaaten gerieten, wie in Preußen-Deutschland, den Niederlanden und der Schweiz (*Gabriel/Kaufmann* 1980). Der in Deutschland mit besonderer Heftigkeit geführte Kulturkampf bildete die Sattelzeit für eine kirchlich popularisierte Volksfrömmigkeit als Teil des formierten und nach außen mit sozial wirksamen Grenzen versehenen neuzeitlichen Katholizismus. Die Vielfalt der volksreligiösen Formen wurde auf wenige zentrale Kulte konzentriert wie den Herz-Jesu-Kult, die Immaculata-Verehrung, den Schutzengelkult und die Josefsverehrung. Ihre Auswahl und ihr gezielter Einsatz lassen erkennen, daß die popularisierte Frömmigkeit dem Ziel diente, Einflüsse liberalen und sozialistischen Denkens im katholischen Volk abzuwehren.

Die hohe Verkirchlichung der Volksreligion, die einmalige Nähe beider waren gebunden an ein Geflecht religiöser, sozialer, regionaler und politischer Motive und Interessen, die bis in die Mitte unseres Jahrhunderts hinein wirksam blieben. Die kirchlich popularisierte Volksfrömmigkeit spielte eine zentrale Rolle bei der Milieubildung der katholischen Bevölkerungsteile in der zweiten Hälfte des 19. Jahrhunderts. Diesem Prozeß wollen wir uns nun am Beispiel des deutschen Katholizismus zuwenden.

4.6 Der Bildungsprozeß des katholischen Milieus

Wenn hier vom „katholischen Milieu" die Rede ist, so ist ein abgrenzender und ausgrenzender katholisch-konfessioneller Gruppenzusammenhang mit einem gewissen Wir-Gefühl gemeint, der über eine eigene „Welt-Anschauung", eigene Institutionen und eigene Alltagsrituale verfügt. Dieses Begriffsverständnis versucht unterschiedliche Traditionslinien des Milieubegriffs einigermaßen kohärent zu integrieren. Der eher vage Sprachgebrauch Amerys vom „katholischen Milieu" hat Pate gestanden beim Eindringen des Begriffs in die neuere soziologisch-politologische Terminologie[33]. Aus der soziologischen Tradition des Begriffs stammt die Einsicht, daß Milieus eine kognitive Dimension im Sinne geteilter Wirklichkeitskonstruktion und „Welt-Anschauung" besitzen, affektive Grenzmarkierungen bereitstellen und den Milieuangehörigen moralische Kategorien zur Beurteilung von Personen, Handlungen und Sachverhalten verfügbar machen.

In Deutschland kam es in der zweiten Hälfte des 19. Jahrhunderts zu vielfältigen Milieubildungen, von denen zwei den Umfang von Großgruppen mit einer „negativen Integration" (*Roth* 1963; *Lepsius* 1966) in die Gesellschaft und eine hohe interne Bindungswirkung und Konsistenz erreichten. Zum einen gelang auf der Grundlage der

---

[33] Auf Anregung der Katholizismus-Streitschrifts *Carl Amery's* (1963) hat *Lepsius* den Milieubegriff in die neuere politologisch-soziologische Diskussion eingebracht (*Lepsius* 1966). Auf eine längere Tradition kann der Begriff in der Durkheim-Schule und in der phänomenologischen Soziologie zurückblicken. Zu einem Überblick siehe *Hitzler/Honer* 1984. Hier wird der Begriff mit Verbindung zur breiteren soziologischen Tradition verwendet; ähnlich *Kühr* (1985), siehe auch: *Gabriel* 1986a;1990b.

gemeinsamen Klassenlage die Milieubildung innerhalb des sozialistisch geprägten Teils der Arbeiterschaft, zum anderen waren es große Teile der katholischen Bevölkerung, die sich um ihre Konfessionszugehörigkeit herum in ein eigenständiges Milieu einbinden ließen. Zum Unterschied vom sozialistischen Arbeitermilieu war das katholische Milieu ein klassenübergreifendes Milieu, das ländlich-bäuerliche, handwerkliche, in geringerem Maße auch bürgerliche Schichten und Teile des Adels, aber auch katholische Arbeiter umfaßte.

Wie konnte es gelingen, sozial so unterschiedliche Gruppierungen in ein gemeinsames Milieu einzubinden? Die sozial-strukturellen Voraussetzungen der katholischen Milieubildung im 19. Jahrhundert waren sehr komplex. Neben der katholischen Konfession war den vielfältigen Gruppierungen im Katholizismus im wesentlichen nur eines gemeinsam: Sie waren alle eher negativ betroffen vom staatlich forcierten und von einer Koalition aus Bürgertum und Adel getragenen Modernisierungsprozeß in Wirtschaft und Gesellschaft und suchten nach Schutz und eigenen Wegen im Umbauprozeß des Gesellschaftssystems. Auf dieser Grundlage kam es zu einem Schulterschluß zwischen der um eine eigenständige Existenz kämpfenden katholischen Kirche und denjenigen Bevölkerungsgruppen, die im Festhalten an der Tradition und in der Praktizierung volksreligiöser Frömmigkeit Halt und Sicherheit vor der Infragestellung und Auflösung ihrer Lebenswelt und in neuen, für sie bisher unbekannten Lebenssituationen suchten. Die katholische, ländlich-bäuerliche Bevölkerung strebte im katholischen Milieu nach Schutz vor der Auflösung ihrer traditionalen Lebenswelt angesichts des als protestantisch und säkularistisch wahrgenommenen Industrialisierungs- und Verstädterungsprozesses. Die katholischen Arbeiter schlossen sich dem katholischen Milieu an im Kampf gegen protestantische Industriebarone um ein Stück eigene, vom Land mitgebrachte Identität. Die katholischen Bürger sahen im katholischen Milieu einen Schutz vor staatlicher Omnipotenz und eine Chance eigener Emanzipation gegenüber protestantischer Hegemonie, und der katholische Adel hoffte im katholischen Milieu auf eine Wahrung seiner traditionell privilegierten Stellung (*Loth* 1990; 1991).

Mentalitätsmäßig hat die nachrevolutionäre katholische Romantik und ihre Stilisierung vormoderner Lebensformen den Boden für die katholische Milieubildung bereitet. Drei von ihrer Lagerung her sehr unterschiedlich geprägte soziale Bewegungen, deren Hintergrund jeweils die Herausforderung durch den Modernisierungsprozeß bildete, gingen in die katholische Milieubildung ein[34]. Der Protest ländlicher und kleinbürgerlicher Unterschichten mündete in eine Art „populistische" Bewegung ein, die sich gegen das Vordringen liberaler und obrigkeitsstaatlicher Maßnahmen in ihre Lebenswelt richtete. Die Artikulation des Protests entlang der konfessionellen Konfliktlinie bot sich für die „populistische" Bewegung insbesondere aus zwei Gründen an: Zum einen war der Gegner der vordringende protestantisch-liberale Kapitalismus und der protestantisch geprägte Obrigkeitsstaat, zum anderen konnten aus den Reihen des neuen, ultramontanen Klerus gebildete Sprecher und Führer der Bewegung aus dem eigenen Herkunftsmilieu gewonnen werden.

Als zweite Strömung ging in das katholische Milieu eine katholische bürgerliche Emanzipationsbewegung ein. Das aufstrebende katholische Bildungsbürgertum formierte sich gegen die mangelnde Parität und Inferiorität der Katholiken in einem Staat und in einer Gesellschaft, in der die konfessionelle Differenz tatsächlich zur Diskriminierung mißliebiger Konkurrenten genutzt wurde. Dabei mußte die Emanzipationsbewegung der katholischen Bürger zwangsläufig auch in eine zweite Frontstellung geraten: Die gesellschaftliche Emanzipation war nicht zu erreichen ohne zumindest eine Lockerung des kirchlichen Integralismus und Fortschritte in der Emanzipation von klerikaler Bevormundung (*Klöcker* 1991; *Weber* 1991; *Loth* 1991; *Mooser* 1991). Das dritte Element sozialer Bewegung im Bildungsprozeß des katholischen Milieus stellte eine eigenständige katholische Arbeiterbewegung dar. Unter religiös-konfessionellem Vorzeichen fand jener Teil der Arbeiterschaft zusammen, der aus den katholischen Landregionen in die Industriezentren kam, hier weiterhin durch eine Mischung von Traditionalität und Modernität geprägt blieb und die neuen Erfahrungen der abhängigen Industriearbeit in religiösen Kategorien zu verarbeiten suchte. Auch bei der Formierung und Organisierung dieses Teilmilieus spielten Vertreter des neuen, aus dem Volk kommenden Klerus in Gestalt der sprichwörtlich gewordenen „roten Kapläne" eine wichtige Rolle (*Mallmann* 1986; 1991; *Klönne* 1988).

Die gesellschaftlichen Voraussetzungen der katholischen Milieubildung bestanden – so läßt sich zusammenfassen – in einem vom Staat „von oben" forcierten Modernisierungsprozeß, der die bisherigen Lebensgrundlagen und Lebensorientierungen katholischer Be-

---

[34] Darauf hat insbesondere Wilfried Loth in seinen Arbeiten zur Katholizismusforschung hingewiesen (*Loth* 1984; 1990; 1991).

98

völkerungsgruppen in Frage stellte und gegen den diese sich entlang der Konfessionslinie zur Wehr setzten. War der Bildungsprozeß des katholischen Milieus insoweit eine Bewegung „von unten", so gehörte zu seinem Erfolg ebenso die einheitliche Formierung und Organisierung durch die Kirche „von oben". Sie war im wesentlichen das Werk des neuen, aus dem Volk kommenden ultramontanen Klerus, der im Rahmen der neuen, zentralisierten kirchlichen Organisationsstrukturen herangebildet wurde und diszipliniert zu handeln in der Lage war. Erst die Verschränkung der Bewegungselemente mit dem Wandel in den Kirchenstrukturen und im kirchlichen Deutungssystem hat die Milieubildung im Sinne eines eigenen Wir-Gefühls mit gemeinsamer „Welt-Anschauung",eigenen Institutionen und eigenen Alltagsritualen möglich gemacht[35].

Welche im Alltag verankerten „welt-anschaulichen" Elemente gaben dem katholischen Milieu sein besonderes Gepräge? Das milieuspezifische Weltbild der Katholiken wies eine dualistische Struktur auf[36]. Der Welt Gottes und der Kirche stand die Welt der bösen Mächte gegenüber. Das Erdenleben der Menschen galt als der ständigen Gefahr ausgesetzt, den Mächten dieser Welt zu erliegen und damit die alles entscheidende Bewährungsprobe nicht zu bestehen. Als unbestechlicher Richter hatte Gott am Ende des Lebens zu entscheiden, ob das Schicksal des Menschen in ewiger, bildhaft ausgemalter Höllenqual bestand oder ob er die Chance des Durchgangs durch ein reinigendes Fegefeuer erhielt (*Ebertz* 1992). Von den Heiligen als den großen Vorbildern und Helfern in der irdischen Bedrängnis wußte man, daß sie den direkten Weg in die himmlische Anschauung Gottes gefunden hatten. Die Versuchungen dieser Welt konkretisierten sich in besonderer Weise in der Leiblichkeit und Geschlechtlichkeit des Menschen. Ihnen galt die Welt „draußen" als verfallen. Der Belastung eines Lebens „sub specie aeternitatis" mit Angst, Schuldgefühlen und Zwängen der Verinnerlichung von Verhaltensnormen stand die große Entlastung durch die Mutter Gottes, die Engel, die Heiligen, die Kirche und ihre Priester gegenüber. Ohne die Vorbilder und Gnadenmittel, die die Kirche bereitstellte, war ein unbeschadeter und erfolgreicher Weg durch die Gefahren

---

[35] Diesem Aspekt räumt Loth einen zu geringen Stellenwert ein, weshalb er auch dazu neigt, den Katholizismus mit dem Ende der einheitlichen partei politischen Organisierbarkeit des katholischen Milieus schon vor 1933 enden zu lassen (*Loth* 1991:308 ff.).
[36] Inzwischen liegen neue Veröffentlichungen vor, die Material zur sozial-mentalitäts- und lebensgeschichtlichen Rekonstruktion des katholischen Milieus enthalten (*Altermatt* 1989; *Heller* u. a. 1990; *Klöcker* 1991). Sie bieten eine wichtige Ergänzung zu den makrosoziologischen Analysen des Katholizismus (*Gabriel/Kaufmann* 1980).

des Lebens nicht denkbar und möglich. Daraus bezog die katholische „Welt-Anschauung" ihre besonders enge und alltagswirksame Verschränkung von Immanenz und Transzendenz. Das dualistische Orientierungsschema mit seiner Verschränkung von Belastung und Entlastung ließ sich an vielen Stellen in den Alltag einbetten, verwies auf einen ganzen Kosmos von diesseitigen und jenseitigen Gemeinschaftsbezügen und versprach eine hohe Sicherheit in allen Fragen des Lebens (*Heller* 1990:28 ff.; *Klöcker* 1991:392 ff.). Das katholische milieuspezifische Weltbild mit seinen „alltagstheologischen" Ausprägungen erhielt seine Plausibilität durch die betonte Abgrenzung gegenüber der nicht-katholischen Welt draußen. Für die Sicherung einer sozial gestützten Plausibilitätsstruktur der katholischen „Welt-Anschauung" spielte die Bildung eines eigenen katholischen Segments in der Sozialstruktur mit einer Vielzahl katholischer Vereine und Organisationen eine wichtige Rolle.

Die Milieubildung in der institutionellen Dimension erfolgte in unterschiedlich geprägten Schüben. In der ersten Phase bis zum Kulturkampf überwog der spontane Zusammenschluß von Katholiken vornehmlich unter pastoral-caritativen Vorzeichen. Für alle Lebensbereiche und alle Lebensphasen standen bald vereinsmäßige Zusammenschlüsse zur Verfügung. Selbstverständlich besaß auch in dieser Aufbruchphase der katholischen Bewegung und des katholischen Vereinswesens der Klerus eine Schlüsselstellung als unangefochtenes Führungspersonal, aber der Druck kam von unten aus dem katholischen Volk. Er wurde in ein Netz von vereinsmäßigen Zusammenschlüssen geleitet, das sich allerdings nicht allzuweit von der pfarrlichen Basis entfernte und erst allmählich zu überregionalen Zusammenschlüssen führte (*Nipperdey* 1988; *Loth* 1991).

Erst nachdem der Druck des Kulturkampfs nachließ und erste Gefahren der Desintegration am Horizont erkennbar wurden, kam es in einer zweiten Phase zu einer Überformung des lokal gebundenen, vielfältigen Vereinswesens durch große, „schlagkräftige" Organisationen. Die größte Wirkung erzielte zweifellos der „Volksverein für das katholische Deutschland" mit seinen 800 000 Mitgliedern in seiner Blütezeit. Als Basis diente ihm das weitverzweigte Netz katholischer Arbeitervereine, aus denen auch die christlichen Gewerkschaften hervorgingen. Die Hilfevereine und katholischen Hilfeeinrichtungen schlossen sich gegen Ende des Jahrhunderts nicht nur auf diözesaner Ebene, sondern auch im nationalen Rahmen im „Caritasverband für das katholische Deutschland" zusammen (*Kaiser* 1989). Das Zentrum als Partei bildete lediglich den „politischen Aktionsausschuß" (*Lepsius* 1966) des institutionell verfaßten katholischen Milieus. Eine eigene Parteiorganisation und eigene Strukturen für die Mobilisierung der Wählerschaft besaß das Zentrum nicht, dies blieb Aufgabe des gesamten katholischen Vereins- und Organisationswesens, das jährlich auf den Katholikentagen „Heerschau" hielt. Auf dieser Grundlage gelang der Zentrumspartei für eine lange Periode der Balanceakt, äußerst divergierende soziale, ökonomische und regionale Interessen miteinander in Einklang zu bringen. Für den Bestand des katholischen Milieus und seine Tradierbarkeit waren folgende Aspekte des Vereins- und Organisationswesens entscheidend: Zum einen stellte es zusammen mit dem konfessionellen Kindergarten- und Schulwesen ein weitgehendes kirchliches Sozialisationsmonopol sicher. Hier konnte im Verein mit einem katholisch geprägten Familienleben die katholische „WeltAnschauung" früh und mit einer großen Prägekraft für die Persönlichkeitsstruktur vermittelt und verankert werden. Zum anderen fand die katholische „Welt-Anschauung" über die gesamte Biographie und alle Lebensbereiche hin Bestätigung in den sozialen Kontakten des Erwachsenenlebens. Primäre und sekundäre Sozialisation bildeten – im Gegensatz zu den Tendenzen eines deutlichen Einschnitts zwischen beiden unter „modernen" Lebensbedingungen – eine relativ bruchlose Einheit.

Lepsius hat bereits in den sechziger Jahren mit großem Nachdruck darauf hingewiesen, daß die Segmentierung der Sozialstruktur entlang der Weltanschauungslinie die demokratische Entwicklung in Deutschland als Teil des Modernisierungsprozesses entscheidend gehemmt hat und damit zum Scheitern der Weimarer Republik nicht unwesentlich beitrug (*Lepsius* 1966). Gegen diese Einschätzung des katholischen Vereinswesens erheben sich heute kritische Stimmen, die auf den internen Modernisierungseffekt der katholischen Vereine und Organisationen hinweisen. Über das Vereinswesen – so Thomas Nipperdey – sei der ultramontane Integralismus allmählich aufgebrochen worden und habe der Katholizismus gewissermaßen einen „sanften" Weg in die Moderne gefunden (*Nipperdey* 1988:31; *Altermatt* 1989:62). Beide Positionen machen auf die Ambivalenz des „katholischen Milieus" und seiner Funktionen für die christliche Tradition wie die gesellschaftliche Entwicklung insgesamt aufmerksam. Die Funktion der Milieubildung wird in ihren Umrissen erst voll deutlich, wenn in den Blick kommt, daß das sozial-moralische Milieu der Katholiken in Deutschland seine Stütze auch in den drei übrigen, sehr unterschiedlich geprägten Milieubildungen – dem protestantisch-konservativen, protestantisch-liberalen und sozialistischen Milieu – fand. Heute wird in gesellschaftstheoretischer Perspektive deutlich, daß die in Deutschland besonders ausgepägte Segmentierung der Sozialstruktur insgesamt zu einem Pfad gesellschaftlicher Entwicklung gehörte, für den eine spezifische Mischung traditionaler und moderner Elemente charakteristisch war.

Zur Stabilität und Prägekraft des katholischen Milieus trug ein drittes, nicht zu unterschätzendes Strukturelement bei: die Ritualisierung des Alltagslebens (*Klöcker* 1991:37 ff.; *Heller* 1990:289 f.). In ihr kam die katholische „Welt-Anschauung" im Alltag zur rituellen Darstellung. Hier zeigte sich die besondere Bild- und Sinnenhaftigkeit des Katholizismus als Sozialform. Von den weltanschaulichen Grundlagen her bot sich dafür die Welt der Heiligen, der Engel, der Gottesmutter Maria und des um ihre Verehrung sich rankenden Wallfahrtswesens an. In der Ritualisierung des Alltags wurde die Verschränkung von Transzendenz und Immanenz mit Sinnen greifbar und nachvollziehbar. Sie war die Ebene, auf der sich die Integration der volksreligiösen Tradition in den Katholizismus vollzog. Sie griff auf die alten Frömmigkeitsformen zurück, belebte und erneuerte sie, baute sie aber auch für eigene Zwecke der Abwehr moderner Einflüsse auf das katholische Volk und zur Sicherung der Milieugrenzen um. Die Ritualisierung des Alltagslebens bezog sich auf den Tagesrhythmus mit den täglichen Gebeten in der Familie und dem öffentlichen Angelusläuten, auf den Wochenrhythmus mit der Sonntagspflicht und dem Fleischverbot am Freitag, den Jahresrhythmus mit den jahreszeitlich geprägten Frömmigkeitsformen und den Hochfesten des Jahreskreises. Vielfältige rituelle Absicherungen fanden aber auch die alltäglichen Gefährdungen des Lebens durch das Weihwasserkreuz auf der Stirn, durch Gebete und Segen um gesundheitliches Wohlergehen und durch Bittprozessionen zum Schutz vor den Unbilden und Abhängigkeiten gegenüber der Natur. Die ständische Überformung des Arbeits- und Berufslebens bot Chancen, auch die Arbeitswelt in den rituellen Kosmos einzubeziehen.

Die Ritualisierung verweist in besonderem Maße darauf, daß die Anziehungskraft des Katholizismus in seiner Fähigkeit bestand, den von massiver Entwurzelung und Verlust traditioneller „Heimat" im Modernisierungsprozeß bedrohten Bevölkerungsgruppen eine stabile, religiöse Beheimatung zu geben[37]. Gegen viele Aspekte der Realität außerhalb des Milieus konnte die Welt im Inneren als ein

---

[37] Zur Funktion der Religion als Macht der Beheimatung siehe *Berger/Berger/Kellner* 1975:72 und *Gabriel* 1991 b.

Mikrokosmos erscheinen, der seinen Sinn und seine Ordnung nach wie vor aus einem das Diesseits und Jenseits übergreifenden religiösen Makrokosmos erhielt. Der religiöse Kosmos vermochte auch der Gemeinschaftsbildung wie dem festen Platz des einzelnen in ihr Legitimität, Sicherheit und Unverrückbarkeit zu verleihen. Wichtiger noch: die milieugestützte Religion bot auch die Möglichkeit, den dunklen Seiten des Lebens Deutungsmöglichkeiten abzuringen. „Aus des Tages Last machen sie ein Kreuz des Herrn", hieß es über die katholischen Bergleute aus dem Saarrevier (*Mallmann* 1986:152). Neben den kollektiven waren es die individuellen Schicksalsschläge, die überall lauernden Gefahren und Unverfügbarkeiten des Lebens, die Ängste vor dem Unbekannten, die eine Deutung und Bindung über den geschlossenen religiösen Kosmos erfuhren. Wie die von *Heller* u. a.(1990) ausgewerteten katholischen Lebensgeschichten aus der ersten Hälfte des Jahrhunderts zeigen, kündigten sich aber auch früh Brüche und Diskontinuitäten im Milieu an. Die außerhalb des Milieus praktizierten Lebensorientierungen ließen sich nicht immer erfolgreich der Wahrnehmung entziehen oder so moralisch entwerten, daß sie alle Anziehungskraft verloren. Die einsetzende Individualisierung ließ Distanzen zu den kollektiven Lebens- und Frömmigkeitsformen und Deutungsmuster entstehen.

Selbstverständlich war die Milieubildung und ihre hohe soziale und thematische Selektivität gegenüber der christlichen, aber auch der katholischen Tradition mit erheblichen „Kosten" verbunden. Sie grenzte faktisch alle diejenigen aus, denen das dualistische Weltbild mit seiner Abkehr von der modernen Welt unplausibel erschien, die keinen Zugang zur katholischen „Vereinsmeierei" unter klerikaler Leitung fanden und deren Glaubensorientierung und -sicherung mehr durch Reflexion als durch das Ritual geprägt war. Tendenziell bedeutete dies eine Ausgrenzung all jener Gruppen, deren Erfahrungsräume voll durch die neu im Entstehen begriffene städtisch-moderne Lebensweise geprägt war. Dies galt sowohl für Teile der Arbeiterschaft als auch für viele Vertreter des Wirtschafts- und des Bildungsbürgertums. Ohne Zugang zum Milieu war nur ein höchst defizientes Katholisch-Sein möglich, so daß sich seine Anziehungskraft mit fortschreitender Modernisierung immer stärker verengen mußte. So hatte das katholische Milieu bis zu seinem Höhepunkt in der Kulturkampfzeit das ihm zugängliche Reservoir eigentlich schon voll ausgeschöpft (*Lepsius* 1966). Daß es von da an nur noch bergab ging, darf deshalb nicht verwundern.

Hat man vornehmlich die politische und institutionelle Seite des

„katholischen Milieus" im Blick, so könnte man geneigt sein, sein Ende spätestens mit dem Jahr 1933 anzusetzen. Nipperdey stellt denn auch – die Einschätzung von Lepsius wiederholend – lapidar fest: „1933 brach das alles wie ein Kartenhaus zusammen" (*Nipperdey* 1988:31). In der neueren Forschung mehren sich aber die Stimmen, die dies bezweifeln und die eine Restauration der Sozialmilieus, insbesondere auch des katholischen, nach 1945 behaupten (*Kühr* 1985; *Naßmacher* 1979; *Quink* 1987). Damit kommen als eine entscheidende Periode für die Transformation der Sozialform des Katholizismus in Deutschland die fünfziger Jahre der Bundesrepublik in den Blick. Restauration oder Modernisierung und damit Beginn der Auflösung des konfessionellen Milieus, was waren die fünfziger Jahre? Dieser Frage soll im nächsten Abschnitt nachgegangen werden.

5. Die „Sattelzeit" des Umbruchs: Der Katholizismus in den fünfziger Jahren

5.1 Restauration oder Modernisierung?

Für die Erforschung des katholischen Bevölkerungsteils in Deutschland gibt es kaum eine interessantere Zeit als die der fünfziger Jahre. Wie nie zuvor und niemals danach – dies scheint schon der erste Blick zu lehren – haben die Katholiken einer Zeit in Deutschland ihren Stempel aufgedrückt wie der Epoche von Beginn der Bundesrepublik an bis zum Ende der Kanzlerschaft Adenauers. Die zahlenmäßige Beinahe-Parität mit dem protestantischen Bevölkerungsteil münzte sich sogleich in die ununterbrochene Kanzlerschaft eines der Ihren um, die eigene Partei – wenn auch im überkonfessionellen „Gewand" – errang auf dem Höhepunkt der Epoche 1957 die absolute Mehrheit und die katholische Soziallehre – sicherlich nicht in allen Teilen – avancierte zu so etwas wie der „offiziösen Staatsphilosophie". Angesichts der Bedeutung der Epoche für den katholischen Bevölkerungsteil mag es überraschen, daß eine detaillierte zeit- und sozialgeschichtliche wie auch (religions- und kirchen-)soziologische Aufarbeitung der fünfziger Jahre bis heute fehlt[38]. Damit könnte im Zusammenhang stehen, daß mit

---

[38] So jedenfalls das Urteil von *Anselm Doering-Manteuffel* (1982), was die historische Detailforschung angeht. Er fällt dieses Urteil unbeschadet der vielen Überblicksartikel und Sammelbände, die bis 1982 vorlagen (*Forster* 1976; *Maier* 1964; *Langner* 1978;

Bezug auf die Epoche nicht nur im Detail Unklarheiten verblieben sind, sondern auch übergreifende Einschätzungen bis heute kontrovers erscheinen. Ist das „sozial-moralische Milieu" des Katholizismus durch den Nationalsozialismus zerstört und aufgelöst worden, oder hat es sich in den fünfziger Jahren noch einmal restauriert? Ist es deshalb Restauration oder Modernisierung oder beides, was den katholischen Gruppenzusammenhang der fünfziger Jahre prägt? Sind die fünfziger Jahre – was die Mehrzahl der statistischen Daten naheelegt – als eine „Sonderzeit" für die Katholiken und den Katholizismus für das gesamte Jahrhundert zu betrachten oder nicht? Gibt es einen Zusammenhang zwischen der Ausprägung des Katholizismus in den fünfziger Jahren und dem äußerst tiefen Einschnitt, der dann Mitte der sechziger Jahre einsetzt?

Vor dem Hintergrund dieser und ähnlicher Fragen wird in diesem Kapitel folgende Vorgehensweise gewählt: Nach einem Abschnitt, in dem die wichtigsten statistisch-empirischen Daten präsentiert werden, sollen zunächst jene Entwicklungen in den Blick genommen werden, die für die These der Kontinuität und Restauration der katholischen Gruppenkultur innerhalb der fünfziger Jahre sprechen. In weiteren Abschnitten geht es um die Phänomene der Modernisierung im Katholizismus der fünfziger Jahre und die Vorboten des Umbruchs in den sechziger Jahren.

5.2 Die Katholiken in den fünfziger Jahren: ein statistischer Überblick

Zwischen 1950 und 1960 machten die Katholiken im Durchschnitt 44,2 Prozent der bundesrepublikanischen Gesamtbevölkerung aus. Nur für das Gebiet der Bundesrepublik gerechnet war dabei der Anteil der Katholiken seit 1871 (47,5 Prozent) leicht rückläufig[39]. Die Katholiken wohnten zu einem deutlich höheren Anteil als die übrige Bevölkerung in Landgemeinden und kleineren Städten insbesondere zwischen 1000 und 10 000 Einwohner. In den Großstädten über 200 000 Einwohner stellten sie 1961 gerade noch einen Anteil von 32,5 Prozent. Die Zahlen sind das Ergebnis eines längeren Prozesses

---

1980; *Rauscher* 1979; 1981). Teile dieses Kapitels wurden in einer ersten Fassung zum ersten Mal auf einem zeitgeschichtlichen Symposion zu den 50er Jahren im Frühjahr 1990 in Hamburg vorgetragen (*Schildt/Sywottek* 1989).
[39] *Nellessen-Schumacher* 1969:12. Insgesamt liegen dieser Studie die Zahlen der Volkszählung von 1961 zugrunde. Sie zeigen also das Bild am Ende des hier interessierenden Zeitraums.

und nicht kurzfristiger Ausschläge. Schon in die Urbanisierungsprozesse des 19. Jahrhunderts waren die Katholiken weniger involviert als die übrige Bevölkerung. Dasselbe Phänomen wiederholte sich nach dem Zweiten Weltkrieg, als die Bevölkerung in die zerbombten Städte zurückkehrte (*Nellessen-Schumacher* 1969:17 ff.).

Die Katholiken bevölkerten überproportional die Souterrains der deutschen Sozialstruktur. Sie stellten einen höheren Anteil der Arbeiter, insbesondere auch der Ungelernten. Sie waren überproportional unter den Kleinbauern und den kleinen Angestellten vertreten. An dem zwischen 1950 und 1960 sich vollziehenden Umschichtungsprozeß zwischen Arbeitern und Angestellten waren sie deutlich in geringerem Maße beteiligt als die übrige Bevölkerung. Während 1960 auf einen protestantischen Angestellten statistisch gerade noch 1,8 Arbeiter kamen, waren es unter den Katholiken noch 2,3. Je weiter man in den betrieblichen Hierarchien nach oben kam, desto geringer wurde der Katholikenanteil. Dies galt auch für die Laufbahngruppen der Beamten, wo sich die Relationen bereits ab dem gehobenen Dienst zuungunsten der Katholiken verschoben. Nach Wirtschaftszweigen dominierten die Katholiken in der schrumpfenden Landwirtschaft, im Bergbau und im Baugewerbe, sie waren stark unterrepräsentiert im Handel, im Verkehrswesen und Bankgewerbe sowie in den öffentlichen Verwaltungen (*Nellessen-Schumacher* 1969:22).

Im Zeitraum zwischen 1950 und 1960 verschärfte sich insgesamt das seit langem bekannte katholische Bildungsdefizit. Betrug das Defizit an Studierenden an wissenschaftlichen Hochschulen, gemessen am Anteil der Gesamtbevölkerung, 1952/53 ein Minus von 4,3 Prozentpunkten, so wuchs dieses Minus bis 1959/60 auf 10,7 Prozent an[40]. Das Defizit bezog sich aber nicht nur auf die Hochschulausbildung, sondern galt auch für den Bereich der Berufsfachschul- und Fachschulausbildungen. Für alle Bildungsbereiche wurden die Durchschnittszahlen noch dadurch verzerrt, daß die katholischen Studierenden sich stark in den Bereichen Theologie, Erziehungswesen und in sonstigen seelsorglichen Ausbildungsgängen konzentrierten.

Mitte der 50er Jahre stellte Reigrotzki auf der Grundlage einer

---

[40] *Nellessen-Schumacher* (1969:119) sah insgesamt ihre Ergebnisse aus der Volkszählung 1961 in frappierender Übereinstimmung zu den Ergebnissen aus dem Beginn des Jahrhunderts bei *Hans Rost* (1907). Zum katholischen Bildungsdefizit siehe die Studie von *Karl Erlinghagen* (1965) und die von *Wolfgang Zapf* (1966) zusammengestellten Daten.

Repräsentativbefragung aus dem Jahr 1953 fest: „Im ganzen gesehen sind rund 2/3 aller Katholiken treue Kirchenchristen" (*Reigrotzki* 1956:29). Alle verfügbaren Daten sprechen dafür, daß für das gesamte Jahrzehnt eine außerordentlich hohe Kirchlichkeit den katholischen Bevölkerungsteil kennzeichnete. Die Kirchenaustrittszahlen bewegten sich bei einem leichten Anstieg auf der Minimalmarke um 20000 jährlich herum, wobei beinahe gleich viele Ein- und Übertritte zu verzeichnen waren[41]. Der regelmäßige Kirchenbesuch galt für die Katholiken als das Normale. In der Reigrotzki-Studie gaben 60 Prozent der Katholiken an, regelmäßig den Gottesdienst zu besuchen, 20 Prozent bezeichneten sich als unregelmäßige Kirchgänger (*Reigrotzki* 1956:21). Für den Gesamtzeitraum der fünfziger Jahre kommt man – je nach unterschiedlichen Zählweisen und Datensätzen – auf einen regelmäßigen Kirchenbesuch zwischen 50 und 60 Prozent[42]. Die Daten des Instituts für Demoskopie Allensbach weisen dabei für den Zeitraum von 1952 bis 1963 sogar einen Zuwachs an regelmäßigen Kirchenbesuchern um 4 Prozent von 51 auf 55 Prozent auf[43]. Schon in den fünfziger Jahren variierte die Kirchenbesucherzahl der Katholiken aber sehr deutlich nach den Gemeindegrößen-Klassen der Zivilgemeinden. Während für das Jahr 1955 in den Gemeinden bis zu 2000 Einwohner eine Zahl von 63,7 Prozent sonntäglicher Gottesdienstbesucher angegeben wird, sind es bei den Gemeinden über 100000 Einwohner 33,9 Prozent (*Groner* 1960:202). Unabhängig vom städtischen oder ländlichen Charakter der katholischen Gemeinden galt aber in den fünfziger Jahren, „daß die Kinder, deren Eltern beide katholisch sind, fast 100 Prozent getauft werden. Kirchlich getraut werden 95 Prozent aller bürgerlich ehelichenden Paare mit zwei katholischen Partnern. Kirchlich beerdigt werden 95 Prozent der sterbenden Katholiken" (*Groner* 1960:198).

Deutliche Einbrüche hinsichtlich des Ritenmonopols der Kirche innerhalb des katholischen Bevölkerungsteils signalisieren allerdings die Daten rund um die wachsende Zahl von Mischehen. Kamen 1951 bei den zivilen Eheschließungen auf 100 rein katholische Paare schon 64,1 gemischt-religiöse Paare, so stieg diese Zahl bis

---

[41] Siehe oben S. 47.
[42] Neben dem Statistischen Jahrbuch für die Bundesrepublik Deutschland (1957ff.) und der Studie von *Reigrotzki* (1956) siehe: *Kirchliches Handbuch* Bd. 23 (1951) und Bd. 24 (1956); *Groner* 1960:196–208; *Greiner* 1964:103–135.
[43] *Köcher* 1987:175 (siehe oben S. 36). *Greinacher* geht dagegen aufgrund kircheneigener Daten von einem Rückgang von 50,7 Prozent (1950) auf 46,3 Prozent (1960) aus (*Greinacher* 1966:40).

1962 auf 71,9 an. Von 100 gemischt-religiösen Paaren ließen sich 1951 35,3 katholisch trauen, 1962 waren es 43,5. Auf 100 Geburten aus einer gemischt-religiösen Ehe kamen Mitte der fünfziger Jahre gerade 50 katholische Taufen (*Greinacher* 1966:41). Im Jahre 1956 antworteten die Katholiken ab 16 Jahren auf die Frage, ob sie ein evangelisches Mädchen (einen Mann) heiraten würden, zu 36 Prozent mit Nein, unter den regelmäßigen Kirchgängern waren es 52 Prozent Nein-Antwortende, unter den unregelmäßigen 24 Prozent (*Schmidtchen* 1973 a:459). Ein Viertel selbst der unregelmäßigen Kirchenbesucher fühlte sich ohne Ansehen der Person – die Antwortmöglichkeit „Kommt auf die Person an" wurde nicht gewählt – an die kirchliche Endogamieregel gebunden.

Wo in die fünfziger Jahre zurückreichende Befragungsdaten zu Glaubensfragen zur Verfügung stehen, zeigen sie eine hohe Tendenz zur Akzeptanz kirchlicher Doktrinen an. So bejahten im Jahr 1956 56 Prozent der Katholiken die Frage: „Glauben Sie, daß es in irgendeiner Form ein Leben nach dem Tod gibt" (*Schmidtchen* 1973 a:257). Im Vergleich zu den siebziger und achtziger Jahren überrascht die hohe Kirchlichkeit der Jugendlichen. Nach den Ergebnissen Reigrotzkis liegen im Jahr 1953 die Kirchenbesucherzahlen der 18- bis 24jährigen höher als die der 25- bis 29jährigen und die der 30- bis 44jährigen[44].

Die Katholiken der fünfziger Jahre waren nicht nur zu zwei Dritteln „treue Kirchenchristen", sie wählten auch mit beinahe ebenso hohen Anteilen die Unionsparteien. Im Jahr 1958 stellte das Zentralkomitee der deutschen Katholiken öffentlich fest: „Der Kern- und Durchschnittskatholik ist CDU-Wähler."[45] Noch nicht 1949, aber ab der Wahl von 1953 konnten die Unionsparteien sich tatsächlich auf die absolute Mehrheit aller Katholiken und auf zwei Drittel aller regelmäßigen katholischen Kirchgänger stützen. Einen Höhepunkt stellte die Wahl von 1957 dar: 61 Prozent aller Katholiken wählten die Unionsparteien, 71 Prozent davon waren regelmäßige Kirchgänger (*Gotto* 1978:14)[46]. Mit Bezug auf die Ausgangssituation im Jahr 1953, die sich 1957 verschärfte und 1961 erhalten blieb, kommt

---

[44] *Reigrotzki* 1956:33. Zinnecker überschreibt seinen Vergleich der Jugend der 50er und der 80er Jahre in der hier interessierenden Dimension mit dem Satz: „Aus der Kirche in die Szene" (*Zinnecker* 1987:319).
[45] Zentralkomitee der deutschen Katholiken. Arbeitstagung Saarbrücken 16.-19. April 1958 (Paderborn 1958:234); hier zitiert nach: *Gotto* (1978:18); zum Wahlverhalten der Katholiken siehe auch: *Schmitt* 1984:21–57.
[46] Zum Vergleich: 1912 wählten gerade 54,6 Prozent der Katholiken das Zentrum (*Nipperdey* 1988:23).

Schmitt zu folgendem Ergebnis: „Die Katholiken können nach wie vor eine beachtliche parteipolitische Geschlossenheit wahren, die mit der Weimarer Zeit vergleichbar ist. Fast zwei Drittel der kirchentreuen Katholiken, das sind 61 Prozent der katholischen Wähler, bevorzugen die Unionsparteien. Was sich am Beispiel der kirchlich gebundenen katholischen Arbeiterschaft (CDU/CSU: 57% Prozent SPD: 22 Prozent) zeigt, gilt generell: der dominante Faktor für die Wahlentscheidung ist die Zugehörigkeit zur katholischen Konfession in Kombination mit der Kirchenbindung; die Berufszugehörigkeit ist sekundär" (*Schmitt* 1984:23).

Werfen wir zum Schluß noch einen Blick auf die Vereinsmitgliedschaft der Katholiken in den fünfziger Jahren: Reigrotzki kommt zu dem Ergebnis, daß die katholischen Männer – berücksichtigt man die Mehrfachmitgliedschaften – eine deutlich höhere Zahl von Mitgliedschaften in Vereinen aufwiesen als die evangelischen Männer. Allerdings läßt sich die höhere Neigung der Katholiken auf drei Typen von Vereinen reduzieren: sie wiesen einen doppelt so hohen Anteil in religiösen und caritativen Vereinen und in Schützenvereinen auf und lagen auch deutlich in den geselligen Vereinen an der Spitze (*Reigrotzki* 1956:53 ff.). Am übrigen Vereinswesen partizipierten die Männer beider Konfessionen zu gleichen Teilen.

5.3 Tendenzen der Kontinuität und Restauration

Betrachtet man die Katholiken der fünfziger Jahre und ihre Sozialformen in einer weiteren gesellschaftlich-historischen Perspektive, wie wir sie hier entwickelt haben, so trifft man auf Merkmale deutlicher Kontinuität mit ihrer Geschichte seit dem 19. Jahrhundert. Man kann den Eindruck gewinnen, als handele es sich um einen neuerlichen Höhepunkt von Tendenzen, die hundert Jahre früher begannen und in den fünfziger Jahren in einer bestimmten Form noch einmal zur Blüte kamen. In ihrer spezifischen Durchsetzung kündigte sich aber gleichzeitig – wie sich zeigen wird – die Transformation des Katholizismus als Sozialform an.

Wie wir gesehen haben, wahrte der Katholizismus seine im 19. Jahrhundert ausgebildete Sozialform trotz aller innerer Auseinandersetzungen und partieller Auflösungstendenzen mit nur geringfügigen Veränderungen sowohl in der Zeit des Kaiserreichs als auch in der Weimarer Republik. In der nationalsozialistischen Ära opferte der Katholizismus zwar seine politischen und sozialen „Aktionsausschüsse", errang dafür aber seine alte, defensive Geschlossenheit wieder, die während der Weimarer Zeit zu bröckeln begonnen hatte. Betrachten wir auf diesem Hintergrund die Sozialform des deutschen Katholizismus in den fünfziger Jahren der Bundesrepublik, so ergibt sich folgendes Bild: Nach einer Phase einer gewissen Offenheit unmittelbar nach Kriegsende setzte sich eine „Fundamentalisierung des kirchlichen Selbstverständnisses" (*Gotto* 1985:224) durch. Das Ende des Nationalsozialismus wurde als Endpunkt einer verhängnisvollen Entwicklung interpretiert, die das Scheitern aller säkularen Weltbilder erwiesen habe, eingeschlossen des individualistischen Liberalismus und des kollektivistischen Sozialismus. In der Erwartung einer „Rechristianisierung" Europas drückte sich die Hoffnung aus, die Laisierung der Kultur wieder rückgängig machen zu können. In ihrem Selbstverständnis verfügte die katholische Kirche der fünfziger Jahre über ein geschlossenes und durch den historischen Prozeß als überlegen ausgewiesenes Weltbild, das für alle Lebensbereiche unzweifelhafte, auch durch die Vernunft einsehbare Prinzipien enthielt (*Doering-Manteuffel* 1982:114). Verbindliche Interpretin dieser christlich-naturrechtlich begründeten Prinzipien war allein die Kirche in Gestalt des kirchlichen Lehramts. In dieser Position sah sich die katholische Kirche durch die Hinwendung zum Christentum und durch die Anerkennung als beinahe einzige stabile Institution in der Nachkriegsphase bestätigt und legitimiert. In der Dimension des Deutungssystems des Katholizismus als Sozialform ist für die fünfziger Jahre also Kontinuität mit Tendenzen fundamentalistischer Verschärfung seines Anspruchs zu konstatieren.

Was die innerkirchlichen Strukturen und ihre Interpretation angeht, wird man von einem ähnlichen Ergebnis ausgehen können. Von weiten Teilen des Episkopats wurde die Beseitigung eines starken, auch ökonomisch eigenständigen Laienkatholizismus während der nationalsozialistischen Ära als eine gewisse „Flurbereinigung" zugunsten der amtskirchlich-hierarchisch geleiteten „Katholischen Aktion" interpretiert. Ihr gab man unter der Mehrheit der Bischöfe auch nach dem Krieg den Vorzug vor einer Neugründung starker laienkatholischer Verbände (*Forster* 1976; 1979; *Doering-Manteuffel* 1982; *Gotto* 1985). Die trotzdem wiedergegründeten Verbände rückten deutlich näher an die amtskirchlichen hierarchischen Strukturen heran[47]. Dies galt auch für das im Jahr 1952 neugegründete „Zen-

---

[47] Es setzt sich also schließlich eine Entwicklung durch, wie sie in einem Brief Papst Pius XII. vom 1. November 1945 an die deutschen Bischöfe schon anvisiert war: „Für die Verbände, die früher sich ausgezeichnet bewährt haben und deren Aufgabe sich

tralkomitee der deutschen Katholiken" insgesamt. Der Katholizismus der fünfziger Jahre erfuhr eine deutliche Verkirchlichung (*Hürten* 1986:243). Wie nie zuvor befand sich der Sozialkörper des Katholizismus unter einheitlicher hierarchischer Leitung. Die reorganisierte Kirchenstruktur wurde dabei durch ein triumphalistisches Kirchenbild legitimiert, wie es besonders den Nachkriegspontifikat Pius' XII. kennzeichnete.

Die Frage nach Kontinuität und Restauration oder Wandel und Modernisierung läßt sich sicherlich am schwierigsten für die Dimension der Milieubildung in der Sozialform des neuzeitlichen Katholizismus beantworten. Folgende Aspekte sprechen für die These, daß es in den fünfziger Jahren nicht zu einem Abbruch, sondern eher zu einer Wiederbelebung der Milieutradition des deutschen Katholizismus kam[48]: Drei Viertel aller Katholiken lassen sich als – so Reigrotzki – „treue Kirchenchristen" (*Reigrotzki* 1956:29) bezeichnen. Nach anfänglichen Unsicherheiten wählten die Katholiken ebenso geschlossen wie im Kaiserreich nach dem Kulturkampf und in der Weimarer Zeit eine Partei (*Gotto* 1978; *Schmitt* 1984). Trotz bischöflicher Widerstände gründeten die Katholiken ihre Verbände wieder, wenn diese ihre alte Stärke und Eigenständigkeit auch nicht wiedererringen konnten. In den weltanschaulichen Auseinandersetzungen der fünfziger Jahre formierten die Verbände sich geschlossen hinter den amtskirchlichen Positionen und gaben ihnen – nun vermittelt über die neue Funktion des „katholischen Büros" in Bonn – Nachdruck im vorpolitischen wie im innerpolitischen Raum (*Forster* 1976; *Gotto* 1985; *Doering-Manteuffel* 1982). In diesem Formierungsprozeß wurde der nach dem Krieg durchaus als soziale und politische Kraft erkennbare Linkskatholizismus wieder gänzlich an den Rand gedrängt (*Hürten* 1976; *Schmidt* 1990). Dabei fällt auf, daß viele der hier angesprochenen Dimensionen während der fünfziger Jahre – zumindest bis etwa 1957 – eine wachsende und keine sinkende Tendenz aufweisen. Dies galt auch für die Kirchennähe und das Funktionieren der kirchlichen Sozialkontrolle gegenüber den Jugendlichen. Mit dem Auf- und Ausbau des kirchlichen Kin-

---

mehr und mehr steigerte, ohne daß das Gewicht ihres Einflusses sich minderte, wie man beispielsweise von den Verbänden der katholischen Arbeiter behaupten kann, wird es angemessen sein, sie in gleicher Weise aufleben zu lassen, wie sie schon bestanden (...) Es bleibt aber von großer Wichtigkeit (...) für die Katholische Aktion, mit den übrigen katholischen Verbänden eine klare und geradlinige Verbindung zu haben, aus der sowohl Gesinnungsgemeinschaft als auch gegenseitige Hilfe in glücklicher Weise entspringen" (*Zeiger* 1975; hier zitiert nach *Hürten* 1986:246).
[48] So auch explizit die Position von *Kühr* (1985) und *Quink* (1987).

dergartenwesens, der staatlichen Konfessionsschule und des konfessionellen Systems sozialer Dienste erreichte das kirchliche Sozialisationsmonopol eine weitgehende Absicherung (*Spotts* 1976:181; *Matthes* 1964). Das katholische Milieu verlor allerdings seinen defensiven Charakter und trug seine traditionelle Gedankenwelt stärker in die Gesellschaft hinein. Das katholische Denken feierte – so zeigt es sich etwa in der Sozialpolitik der fünfziger Jahre, aber nicht nur dort – ungeahnte Siege und streifte sein Inferioritätsbewußtsein ab[49]. So lassen sich die Vorgänge im Katholizismus der fünfziger Jahre auch als ein großangelegtes soziales Experiment betrachten, ob ein defensiv ausgerichtetes Sozialmilieu seine Stabilität auch ohne Außendruck in der Offensive zu wahren vermag. Schon in den fünfziger Jahren sind Anzeichen dafür erkennbar, daß dieses Experiment schließlich einen negativen Ausgang nimmt.

5.4 Veränderungen in der Lage der Katholiken

Die eindrucksvollen „Zeichen der Kontinuität" sollen nicht vergessen machen, daß es viel Neues im Gruppenzusammenhang der deutschen Katholiken innerhalb der fünfziger Jahre gab. Daran sei hier zunächst noch einmal eigens erinnert. Die Bundesrepublik, wie sie sich 1949 konstituierte, war der erste moderne deutsche Staat – und wohl auch der einzige –, in dem die Katholiken keine Minderheit darstellten. Auf dem Territorium der Bundesrepublik kam es zum ersten Mal in etwa zur zahlenmäßigen Parität zwischen den Konfessionen. Die Konfessionsgrenzen erfuhren insofern eine tiefgreifende Veränderung, als der Krieg und die Flüchtlings- und Vertriebenenströme der Nachkriegszeit die klare territoriale Abgrenzung der Konfessionen beendeten. An die Übereinstimmung von Konfession und Territorium waren große Teile der Katholiken außerhalb der Städte immerhin seit dem Ende des Dreißigjährigen Krieges gewöhnt (*Schilling* 1988; *Gabriel/Kaufmann* 1988). Nun aber erreichte die territoriale Vermischung der Konfessionen ein neues, bisher unbekanntes Niveau, so daß die Chancen des Aufeinandertreffens und neuer Interaktionserfahrungen zwischen den Konfessionen beträchtlich stiegen. Die gemeinsame Verfolgungszeit während des Nationalsozialismus – so zumindest die offizielle Version – ließ es auch nicht zu, von kirchlicher Seite her das Repertoire

---

[49] Selbst soziologischem Denken in der Fundierung der Pastoral wagte man sich – wenn auch recht unsicher – ein Stück weit zu öffnen (*Feige* 1990:28 ff.).

konfessioneller Vorurteile und Stereotypen neu zu aktivieren, um die Abschwächung der territorialen Grenzen durch kognitive und moralische zu kompensieren. Als empirischer Beleg für diese neue Situation können die Schwierigkeiten gelten, die den Kirchen im Nachkriegsdeutschland mit der konfessionellen Endogamieregel entstanden. Der „noch zielbewußtere Kampf" (*Frings* 1955/56:74) gegen die Mischehe, zu dem Kardinal Frings in seinem Jahresbericht an den deutschen Episkopat aus dem Jahr 1955/56 aufrief, erreichte keine Reduktion der Zahl der Mischehen mehr; es stieg lediglich innerhalb der fünfziger Jahre der Teil der Mischehen wieder an, der eine kirchlich-katholische Trauung vollzog (*Greinacher* 1966:41). Zum grundsätzlich Neuen im Verhältnis der Konfessionen in den fünfziger Jahren gehört auch die Tatsache, daß sich im politischen Katholizismus die Unionsidee gegenüber der Zentrumsidee endgültig durchsetzte (*Schmidt* 1987). Darin dokumentierte sich eine Niederlage der konfessionell-katholischen, gleichzeitig aber auch stärker sozialen Interessenformierung gegenüber einer Verbindung weltanschaulicher, anti-laizistischer Kräfte mit sozial-konservativen Strömungen aus dem politschen Katholizismus und Protestantismus. Mit Hilfe der Amtskirche gelang es innerhalb der fünfziger Jahre, das traditionelle katholische Milieu fast vollständig in die neue überkonfessionelle parteipolitische Struktur einzuschmelzen. Die Überordnung der weltanschaulichen gegenüber der konfessionellen Konfliktlinie auf Seiten der Amtskirche zeichnete sich in den Auseinandersetzungen um die Verfassung ab, als die weitreichenden kirchlichen Gestaltungsansprüche auf den Widerstand sozialistischer und liberaler Kräfte stießen. Mit dem Sieg der Unionsidee und den Wahlerfolgen der Unionsparteien ergab sich für die Katholiken in den fünfziger Jahren – und diese Veränderung darf nicht gering eingeschätzt werden – ein grundsätzlich neues Verhältnis zum modernen Staat. Während die Protestanten ihre Differenzerfahrung gegenüber ihrer gesellschaftlichen Umwelt in der Moderne schon früh unter das Stichwort „Kirche und Gesellschaft" brachten, lautete die entsprechende Formel im Katholizismus stets „Kirche und Staat" (*Kaufmann* 1979:54 ff.). In den Souveränitätsansprüchen des modernen, für die meisten Katholiken protestantischen Staates kristallisierten sich lange Zeit die existenzgefährdenden Herausforderungen für die Autonomie und Freiheit der Kirche, um die man im Katholizismus seit den „Kölner Wirren" kämpfte. Nun wurden gerade die Katholiken, wie Gerhard Schmidtchen auf Grund seines empirischen Materials aus den fünfziger Jahren formulierte, zu den „eigentlichen Entdecker(n) der Bundesrepublik als einer neuen politischen

Heimat" (*Schmidtchen* 1973 a:245). Für die Katholiken fiel damit aber die Differenz und Gegnerschaft zum Staat als einer der Gründe für ihre defensive Selbstorganisation und Quelle eigener Identität weg. Ähnliche nichtintendierte Folgen zeitigte der Einfluß des katholisch geprägten Denkens auf die allgemeine Öffentlichkeit in den fünfziger Jahren. Bis dahin hatte der Katholizismus seine Stärke vornehmlich als eine „Sonderkultur" entfaltet. Nun wurde die katholische Tradition im öffentlichen Leben zum ersten Mal als relevanter kultureller Faktor ernst genommen. Damit traten aber auch die konfessionellen Sondermerkmale im Profil des Katholizismus zurück und verloren für das Bewußtsein der Katholiken an Relevanz. Wenn zum Beispiel das Subsidiaritätsprinzip der katholischen Soziallehre zur Grundlage der Sozialgesetzgebung avancierte, taugte es nicht mehr als Ausweis identitätsstiftenden katholischen „Sonderguts".
„So sehr die katholische Kirche und die Katholiken", so die Formulierung von Karl Forster, „in der Bundesrepublik Deutschland frühere Gettosituationen und auch die Rolle einer zwar beachtlichen und zuverlässigen, aber doch in der nationalen Repräsentanz für inferior gehaltenen Bevölkerungsminderheit überwanden, so sehr verloren sie zugleich in ihrem politischen und gesellschaftlichen Profil an unverwechselbaren Konturen" (*Forster* 1979:48). Man wird insgesamt resümieren können, daß die oben festgestellte Kontinuität in der Sozialform des Katholizismus in den fünfziger Jahren die Realität nur zur Hälfte trifft. Vieles an der Lage der Katholiken war neu und ohne historisches Vorbild, insbesondere in bezug auf ihr Verhältnis zum Staat und ihre Stellung in der Gesellschaft.

5.5 Katholizismus zwischen kultureller Restauration und struktureller Modernisierung

Wie läßt sich – so ist an dieser Stelle zu fragen – das Verhältnis der Katholiken zum „Modernisierungsprozeß der fünfziger Jahre"[50] bestimmen? Dem oben dargestellten empirischen Material zur Sozialstruktur, zum Bildungsniveau und zur Mobilität der Katholiken würde es widersprechen, wollte man sie zu den Trägern dieses Modernisierungsprozesses stilisieren. Andererseits machten die Katholiken 60 Prozent der Wähler jener Partei aus, unter deren Regie der Modernisierungsprozeß der fünfziger Jahre sich vollzog. Gerade die große Zahl der kirchennahen Katholiken wählte sogar – so hatten wir gesehen – zu 71 Prozent die Unionsparteien. Wie lassen sich

---

[50] Zu einem Überblick siehe: *Schildt/Sywottek* (1989:18 ff.)

diese Widersprüche erklären? Es bietet sich an, zwischen struktureller und kultureller Modernisierung zu unterscheiden[51]. Die kulturelle Modernisierung schien gestoppt und ihre Gefahren für den
Bestand des Katholizismus als Sozialform gebannt. Der Einfluß der
Kirche und des Klerus auf die Kultur und ihre Vermittlung an die
nächste Generation war höher als je zuvor in der deutschen Geschichte. Nach dem Debakel des Nationalsozialismus war das Be-
dürfnis nach einer religiösen Integration der Gesellschaft groß. Für
selbstverständlich erachtete „Pflicht- und Akzeptanzwerte" (*Klages*
1985; *Meulemann* 1985) herrschten in der Gesellschaft insgesamt
vor. Nachdem die Gefahren der kulturellen Modernisierung gebannt schienen, gab es für die kirchliche Hierarchie und den organisierten Katholizismus wenig Grund, sich der strukturellen Modernisierung zu widersetzen und die Katholiken vor dem Wirtschafts-
wachstum und seinen Folgen zu warnen und abzuschirmen. Für die
im Milieu verankerten Katholiken wurden damit traditionelle Bar-
rieren gegenüber einer vollen Integration in die Wirtschaftsentwicklung und die beginnenden Tendenzen zur „Konsum- und Freizeitge-
sellschaft" (*Schildt/Sywottek* 1989:25 ff.) hinfällig. Gerade die enge
Verbindung zwischen kirchlicher Hierarchie und Adenauer-Regie-
rung und die geschlossene Unterstützung des Regierungskurses
durch den organisierten Laienkatholizismus brachten den katholischen Bevölkerungsteil zunächst unbemerkt auf neue Gleise. Für
kritische Beobachter aus dem innerkirchlichen Raum wurden allerdings die Folgeprobleme dieses Kurses seit der Mitte des Jahrzehnts
schon erkennbar. Als sich zum ersten Mal eine Akademietagung der
katholischen Akademie in Bayern mit dem Verhältnis des Katholizismus zur sich neu orientierenden Sozialdemokratie beschäftigte,
ließen die vorsichtigen Anfragen an die SPD den Hintergrund einer
deutlichen Kritik an den Unionsparteien erkennen. So sah Gustav
Gundlach SJ in seinem Referat auf der Münchener Akademietagung Grund zu folgender Warnung an die Adresse der Unionsparteien: „In einem Augenblick, da eine völlig freizügige Technokratie
fortfährt, Stütze und Halt der Menschen in den traditionellen und

---

[51] Strukturelle Modernisierung läßt sich primär als funktionale und strukturelle Ausdifferenzierung und systemspezifische Leistungssteigerung gesellschaftlicher Teilsysteme, insbesondere für Wirtschaft und Politik, begreifen. Kulturelle Modernisierung
meint im hier interessierenden Argumentationszusammenhang die Laisierung der
Kultur, die Abschwächung religiöser Integration der Gesellschaft und das Reflexiv-
werden kultureller Geltungsansprüche. Zur Unterscheidung zwischen gesellschaftlicher und kultureller Modernisierung vgl. *Habermas* 1985:90; *Schildt/Sywottek*
1989:31.

sogar in den naturhaften Bindungen aufzulösen, erweist es sich für die katholische Auffassung als unabweisbar, das Ordnungsbemühen um die Gesellschaft gegen jene verhängnisvollen Tendenzen einzusetzen."[52]

Gegen Ende des Jahrzehnts bereiteten sich für die Katholiken die sechziger Jahre mit ihrem tiefgreifenden Umbruch vor. Die Geschlossenheit des organisierten Katholizismus begann sich nachhaltig zu lockern. Im Rückblick auf diese Zeit sah Bernhard Hanssler in der Arbeitstagung des Zentralkomitees von Ettal 1960 eine Zäsur. Auf die Forderung „katholische Einheit müsse als katholische Geschlossenheit verstanden werden" gab es – so erinnert sich Hanssler in einem 1978 erschienenen Beitrag – „einen so heftigen Aufruhr, daß wir geneigt sind, das Jahr 1960 als einen weiteren Einschnitt der Entwicklung zu betrachten. Das Wort Pluralismus war noch nicht im Schwange. Aber man könnte sagen, damals regte sich zum erstenmal ein noch dumpfer pluralistischer Wille im deutschen Katholizismus" (*Hanssler* 1978:110). In der Diskussion um die atomare Bewaffnung der Bundeswehr 1958 zeigten sich erste Delegitimationserscheinungen des offiziellen Katholizismus. Anders als noch 1951/52, als die Wiederbewaffnung im Katholizismus relativ „reibungslos" über die Bühne ging und auch 1956, als der Militärseelsorgevertrag nur im Protestantismus hohe Wellen schlug (*Mahlmann* 1985), fand 1958 auch „ein ‚anderer' Katholizismus" (*Dirks* 1966) wieder stärker Gehör, und die Gefolgschaftstreue der Katholiken gegenüber ihren organisierten Repräsentanten begann sich zu lockern (*Doering-Manteuffel* 1982:135). Die wachsenden Spannungen zwischen der strukturellen Wirtschafts- und Gesellschaftsentwicklung und dem retardierten kulturellen Modernisierungsprozeß machten sich zwar nicht nur, aber doch gerade auch im Katholizismus bemerkbar. Die kirchlich-klerikalen Fesseln der Kultur wurden zunehmend als Anachronismus erfahren, und der wirtschaftliche Aufstieg drängte die Religion als Mittel gesellschaftlicher Integration zurück. Diese gesellschaftlichen Prozesse vollzogen sich nun nicht mehr vornehmlich außerhalb des katholischen Bevölkerungsteils und seines Milieus, sondern wirkten – nachdem das Visier einmal geöffnet war – viel stärker in den Katholizismus hinein. Als die kirchliche Hierarchie sich der Öffnung zu widersetzen begann, war

---

[52] So die Formulierung von *Gundlach* auf der berühmten Tagung der Münchener katholischen Akademie, die Adenauer erfolglos zu verhindern gesucht hatte und die er mit viel Argwohn beobachtete (*Gundlach* 1958; hier zitiert nach *Doering-Manteuffel* 1982:130).

es für den Erfolg einer Gegenstrategie schon zu spät. Der in den sechziger Jahren geführte Kampf um die Konfessionsschule sollte dies bald deutlich werden lassen. Die Entwicklung verzögerte sich, bis sie in der „Konzilsära" und im gesellschaftlichen Umbruch der späten sechziger Jahre eine neue Dynamik erhielt und zur weitgehenden Auflösung des Katholizismus in seiner spezifischen Sozialform führte. So läßt sich insgesamt die historisch einmalige kulturelle Stellung des Katholizismus in den fünfziger Jahren als „Sattelzeit" seiner Auflösung begreifen.

5.6 Christentum im Kontext bürgerlich-moderner Industriegesellschaft: eine Zwischenbetrachtung

Das Beispiel des Katholizismus lehrt, daß das kirchlich verfaßte Christentum von der Mitte des 19. bis in die zweite Hälfte des 20. Jahrhunderts hinein im Kontext der bürgerlich-modernen Industriegesellschaft eine spezifische Form gesellschaftlicher Existenz zwischen Tradition und Moderne realisierte[53]. Der gesellschaftliche Umbruch zur Moderne bedeutete das Ende einer tausendjährigen feudalkirchlichen Tradition mit einer eng in das Herrschaftssystem eingeflochtenen Stellung des verfaßten Christentums. Der Umbruch vollzog sich unmittelbar in und an der christlichen Tradition, insofern er eine endgültige Freisetzung politischer Herrschaft aus kirchlichen Prärogativen, eine Entgrenzung ständischer Produktionsformen und Verteilungsmuster zugunsten von Märkten und technisch-industrieller Produktion sowie eine Lösung der kulturellen Sphäre aus traditionell-religiöser Vorverständigung beinhaltete. Der Umbruch zur Moderne hatte aber keineswegs einen Abbruch der christlichen Tradition zur Folge. Für die Kontrahenten in der weltanschaulichen Auseinandersetzung und ihre Gruppenbildungsprozesse auf beiden Seiten lag eine Deutung des Umbruchs als Bruch mit der christlichen Tradition nahe. Für die eine Seite, weil sich darin ihr endgültiger Sieg über die klerikale Bevormundung und ihre Befreiung von einer religiös verbrämten Herrschaftsstruktur zur Sprache bringen ließ; für die andere Seite, weil die Deutung des Umbruchs zur Moderne als Abfall von der christlichen Tradi-

---

[53] Was hier für die katholische Teiltradition des Christentums aufgewiesen wurde, bedürfte der Ergänzung durch Studien zur Milieubildung im Protestantismus. Vorliegende Einzelforschungen lassen die Fruchtbarkeit eines solchen gesellschaftstheoretischen Ansatzes auch für Analysen im Bereich des Protestantismus erkennen (*Hölscher* 1990; *Lepsius* 1966; *Kühr* 1985).

tion die Ablehnung und Formen der Resistenz und des Widerstands gegen die Neuerungen zu legitimieren vermochte. Hier liegen die kulturellen Wurzeln des bis in die Gegenwart hinein so wirkmächtigen Deutungsmusters der „Säkularisierung". Im Horizont der Säkularisierungsthese fiel es allen beteiligten schwer, den Umbruch zur Moderne als einen vielgestaltigen, konfessionell, national und regional unterschiedlich gepägten Transformationsprozeß der christlichen Tradition zu begreifen. Damit verdunkelte sich aber der Blick – auch der soziologische – für wesentliche Teile der gesellschaftlichen Realität. Erst heute gewinnt die Einsicht an Boden, daß die Rolle der Religion, eingeschlossen ihrer kirchlich-christlichen Verfaßtheit, als ein „blinder Fleck" in unserem Bild des Modernisierungsprozesses im 19. und 20. Jahrhundert zu gelten hat.

Was kommt in den Blick, wenn man die Säkularisierungsthese einklammert und den Entwicklungslinien der christlichen Tradition möglichst unvoreingenommen folgt? Für die katholische Teiltradition des Christentums läßt sich mit Blick auf die deutsche Situation das Bild etwa so zusammenfassen: Weite Teile der katholischen Bevölkerung verarbeiten die Erfahrungen der Auflösung der alten Ordnung, der Freisetzung von herkömmlichen Sicherheiten und des Eingreifens modernisierender Mächte in ihre Lebenswelt auf der religiösen Dimension. Auf dieser Grundlage und entlang der konfessionellen Konfliktlinie setzt ein Milieubildungsprozeß ein, der vielfältige, die Klassengrenzen überschreitende soziale Gruppierungen und lokale und regionale Teilmilieus zu einer labilen Einheit zusammenschweißt. Das „Wir-Gefühl" beruht auf Elementen einer geteilten, zur Moderne Distanz signalisierenden „Welt-Anschauung", findet Bestätigung in einem Geflecht von eigenen Institutionen zur Pflege der Zusammengehörigkeit und zur Vertretung der eigenen Interessen in der Gesellschaft und kommt in einer Transzendenz und Immanenz eng verbindenden Ritualisierung der alltäglichen und außeralltäglichen Lebensvollzüge zum Ausdruck. Die Milieubildung unter den Bedingungen der konfessionell gespaltenen deutschen Gesellschaft, verbunden mit einer von nationaler Diskriminierung bedrohten, gleichwohl starken und in einzelnen katholischen Regionen sogar dominanten Minderheitenposition der Katholiken, ist gleichzeitig Teil einer Transformation der katholischen Teiltradition des Christentums insgesamt. Die Milieubildung findet ihre Entsprechung und ihre Stütze in einer Kirche, die aus den Trümmern ihrer feudalen Strukturen heraus eine eigenständige, zentralistisch-hierarchische Organisationsstruktur aufbaut und ihr eine sakrale Weihe als Plausibilitätsstruktur für die bedrohte religiöse Sinnwelt verleiht. Ein auf Disziplin und Gehorsam eingestellter, mit einem geschlossenen katholischen Weltbild ausgestatteter, sakral überhöhter Klerus bildet das Bindeglied zwischen Kirchenstruktur und Milieukatholizismus. Die Transformation des feudalen Katholizismus durch seine Akteure in der Hierarchie wie in der katholischen Volksbewegung treibt gleichzeitig die Verkirchlichung des Christentums voran und damit auch die Ausdifferenzierung eines relativ eigenständigen religiösen Funktionssystems unabhängig von staatlicher Omnipotenz. Der modernisierende Effekt des strukturellen Pluralismus, zu dem das kirchlich-katholische Christentum, sicherlich ungewollt, beiträgt, bleibt verborgen, solange das katholische Milieu mit seiner segmentierenden Wirkung für die Sozialstruktur seine Wirkmächtigkeit behält. Der Modernisierungseffekt verlagert sich nach innen, in die Strukturen der katholischen Eigenwelt selbst hinein. Hier lernen die Katholiken in ihren Vereinen Demokratie, beginnen sie eigenständig zu handeln und zu denken, sich mit der Moderne zu arrangieren und den klerikalen Integralismus zu lockern und zu überwinden. In der Transformation und Überwindung des milieuspezifischen Katholizismus von innen heraus bereitet sich gleichzeitig ein neuer gesellschaftsweiter Modernisierungsschub vor. Der Katholizismus als Sozialform der Christentumsgeschichte, wie er sich seit der zweiten Hälfte des 19. Jahrhunderts herausbildet, ist Teil einer bürgerlich-modernen Industriegesellschaft, die aus einer komplexen Mischung von traditionalen und modernen Bewußtseinsformen und Strukturelementen besteht. In den traditionalen und durch die Herausforderung des Modernisierungsprozesses traditionalisierten und fundamentalisierten Deutungsmustern und Lebensformen findet der Katholizismus seine Basis. Es setzt aber gleichzeitig im eingehegten Rahmen der katholischen Eigenwelt ein interner Transformationsprozeß der traditionalen Fundamente ein. Über den Umweg der „negativen Integration" in die sich modernisierende deutsche Gesellschaft bereitet sich der Weg der Katholiken in die Moderne vor. Dies gelingt allerdings erst nach einem Desaster der deutschen Gesellschaft, die sich insgesamt – nicht ohne Beteiligung ihrer segmentierten Milieustrukturen – auf dem Weg in die Moderne in eine pathologische Regression verrennt. Nach einem kurzen, gedrängten Zwischenspiel restaurativer Wiederaufnahme des verlorenen Fadens kommt der Auflösungsprozeß endgültig an sein Ende und darin auch eine bügerlich-moderne Industriegesellschaft, die zur einen Hälfte alle Charakteristika von Modernität erkennen läßt, zur anderen Hälfte aber auch in ihrer traditionalen Herkunft verankert blieb.

119

Teil III
Christentum im Umbruch zur
„Post"-Moderne

6. Der Umbruch zur entfalteten Moderne:
Der Modernisierungsschub in der Gesellschaft der Bundesrepublik

6.1 Auf dem Weg in eine „andere" Moderne:
Zur Problemstellung

In den entwickelten Gesellschaften des Westens nimmt die Moderne seit den sechziger Jahren eine neue Gestalt an. Der im 19. Jahrhundert grundgelegte und bis in die Mitte des 20. Jahrhunderts strukturprägende Typus von Modernität löst sich auf[1]. Wie wir gesehen haben, war der bürgerlich-industriegesellschaftliche Modernisierungstypus durch ein komplexes, relativ gleichgewichtiges Zusammenspiel traditionaler und moderner Produktions- und Lebensformen gekennzeichnet. Während einerseits alle zentralen Funktionsbereiche wie Wirtschaft, Politik, Wissenschaft, Familie und Religion sich ausdifferenzierten, bot diese Gesellschafsformation gleichzeitig Raum für große, segmentäre Differenzierungen in weltanschaulich geprägte Großgruppen. Tendenziell bildete sich in ihnen die Gesellschaft mehrfach ab, und es konnten so Formen kulturell-weltanschaulicher Integration überleben und sich neu herausbilden, die in einem spürbaren Kontrast zu dem durchgesetzten Niveau funktionaler gesellschaftlicher Differenzierung standen. In diese Vergesellschaftungsform „eingeschränkter Modernität" war das Christentum eingebunden. Sie bot ihm trotz der Zerstörung seiner traditionalen, feudalgesellschaftlichen Grundlagen Überlebens-

---

[1] Die folgenden Überlegungen finden Unterstützung in den vieldiskutierten Thesen von *Ulrich Beck* (1986; 1988; 1991). Sie lassen sich aber in unterschiedlichen Versionen in der neueren soziologischen und gesellschaftstheoretischen Debatte um die Moderne zumindest in der Problemstellung überall wiederfinden. Exemplarisch kann hierfür der von *Johannes Berger* (1986) herausgegebene Sammelband gelten. Die religions- und christentumssoziologischen Aspekte der Thematik sind erstmals durchgearbeitet in *Kaufmann* 1989.

möglichkeiten in der modernen Gesellschaft. Wie sich am Beispiel der Sozialform des neuzeitlichen Katholizismus zeigen ließ, war auch diese durch einen prekären Gegensatz traditionaler und traditionalisierender Beharrung und innerer Modernisierung gekennzeichnet.

Nach einer retardierenden Phase in den fünfziger Jahren – so unsere These – kommt es seit den sechziger Jahren zu einem tiefgreifenden Umbruch der bürgerlich-modernen Industriegesellschaft. Ein altes Muster der Modernität löst sich auf, und ein neues kündigt sich an. Für die Analyse des Umbruchs eignet sich ein christentumssoziologischer Zugang in besonderer Weise, weil die christliche Tradition an hervorragender Stelle in die gesellschaftlichen Transformationsprozesse involviert ist. Es kommt zu einer Krise des kirchlich verfaßten Christentums als Teil der sich auflösenden bürgerlich-modernen Industriegesellschaft.

Unsere Argumentation beginnt mit drei zentralen Auflösungsprozessen der „eingeschränkten Modernität" der bürgerlichen Industriegesellschaft am Beispiel der Bundesrepublik. Zunächst wird der Eroberung des traditionellen, bäuerlich-handwerklichen Sektors mit seinen charakteristischen Produktions- und Lebensformen durch die Industrie nachgegangen. Der zweite Abschnitt ist dem wohl spektakulärsten Prozeß im Umbau der klassischen Industriegesellschaft, der Auflösung der Großgruppenmilieus, gewidmet. Im dritten Abschnitt geht es um Auflösungsprozesse innerhalb der um Familie und Arbeit herum gebildeten industriegesellschaftlichen Normalbiographie von Frauen und Männern. Die weitere Argumentation ordnet die neuen gesellschaftlichen Phänomene unter dem Stichwort von „Modernisierungsschüben" ein, die alle auf einen aus bisherigen Schranken gelösten Pluralismus struktureller, kultureller und individueller Art hinauslaufen. Die neue Gesellschaftsformation thematisiert sich und ihre Modernität auf eine veränderte, nämlich ambivalente und reflexive Weise: Mit dem Zerfall der traditionalen Hälfte der bürgerlich-modernen Industriegesellschaft trifft der Modernisierungsprozeß immer seltener auf seinen klassischen Widerpart, die Tradition, sondern immer stärker auf sich selbst. Bisher tragende Frontlinien brechen damit zusammen und neue tun sich auf. In dieser Dimension beginnt sich die radikalisierte, entfaltete Moderne als Postmoderne zu begreifen und zu thematisieren. Um diesen Aspekt geht es im letzten Abschnitt dieses Kapitels.

6.2 Die Auflösung des traditionalen Sektors der klassischen Industriegesellschaft

In einem tiefgreifenden Prozeß des Wandels löst sich im Nachkriegsdeutschland – so wird zu belegen sein – die traditionale Seite der klassischen Industriegesellschaft auf[2]. Insofern ist es berechtigt, von der sich seit den sechziger Jahren durchsetzenden neuen Gesellschaftsformation von einer „enttraditionalisierten Gesellschaft" zu sprechen.

Beginnen wir beim sozial-ökonomischen Dualismus von traditional geprägtem bäuerlich-handwerklichem Sektor und dem modern strukturierten industriellen Sektor, ohne damit einen Vorrang ökonomischer Faktoren im Wandel behaupten zu wollen. Was wir zu konstatieren haben, ist kurz zusammengefaßt Folgendes: Seit Mitte der fünfziger Jahre kommt es in der Bundesrepublik zu einer unerwarteten, historisch ganz einmaligen Prosperitätsphase von etwa zwanzig Jahren. Sie wird möglich in der Hauptsache durch zwei Faktoren: zum einen durch die Durchsetzung und den Ausbau einer wohlfahrtsstaatlichen Politik und zum anderen dadurch, daß der bis dahin stabile bäuerlich-handwerkliche Sektor von der modernen Industrie aufgesogen wird (*Lutz* 1984:186 ff.). Es handelt sich um so etwas wie eine innere Landnahme großen Stils. Hatten bis dahin selbst die in der Industrie Arbeitenden ihren täglichen Bedarf hauptsächlich aus der Produktion des bäuerlich-handwerklichen Sektors gedeckt, so erobert nun die Industrie beinahe vollständig den Konsumbedarf der Bevölkerung und dynamisiert ihn nach dem Leitbild der amerikanischen Mittelklasse. Zum Symbol des Durchbruchs zur „Konsumgesellschaft" wird das Automobil. Die Auflösung des bäuerlich-handwerklichen Sektors ist abzulesen an der mehrere Millionen Beschäftigte zählenden Umschichtung aus der Landwirtschaft und dem Kleinhandwerk in die Industrie, an der Industrialisierung der Landwirtschaft selbst, am Verdrängen des traditionellen, kleinräumigen Lebensmittelhandels durch Ladenketten, am weitgehenden Verschwinden ganzer kleinhandwerklicher Erwerbszweige wie etwa Schneider und Schuster. In die Dynamik des Arbeitsmarkts wird die gesamte Bevölkerung integriert. Wenn man bedenkt, daß etwa 7 Millionen, das entspricht einem Drittel der Anfang der siebziger Jahre in der Industrie insgesamt Beschäftigten, ursprünglich aus dem bäuerlich-handwerklichen Sektor kam, wird das

---

[2] Hier werden Formulierungen aus *Gabriel* 1991 aufgenommen. Sie stützen sich auf Analysen und Thesen, die *Burkart Lutz* sehr eindringlich vorgetragen hat (1984; 1986).

Ausmaß dieses Wandels deutlich. In unserem Zusammenhang ist folgende Konsequenz des ökonomischen Umbruchs und des Endes des Wirtschaftsdualismus eines bäuerlich-handwerklichen und eines industriellen Sektors von besonderer Bedeutung: Mit der Auflösung des bäuerlich-handwerklichen Sektors verschwindet unwiederbringlich der soziale Raum einer traditional geprägten Lebensweise. Damit verliert die für die klassische Industriegesellschaft konstitutive Mischung von Tradition und Modernität eine ihrer zentralen Grundlagen.

6.3 Das Abschmelzen der Milieus

Wie wir gesehen haben, waren es vornehmlich zwei Großgruppenmilieus – das der sozialistischen Arbeiterschaft und das der Katholiken –, die sich in der zweiten Hälfte des 19. Jahrhunderts ausgebildet und die eine hohe Geschlossenheit nach außen und eine prägende Kraft nach innen entwickelt hatten. Dabei verhalf gerade die eher negative Integration in die Gesellschaft des Kaiserreichs beiden Gruppen, ihren Milieus alltagsprägende Wirksamkeit zu verleihen und sie mit scharfen Grenzen nach außen zu versehen. Nachdem beide Milieus etwa um die Jahrhundertwende den Höhepunkt ihrer Prägekraft erlebten, blieben sie mit unterschiedlich nachlassenden Wirksamkeitsgraden in ihrer strukturbildenden Kraft bis in die Nachkriegsepoche erhalten. Wie wir am Beispiel des katholischen Milieus verfolgt haben, erlebten sie in der Sondersituation der späten 40er und fünfziger Jahre in der Bundesrepublik sogar eine gewisse Renaissance. Dabei zeigte sich, daß sich in den fünfziger Jahren schon jene Elemente herausbildeten, die den tiefgreifenden Auflösungsprozeß der sechziger und siebziger Jahre in Gang setzten.

Wenn wir zunächst nach dem gesellschaftlichen Bedingungsgefüge fragen, das das sozialistische Arbeitermilieu zum Abschmelzen gebracht hat, so kommen folgende Phänomene in den Blick[3]. Die

---

[3] Die Diskussion um das Ende der Arbeitermilieus und seiner Folgen für die Arbeiterbewegung und ihre Organisationen wird seit längerem geführt. Die Literatur dazu mit unterschiedlichen Positionen und Akzenten ist kaum mehr überblickbar. Exemplarisch dazu: *Gorz* 1980; *Herkommer* 1983; *Ebbighausen/Tiemann* 1984; *Beck* 1983; 1986; *Mooser* 1983; 1984; 1988; *Brock* 1988; *Tenfelde* 1991. Zur Parallelisierung der Milieuauflösungen in der sozialistischen Arbeiterschaft und im Katholizismus siehe *Gabriel* 1990 b. Der Abschnitt greift teilweise auf Formulierungen dieses Beitrags zurück.

Arbeiterschaft erreicht in den sechziger Jahren ein materielles Lebensniveau, von dem die bisherigen Arbeitergenerationen kaum zu träumen gewagt hätten. Dies geschieht, obwohl sich am Lohnarbeiterstatus der Arbeiter nichts Grundlegendes verändert, obwohl sie nach wie vor Rückstände in der Einkommensverteilung zu verzeichnen haben, obwohl ihre Arbeit überdurchschnittlich fremdbestimmt und häufig auch körperlich belastend bleibt und obwohl sie ein deutlich höheres Risiko der Verarmung durch Arbeitslosigkeit tragen. Die Produktivitätssteigerung, der kollektiv erkämpfte größere Anteil am gesellschaftlichen Reichtum, die erweiterte Sphäre der Nicht-Arbeit auch für die Arbeiterschaft ermöglicht ihr aber eine bislang nicht gekannte Entfaltung der individuellen Lebensweise (*Herkommer* 1983). Durch das veränderte Niveau der materiellen Versorgung erhalten größere Teile der Arbeiterschaft zum ersten Mal in der Geschichte einen Spielraum individueller Lebens- und Entfaltungsmöglichkeiten.

Die Arbeitermilieus – so die These von Ulrich Beck – verzeichnen einen Individualisierungsschub, der im Generationenwechsel zu einem gewissen Tradierungsbruch führt. Er erhält seine Durchschlagskraft in der Hauptsache durch vom Arbeitsmarkt ausgehende individualisierende Effekte. Die Ausweitung der formalen Bildungsprozesse auch unter den Arbeiterkindern seit Mitte der sechziger Jahre löst sie stärker aus den Herkunftsmilieus, bewirkt Vereinzelungstendenzen und zwingt zu einem Minimum an Selbstfindungs- und Selbstreflexionsprozessen. Individualisierende Wirkung haben auch die durch Bildung und Arbeitsmarkt in Gang gebrachten Prozesse der Berufs-, Orts-, Betriebs-, Arbeitsplatz-, Auf- wie Abstiegsmobilität. Die Erfahrung des anderen als Konkurrenten setzt immer früher in der Lebensgeschichte ein, bestimmt die Bildungsprozesse nachhaltig und kulminiert dann in der Konkurrenz auf dem Arbeitsmarkt (*Beck* 1983; 1986).

In der historischen Perspektive hat besonders Josef Mooser auf die 60iger Jahre als Phase des Abschieds von der „Proletarität" in den Dimensionen eines Tradierungsbruchs hingewiesen. „In dieses Jahrzehnt fiel der größte Schub einer historisch beispiellosen Anhebung des Lebensstandards und der Angleichung der Lebenshaltungsformen sowie eine verstärkte Mobilität, während eine Arbeitergeneration in den Vordergrund trat, die nicht mehr durch die alten sozialistischen und katholischen Arbeiterkulturen und nationalistischen Spannungen sozialisiert war, sondern durch die kontinuitätszerstörenden Prozesse des relativen Wohlstands, der Mobilität und der Massenkultur, durch welche die Arbeiter aus den typischen kollektiven Bindungen an eine schichtenspezifische Lebensweise und an politisch-soziale Gesinnungsgemeinschaften gelöst wurden" (*Mooser* 1983:306).

Die Parallelen zum Auflösungsprozeß des katholischen Milieus insgesamt liegen auf der Hand (*Gabriel* 1990b). Außer spezifischen Faktoren – wie dem Ende des Minderheitenstatus der Katholiken im Rahmen der Bundesrepublik und der weitreichenden Veränderung der konfessionellen Landkarte durch die Wanderungsbewegungen nach dem Krieg – kommen dieselben Phänomene in den Blick. Die Katholiken geraten in das Zentrum gesellschaftlichen Wandels (*Katz* 1980). Die bis dahin so erfolgreiche Strategie der Externalisierung der Wandlungsprozesse gelingt nicht mehr. Die für den Individualisierungsschub verantwortlichen gesellschaftlichen Prozesse erfassen die katholischen Bevölkerungsteile besonders nachhaltig, weil der größte Teil von ihnen diesen bis dahin besonders fern stand. Zusammenfassend sei auf folgende vier Aspekte hingewiesen[4]:

1. Im Kampf gegen das katholische, ländliche Bildungsdefizit werden auch die Kinder der sub-urbanen katholischen Bevölkerungsteile stärker aus ihren Herkunftsmilieus gelöst und dem Zwang einer gewissen Vereinzelung mit Chancen, aber auch der Nötigung zu Selbstfindungs- und Selbstreflexionsprozessen unterworfen.

2. In bisher nicht gekanntem Ausmaß werden vor allem die Katholiken in die durch Bildung und Arbeitsmarkt in Gang gebrachten Prozesse sozialer Mobilität in all ihren Formen einbezogen.

3. Die aus der Konfessionszugehörigkeit stammenden Elemente der Solidarität halten dem durch die Bildungsexpansion und den Arbeitsmarkt ausgelösten Konkurrenzdruck nicht stand.

4. Die katholischen Bevölkerungsteile werden in die durch die Massenmedien geprägte Massenkultur der Bundesrepublik integriert. Ablesbar ist dies etwa an der überraschenden Annäherung der Kirchenwahrnehmung der Katholiken und der Nicht-Katholiken (*Kaufmann* 1979). Was die Gesellschaft der Bundesrepublik seit den sechziger Jahren von ihrer bisherigen Gesellschaftsgeschichte unterscheidet, sind das Verblassen und die Auszehrung bis dahin prägender Lebensmächte in der Gestalt sozial-moralischer Milieus mit der Kraft der Integration von Großgruppen als gesellschaftsweite, segmentäre Teilgrößen. Sie hatten sich im 19. Jahrhundert als Reaktion auf den Modernisierungsprozeß herausgebildet und den

---

[4] Unter dem Stichwort Auflösung des „Katholizismus als Sozialform" wird die Thematik unten weitergeführt.

spezifischen Modernisierungspfad der deutschen Gesellschaft wesentlich mitkonstituiert. Ihre Auflösung signalisiert das Ende der Industriegesellschaft des 19. Jahrhunderts und den Umbruch zu einem neuen Typus von Modernität. Was sich am Beispiel der Gruppenmilieus zeigen läßt, findet eine Parallele in der Auflösungstendenz auch anderer Ordnungsvorgaben der klassischen Industriegesellschaft seit den sechziger Jahren, nämlich der Familie und der Arbeit und damit des standardisierten industriegesellschaftlichen Lebenslaufs insgesamt.

6.4 Die Enttraditionalisierung von Familie, Arbeit und Lebenslauf

Bis in die sechziger Jahre hinein besaß die moderne Industriegesellschaft in der Bundesrepublik nicht nur einen Sektor traditionaler Produktionsformen und noch relativ intakte Gruppenmilieus, sondern auch gesellschaftlich institutionalisierte Lebensformen, in denen sich traditionale und moderne Elemente auf komplexe Weise mischten. Die Auflösung der ständisch-feudalen Lebensordnungen wurde seit dem 19. Jahrhundert aufgefangen und übergeleitet in ein neuartiges, gesellschaftlich institutionalisiertes und geordnetes Lebenslaufregime. Die Institutionalisierung des Lebenslaufs erfolgte um die beiden Pole von Familie und Arbeit herum.

In einem Prozeß, der mit der „Erfindung" des bürgerlichen Familientypus im späten 18. Jahrhundert begann und erst in den frühen sechziger Jahren unseres Jahrhunderts seinen Höhepunkt erreichte, bildete sich ein Familienmuster heraus, in das schrittweise die gesamte Bevölkerung integriert wurde. Gab es um die Jahrhundertwende noch einen relativ hohen Anteil von Ledigbleibenden, so ging dieser Anteil ständig zurück, bis in den fünfziger und frühen sechziger Jahren die Heirat als Lebensmuster einen nie gekannten Höhepunkt erreichte und beinahe die gesamte Bevölkerung – deutlich über 90 Prozent eines Jahrgangs – in sich einschloß (*Braun/ Pröbsting* 1985; *Kohli* 1986; 1988; *Tyrell* 1988). Trotz seiner Modernität in der Einzigartigkeit der familialen Beziehungen und der Eigenständigkeit intim-familiärer Sinngrundlagen blieb der Typus der industriegesellschaftlichen Normalfamilie in einer Hinsicht eher ständisch geprägt. Er beruhte auf einer scharfen Polarisierung der Geschlechtsrollen, einer geschlechtsspezifischen Zuweisung von Lebensschicksalen und auf einer lebenslangen, exklusiven Bindung der Frau an die Familie (*Beck* 1986:161 ff.; *Beck/Beck-Gernsheim*

1990:38 ff.; 106 ff.). Seit den sechziger Jahren kommt es in allen entwickelten, westlichen Gesellschaften zu tiefen Einbrüchen in dieses
bürgerlich-industrielle Familienmuster. Sie betreffen die innere
Struktur der Verknüpfung von Liebe, Ehe und Familie wie auch den
Grad der Verbindlichkeit und des Einbezugs der Bevölkerung in die
institutionelle Form (*Kaufmann* 1988; 1990; *Beck/Beck-Gernsheim*
1990:24 ff.; *Tyrell* 1985; 1988). In der Bundesrepublik wird seitdem –
statistisch betrachtet – etwa jede dritte Ehe geschieden, wobei seit
1984 auch die Wiederverheiratungsquoten sinken. Nach Schätzun-
gen leben inzwischen in der Bundesrepublik etwa 2,5 bis 3 Millionen Personen in sogenannten nichtehelichen Lebensgemeinschaften. Die Zahl der nichtehelichen Kinder hat sich seit 1967
verdoppelt. Ehe und Familie haben ihre exklusive Monopolstellung
verloren. Wählbare Alternativen, deren Diskriminierung entweder
nachgelassen hat oder gänzlich unwirksam geworden ist, tun sich
auf: Man kann unverheiratet zusammenleben, man kann als „Sin-
gle" statt als stigmatisierte „Jungfer" ledig bleiben, man kann die
Mutterschaft wollen ohne (Ehe-)Mann, und man kann in einer
Wohngemeinschaft die bürgerliche Ehe und Familie quantitativ
überbieten. Dies alles bedeutet kein definitives Ende der Ehe, und
der Familie schon gar nicht. Vielmehr kann man berechtigterweise
von einer Pluralisierung des bürgerlich-industriellen Familienmu-
sters sprechen, von einem gewissen Grad der „De-Institutionalisierung" (*Tyrell* 1988) von Ehe und Familie. Wo es in der klassischen
Industriegesellschaft ein einziges legitimes Familienmuster gab, das
es zu übernehmen galt und in das man relativ alternativlos hineinso-
zialisiert wurde, da tun sich heute Alternativen auf, da gibt es sowohl neue Freiheitsgrade wie auch Entscheidungszwänge. Die
Auflösung der ständisch-traditionalen Seite des „modernen" Fami-
lienmusters – diese steht im Zentrum des Umbruchs – bezieht ihre
Dynamik aus der Entschränkung und der „nachgeholten" Modernisierung der Frauenrolle (*Beck/Beck-Gernsheim* 1990:27 ff.). Von
1960–1980 ziehen die Mädchen im Niveau der allgemeinen Schulbildung mit den Jungen gleich. Im gleichen Zeitraum verdoppelt sich
der Anteil der erwerbstätigen Frauen, insbesondere steigt der Anteil
der erwerbstätigen Mütter mit Kindern unter 18 Jahren. Durch die
hohen Scheidungsziffern können die Frauen über die Ehe immer
weniger eine lebenslange arbeitsmarktunabhängige Versorgung erwarten, und die spürbare Verlängerung des Lebensalters dehnt für
die Familienfrauen die Phase des „leeren Nestes" auf 30 Jahre und
länger aus. Mit Bezug auf den familialen Kontext gilt deshalb seit
dem Umbruch der sechziger Jahre: Aus Normalbiographien sind in

stärkerem Maße Wahlbiographien für Mann und Frau mit einer Vervielfältigung der Entscheidungszumutungen geworden (*Kohli* 1988:42 ff.; *Beck/Beck-Gernsheim* 1990:13).

Neben der Familie beruhte die industriegesellschaftliche Normalbiographie auf einem erwerbsorientierten, standardisierten Normalarbeitsverhältnis (*Kohli* 1986; 1988). Auch die Institutionalisierung der Erwerbsarbeit setzte sich seit dem 19. Jahrhundert in einem historischen Prozeß allmählich siegreich durch und erfaßte schrittweise beinahe die gesamte Bevölkerung. Die (männliche) Erwerbsarbeit teilte den standardisierten Lebenslauf in der bürgerlichen Industriegesellschaft in drei strikt voneinander getrennte Phasen mit einer hohen Vorhersagbarkeit des individuellen Verlaufs. Dem Eintritt in das Erwerbsleben war eine mehr oder weniger lange Phase der Vorbereitung – assoziiert mit dem Jugendstatus – vorgelagert. Der Beginn der Erwerbsphase signalisierte gleichzeitig am deutlichsten den Eintritt in den Erwachsenenstatus. Das institutionell geregelte und erwartbare Ende der Erwerbsphase markierte den Beginn des „verdienten Ruhestands" und leitete in die Altersrolle über. Nur mit Hilfe der von der Arbeiterbewegung immer auch erkämpften staatlichen Sozialpolitik war dieses stets prekäre Normalarbeitsverhältnis durchzusetzen und gegenüber seinen typischen Risiken mangelnder Qualifizierung, Krankheit, Invalidität, Alter und Arbeitslosigkeit abzusichern. Erst die Prosperitätsphase der Nachkriegsentwicklung und die Durchsetzung der wohlfahrtsstaatlichen Vergesellschaftungsform machten im Grunde aus dem industriegesellschaftlichen Versprechen des Normalarbeitsverhältnisses so etwas wie eine gesellschaftliche Realität für beinahe alle.

Im Bereich der Arbeit stellt sich nun der gesellschaftliche Umbruch der sechziger Jahre weniger spektakulär und auch weniger eindeutig dar als im Bereich von Ehe und Familie (*Kohli* 1988:42 f.). Dies ist schon allein daran abzulesen, daß in denselben Zeitraum auch der verstärkte Kampf der Frauen um den gleichberechtigten Zugang zum männlichen, lebenslangen Normalarbeitsverhältnis fällt. Die Ambivalenz der Phänomene kommt auch darin zum Ausdruck, daß die in Ansätzen beobachtbare Entstandardisierung der Erwerbsarbeit auch als Rückfall und Niederlage in der gesellschaftlichen Auseinandersetzung um die Sicherung des Normalarbeitsverhältnisses gedeutet werden kann.

Unstrittig ist, daß sich der zeitliche Anteil des Erwerbslebens in der Normalbiographie verkürzt hat (*Kohli* 1988:43). Der Eintritt ins Erwerbsleben erfolgt später und verliert an institutioneller Regelhaftigkeit. In welchem Lebensabschnitt sich ein „Endzwanziger" befindet, kann heute nicht mehr ohne weiteres prognostiziert werden. Eine schubartige Veränderung in der Einstellung zur Arbeit als „Wert an sich" läßt sich den Forschungsergebnissen der Wertwandlungsforschung entnehmen (*Meulemann* 1985; *Klages* 1985; *Strümpel/Scholz-Ligma* 1988). Die Integration in die Arbeit folgt deutlich individuelleren Mustern als bisher (*Baethge* u. a. 1988). Dazu trägt eine chronische Unterbeschäftigung mit häufigen Unterbrechungen des Arbeitsverhältnisses nicht unwesentlich bei. Auf der anderen Seite stehen erkennbare Bemühungen um die Wiedergewinnung individueller Arbeitszeitsouveränität bis hin zu der Minderheit von „Zeitjongleuren", die sich regelmäßig von Temporärarbeitsfirmen vermitteln lassen (*Brose* 1984). Entsprechende Interessenlagen bei den Arbeitnehmern werden von der Arbeitgeberseite mit Wohlwollen beobachtet und ihrerseits zu Strategien der Flexibilisierung der Arbeit und zur Entstrukturierung des betrieblichen Zeitregimes genutzt.

Auch bei einer vorsichtigen Interpretation der Veränderungen im Bereich von Ehe/Familie und Arbeit wird insgesamt deutlich, daß auch hier der Höhepunkt industriegesellschaftlicher Normalität in den fünfziger und frühen sechziger Jahren umschlägt in eine Phase der Entstrukturierung und De-Institutionalisierung. Der Modernisierungsprozeß erfährt eine neue Weichenstellung und gerät auf ein anderes Gleis. Der Umbruch setzt jeweils an den traditional geprägten Seiten der industriegesellschaftlichen Lebensformen an und kündigt den industriegesellschaftlichen historischen Kompromiß zwischen Traditionalität und Modernität auf. Mit seinen bisherigen Zentren von Familie und Erwerbsarbeit verändert sich das industriegesellschaftliche Lebenslaufregime insgesamt. Zumindest über die Richtung kann es keinen Zweifel geben: Elemente der Vorgegebenheit und Schicksalhaftigkeit treten zurück zugunsten von Chancen und Zwängen individueller Entscheidung und Wahl. In den Auflösungsprozessen der industriegesellschaftlichen Lebensformen werden gleichzeitig die Umrisse einer neuen Gesellschaftsformation sichtbar. Um ihre skizzenhafte Charakterisierung in vier Dimensionen geht es in den nächsten Abschnitten.

6.5 Entgrenzte strukturelle und funktionale Differenzierung

Die Schwächung und Auflösung segmentär-milieuspezifischer und ständisch-schichtmäßiger Teilung der Gesellschaft geht einher mit einem vergleichsweise sprunghaften Anstieg funktionaler Differenzierung der Gesellschaft. Die teilsystemspezifischen Strukturen und Rationalitäten lösen sich aus ihren traditionalen und industriegesellschaftlichen Begrenzungen und erhöhen in allen Bereichen das Potential spezialisierter Leistungserfüllung. Sie rufen gleichzeitig Folgeprobleme der Komplexitätssteigerung, insbesondere der Vervielfältigung der Perspektiven und der Unvereinbarkeit vieler teilsystemspezifischer Anforderungen für den einzelnen hervor, die den Modernisierungsprozeß insgesamt auf einen neues, reflexives Gleis bringen[5].

Am auffälligsten und radikalsten löst sich die Wirtschaft aus den traditionalen und industriegesellschaftlichen Fesseln und entfaltet ihre eigene Systemrationalität. Die Konsum- und Arbeitsmärkte dehnen sich aus und mobilisieren die Gesamtbevölkerung auf wirtschaftlich-materielle Ziele hin. Wirtschaftsinteressen treiben die technische Entwicklung voran und beschleunigen die Umsetzung wissenschaftlicher Forschung in wirtschaftlich nutzbare Güter. Immer neue Märkte über den industriellen Gütersektor hinaus werden erschlossen, und die alten Industrieregionen geraten in Gefahr, der beschleunigten Entwicklung zum Opfer zu fallen und nur als geschützte Industriedenkmäler zu überleben. Betrieblich-interne Rationalisierungen sind mit Hilfe der Wissenschaft ständig bemüht, den Produktionsprozeß schneller, treffsicherer, flexibler und „rücksichtsloser" gegenüber unerwünschten Störungen von außen zu gestalten. Beschleunigung, systemspezifische Leistungssteigerung, „Rücksichtslosigkeit" gegenüber allem Nicht-Wirtschaftlichen und Inklusion aller ökonomisch „Handlungsfähigen" in wirtschaftliche Leistungs- und Konsumentenrollen kennzeichnen das Bild entgrenzter Systemrationalität der Wirtschaft.

Es gehört zu den fast klassischen Einsichten der Modernisierungstheorie, daß ökonomische Modernisierungsschübe nur möglich sind, wenn auch die übrigen Teilsysteme ihr Leistungspotential erhöhen, allen voran die Politik (*Marshall* 1992). Mit ihrer ökonomischen Leistungssteigerung wird die Wirtschaft gewissermaßen poli-

---

[5] Die Systemthorie Luhmanns bringt die hier und im Folgenden entwickelte Perspektive am schärfsten auf den Begriff, allerdings in einer eher affirmativen, die Folgeprobleme und Ambivalenzen der Prozesse minimalisierenden Version (*Luhmann* 1987; 1988). Ähnliche Tendenzen der Affirmation finden sich bei Autoren, die Konzepte der „Postmoderne" vertreten (*Baudrillard* 1983; *Lyotard* 1986; zur Kritik: *Honneth* 1991). Die Ambivalenzen stehen im Zentrum der Analysen *Becks* (1986; 1988), werden aber auch mit Hilfe des systemtheoretischen Instrumentariums in kritischer Absicht von *Offe* (1986; 1991) herausgearbeitet. Die hier vertretene Perspektive verdankt viel den Modernitätsanalysen *Kaufmanns* (1988; 1989).

gitt auch für Kirche

tikunfähiger. Das politische System folgt seinerseits in der Abarbeitung der ihm gestellten Probleme systemeigenen Rationalitätsgesichtspunkten. Sein Leistungspotential wächst durch stärkere interne Differenzierung, durch Spezialisierung und Professionalisierung vieler seiner Leistungsrollen und durch die Verwissenschaftlichung seiner Handlungsvollzüge. Dabei kommt dem Ausbau und der Sicherung der wohlfahrtsstaatlichen Vergesellschaftungsform und ihrer Legitimierung für den Modernisierungsschub der sechziger und siebziger Jahre entscheidende Bedeutung zu (Lutz 1984; Beck 1986). Unübersehbar wächst gleichzeitig die Indifferenz der Politik gegenüber allem Nicht-Politischen. Die politischen Entscheidungs- und Legitimierungsprozesse streifen traditionale und milieuspezifische normative Vorgaben und Bindungen ab und bekommen den Charakter betriebs- und geschäftsmäßig hergestellter Leistungen. In dem Maße, wie die Leistungsfähigkeit der Politik in den Grenzen ihrer eigenen Systemrationalität wächst, sinkt ihre Fähigkeit, als Steuerungszentrum des gesellschaftlichen Ganzen zu fungieren. Wie der Zusammenbruch der staatlich regulierten, sozialistischen „Organisationsgesellschaften" (*Pollack* 1990 a) drastisch belegt, wäre die zentrale, politische Steuerung heute nur noch möglich unter den Bedingungen einer deutlichen Senkung des gesellschaftlichen Differenzierungsniveaus. So stehen hochdifferenzierte Gesellschaften vor der Notwendigkeit, sich ohne ein identifizierbares Steuerungszentrum zu stabilisieren.

Neben Wirtschaft und Politik ist es die Wissenschaft, die eine Entfesselung in eine doppelte Richtung erkennen läßt. Einerseits radikalisiert sie ihre eigene Systemlogik als Wissenschaft mit eigenen Perspektiven, Methoden und Resultaten. Zum anderen wächst ihre Interdependenz insbesondere mit den führenden Systemen von Wirtschaft und Politik. Im Ergebnis steigert sich ihre Fähigkeit, Komplexität zu erzeugen und bisher als unverrückbar eingeschätzte Unverfügbarkeiten in Möglichkeiten zu überführen, in dem Maße, wie auf der anderen Seite ihre Orientierungskraft sinkt. Der wissenschaftliche Fortschritt als eine der zentralen Konsensebenen der klassischen Industriegesellschaft verliert seine ungefragte Legitimität und wird eine ambivalente Größe.

Im privaten Bereich erfahren dagegen gefühlsmäßig aufgeladene Partnerschaft und Liebe eine Aufwertung als jener Funktionsbereich, in dem die „Logik des Systems und die Logik der Person" (*Luhmann* 1972) (noch) nicht auf unterschiedliche Gleise gesetzt erscheinen. Die in ihrer bürgerlich-modernen Form darauf zunächst eingestellten Strukturen von Ehe und Kleinfamilie brechen – so hatten wir oben schon gesehen – in erster Linie an ihrer strukturell erzeugten Überforderung auf (*Kaufmann* 1988) und nehmen eine neue, pluralisierte und flexibilisierte Gestalt an. Sie werden zum primären Exerzierplatz für die Übungen und Kämpfe des Individuums, mit den systemspezifischen Anforderungen an seine Person in irgendeiner Weise fertig zu werden. Lebenslange Festlegungen erweisen sich dafür als eher hinderlich (*Beck/Beck-Gernsheim* 1990).

Die Religion – so viel sei an dieser Stelle schon gesagt – gerät in dieser Situation in die merkwürdige Rolle eines Postulats und Desiderats. Man bräuchte sie an allen Ecken und Enden. Sie wird mit unterschiedlichen Begründungen als notwendiger denn je gefordert und herbeigewünscht (*Bell* 1978; *Koslowski* 1985). Hier deutet sich tatsächlich eine Zäsur im bisherigen Modernisierungsprozeß und seiner Thematisierung an. Dem steht auf der anderen Seite eine Marginalisierung der Systemstrukturen der tatsächlich existierenden Religion gegenüber. Aus der Perspektive der führenden Systeme von Wirtschaft, Politik und Wissenschaft handelt es sich bei der real existierenden Religion um eine weithin vernachlässigbare Randgröße. Am Innenraum partnerschaftlichen und familialen Eigenlebens prallen ihre Deutungen und moralischen Postulate ebenfalls zunehmend ab. Die theologisch betriebene thematische Reinigung und interne Rationalisierungsprozesse der Systemstrukturen des Religionssystems haben zudem die Tendenz, die Marginalisierung eher noch zu verschärfen und zu verfestigen als aufzubrechen. So tut sich eine tiefe Kluft auf zwischen der postulierten Religion auf der einen Seite und der real existierenden, institutionalisierten Religion auf der anderen Seite. Dem sprunghaft gewachsenen strukturellen Pluralimus ausdifferenzierter und spezialisierter Funktionssysteme korrespondiert nun – darum geht es im nächsten Abschnitt – eine Radikalisierung des kulturellen Pluralismus.

6.6 Kulturelle Pluralisierung

Die bürgerlich-moderne Industriegesellschaft in Deutschland war weit davon entfernt, irgendeine Form von Einheitskultur zu besitzen, sie war seit ihren Anfängen durch einen kulturellen Pluralismus geprägt. Dieser Pluralismus besaß aber in der Sozialstruktur verankerte Schranken und war in wesentlichen Aspekten ein Pluralismus relativ in sich geschlossener Gruppenkulturen. Selbst einheitskulturelle Merkmale wie etwa der Fortschrittsglaube und die wohlfahrtsstaatliche Programmatik existierten zumindest in unterschiedlich

133

akzentuierten und finalisierten gruppenkulturellen Versionen (*Kaufmann* 1989:97 ff.).

Mit der Auflösung der Großgruppenmilieus und der traditionalen Produktions- und Lebensformen verändert der industriegesellschaftliche kulturelle Pluralismus seit dem Umbruch der sechziger Jahre seinen Charakter grundlegend und nimmt eine neue Gestalt an. Das Aufbrechen der Gruppenmilieus bewirkt zunächst einen Schub in die Richtung einer stärkeren Homogenisierung der Kultur. An der bis in die Gegenwart fortschreitenden Einebnung der klassen- und konfessionsspezifischen Gruppenkulturen haben die Massenmedien, insbesondere das Fernsehen, zentralen Anteil. Sie sind es auch, die an vorderster Stelle einen gruppenübergreifenden, homogenisierten Horizont kultureller Kristallisierungen schaffen und aufrechterhalten. Der homogenisierte Hintergrund wiederum bietet die Grundlage für neue kulturelle Differenzierungen und damit einen neuen, radikaleren kulturellen Pluralismus. Der Umbruch reicht bis in das typische Integrationsmuster des einzelnen in die Kultur hinein. Als Massenkultur werden weite Teile der kulturellen Tradition dem einzelnen unmittelbar zugänglich (*Luckmann* 1988:38 f.). Der Schwerpunkt der kulturellen Integration verschiebt sich von der Ebene sozialstrukturell verankerter Großgruppen in die Richtung der individuellen Auswahl aus dem kulturellen Angebot. Es entsteht eine stärkere Unmittelbarkeit von Individuum und Kultur. Eine Vervielfältigung der kulturellen Ausdrucksformen und ihre stärkere Lösung von sozial-strukturellen Determinanten ist die Folge. So wird ein radikalisierter kultureller Pluralismus zum untrüglichsten Anzeichen des Epochenbruchs hin zur neuen „postmodernen Modernität"[6]. Die Pluralisierung der Kultur erweist sich dabei zunehmend als ein mehrdeutiges, ambivalentes Phänomen. Auf der eine Seite stehen Erfahrungen der Befreiung aus schicksalhaft vorgegebenen kulturellen Zwängen, neue Möglichkeiten legitimer, individueller Lebensgestaltung und Chancen einer reflexiven Verfügbarkeit kultureller Traditionen. Dem stehen Verluste an identitätssichernden Orientierungen und Bindungen gegenüber, die aus der individuellen Freiheit eine überfordernde „Modernisierungsfalle" (*Wahl* 1989) zu machen drohen. An die Stelle traditionaler oder arbeitsorientierter, industriegesellschaftlicher Kultur- und Identitätsmuster tritt dann sehr leicht die Übernahme industriekulturell vorfabrizierter Muster der Lebensführung (*Honneth* 1991:172)

---

[6] „Postmoderne" so *Wolfgang Welsch* an zentraler Stelle „wird hier als Verfassung radikaler Pluralität verstanden, ..." (1987:4).

oder sogar die Flucht in die Zwänge fundamentalistischer Gewißheiten. Die Entgrenzung struktureller und funktionaler Differenzierung und die Pluralisierung der Kultur implizieren ein drittes
Merkmal radikalisierter, entfalteter Modernität: die Individualisierung.

6.7 Individualisierung

Alle bisher genannten Komponenten radikalisierter gesellschaftlicher Modernität lassen sich unter dem Aspekt der Individualisierung noch einmal zusammenfassen. Individualisierungsprozesse
begleiten die Gesellschaftsentwicklung, seit sie die Richtung der
Lockerung und Auflösung von Sippenverbänden, Lokalgruppen
und ständischen Lebenszusammenhängen angenommen hat. Funktionale Differenzierung der Gesellschaft – dies ist seit Simmels Analysen im Prinzip bekannt – findet ihre Entsprechung in einer auf das
Individuum zentrierten Form der Vergesellschaftung (*Simmel*
1968:305 ff.). Unter den neueren Klassikern ist es besonders Norbert
Elias, der betont, daß die großräumige Zentralisierung und Differenzierung des gesellschaftlichen Lebens individuelle Entscheidungsmöglichkeiten und Zwänge hervorbringt, die Erfahrungsräume und Lebenswege vervielfacht und über soziale Prozesse die
Verschiedenheit und Einzigartigkeit der Menschen steigert (*Elias*
1988:166 ff.). Zur Analyse des Umbruchs der Industriegesellschaft
hat als erster *Ulrich Beck* auf die Kategorie der Individualisierung
zurückgegriffen (1983; 1986). Daran haben sich eine lebhafte Diskussion und ein Ausgreifen des Konzepts auf so unterschiedliche
Bereiche wie die Schichtungs-, Familien-, Frauen- und Jugendforschung angeschlossen[7]. Unstritig in der Diskussion ist die These
Becks geblieben, daß in der Bundesrepublik seit den sechziger Jahren ein neuerlicher Individualisierungsschub im Sinne einer Freisetzung aus traditionalen, aber auch klassen- und milieuspezifischen

---

[7] Die breite Rezeption und Diskussion des Individualisierungsbegriffs verweist auf
seine Fruchtbarkeit als „problemanzeigender Begriff". Trotz der „boomartigen" Verwendung des Begriffs in unterschiedlichen Forschungsbereichen fehlt es ihm aber
nach wie vor an analytischer Klarheit. Kritisch in diesem Sinne zu Becks Verwendung:
Joas 1988. Zur Verwendung des Begriffs siehe im Bereich der Jugendforschung: *Baethge* 1985; *Heitmeyer/Olk* 1989; im Bereich der Forschung zur sozialen Ungleichheit:
Kreckel 1983; *Berger/Hradil* 1990; in der Biographieforschung: *Kohli* 1986; 1988; im
Bereich Partnerschaft, Ehe, Familie: *Beck-Gernsheim* 1983; 1986; in der Frauenfor-
schung: *Gerhardt/Schütze* 1988; *Herlyn/Vogel* 1989.

Gruppenbindungen stattgefunden hat (*Beck* 1986:205 ff.). In dieser Dimension macht die Individualisierung die Rückseite jener Prozesse aus, die wir hier analysiert haben: Auflösung der traditionalen Produktions- und Lebensformen, Abschmelzung der Großgruppenmilieus und Lockerung des industriegesellschaftlichen Lebenslaufregimes um Familie und Arbeit. Vom Arbeitsmarkt angetriebene Mobilität, ausgedehntere Bildungsprozesse, eine historisch einmalige Anhebung des materiellen Lebensniveaus auch der Arbeiterschaft und relative soziale Sicherheit im fortgeschrittenen Wohlfahrtsstaat sind die Motoren des Umbruchs. Offensichtlich überlagern sich dabei zwei unterschiedliche Typen von Individualisierungsprozessen in ein und demselben Geschehen. Zum einen handelt es sich gewissermaßen um nachgeholte Freisetzungsprozesse: Die Frauen holen den Freisetzungsvorsprung der Männer nach, ländliche Regionen den der städtischen Industriezentren, Katholiken den der Mehrheit der Protestanten, Arbeiter den des Bildungs- und Besitzbürgertums[8]. Davon zu unterscheiden sind Freisetzungsprozesse, die gerade jene vollziehen, die bereits seit langem ein hohes Individualisierungsniveau aufweisen und dieses noch einmal radikalisieren wie etwa Intellektuelle und Künstler und die neuen „Arbeitszeitjongleure".

Konsens besteht wohl auch darin, daß mit der Freisetzung aus traditionalen und industriegesellschaftlichen Vergemeinschaftungsformen der Verlust traditionaler Sicherheiten einhergeht, der Individualisierungsprozeß neben einer Freisetzungsdimension auch eine „Entzauberungsdimension" (*Herlyn/Vogel* 1989:164) aufweist. Mit der Lockerung und Auflösung kollektiver Bindungen werden auch die von ihnen getragenen Deutungsmuster brüchig. Tiefgreifende Verunsicherungen der eigenen Lebensdeutung und der Orientierung in der Welt sind die Folge. Sie werfen den einzelnen stärker auf sich und seine Biographie zurück als Raum der Suche nach neuen Haltepunkten. Die Auflösung schicksalhafter Selbstverständlichkeit der Weltorientierung zwingen den einzelnen zu einem Mindestmaß an Reflexion der eigenen Welt- und Lebensdeutung. Die Tatsache, aus verschiedenen Möglichkeiten der Lebensorientierung auszuwählen, ja auswählen zu müssen, läßt sich dem Bewußtsein nicht mehr gänzlich entziehen.

Der Konsens und die Eindeutigkeit der soziologischen Zeitdiag-

---

[8] Diese wichtige Unterscheidung von Individualisierungsprozessen gewissermaßen der ersten und zweiten Stufe wird in der Diskussion bisher nicht beachtet und explizit gemacht.

nose hinsichtlich des Phänomens der Individualisierung endet bei der Frage, welchen Stellenwert der Dimension der Person bzw. der Subjekthaftigkeit des Menschen im Umbauprozeß des Verhältnisses von Individuum und Gesellschaft zukommt. Martin Kohli als einer der führenden Vertreter der neueren Biographieforschung verbindet mit dem Individualisierungskonzept auch jenen neuzeitlichen kulturellen Normenkomplex, der im Verhältnis zum Staat als Menschenrechte, im Verhältnis zur Religion als Selbstverantwortung, im Verhältnis zur Bindung an vorgegebene Lebensformen als Handlungsfreiheit und im Bezug auf die psychischen Struktureigenschaften als Fähigkeit zur Selbststeuerung artikuliert wird (*Kohli* 1988:35). Diesen Normenkomplex sieht Kohli bei der für den modernen Gesellschaftsprozeß charakteristischen Institutionalisierung von Individualität an zentraler Stelle mit im Spiel. Auf die Institutionalisierung des Lebenslaufs bezogen, macht er ihn vornehmlich an dem kulturellen Code personaler Entwicklung und Emergenz fest (*Kohli* 1988:37). Diese „Allgemeinheitsindividualität" wird für Kohli nun in dem neuerlichen Individualisierungsschub seit den sechziger Jahren nicht etwa aufgehoben, sondern in gewisser Weise radikalisiert. „Die soziale Durchsetzung der Individualität" – so Kohli – „schafft die Möglichkeit für ihre Radikalisierung" (*Kohli* 1988:42). Mit der beobachtbaren De-Institutionalisierung des Lebenslaufs verfällt nämlich für Kohli nicht der kulturelle Code personaler Entwicklung, sondern wird gewissermaßen zur Auffanglinie der Auflösungsprozesse des sozial standardisierten Lebenslaufs. Herausgeforderte und für Kohli letztlich auch stabilisierbare biographische (Dauer-)Reflexivität sind die Folge. Wie sich der Individualisierungsprozeß insgesamt auf unterschiedlichen Pfaden, mit Brüchen sowie mit angebbaren Vorreitern und Nachzüglern vollzogen hat, so läßt sich für Kohli auch das neue Individualitätsmuster biographischer Dauerreflexion intellektueller und künstlerischer Eliten als Massenphänomen nur latent konstatieren. Die weite Verbreitung autobiographischer Literatur ist ihm ein Indiz dafür.

In Differenz zur Position Kohlis betont Beck die ambivalenten, ja emanzipationsgefährdenden Aspekte des Individualisierungsschubs in der Gesellschaft der Bundesrepublik. Für ihn besteht die dritte Dimension des Individualisierungsprozesses in der „Kontroll- bzw. Reintegrationsdimension" (*Herlyn/Vogel* 1989:164). Als „Arbeitsmarkt-Individualisierung" sind die Freisetzungs- und Entzauberungsprozesse für Beck untrennbar verbunden mit neuen institutionellen Zwängen und Abhängigkeiten. „Die freigesetzten Individuen werden" – so Beck – „arbeitsmarktabhängig und deshalb bildungsabhängig, konsumabhängig, abhängig von sozialrechtlichen Regelungen und Versorgungen, von Verkehrsplanungen, Konsumangeboten, Möglichkeiten und Moden in der medizinischen, psychologischen und pädagogischen Beratung und Betreuung. Dies alles verweist auf die institutionsabhängige Kontrollstruktur von Individuallagen. Individualisierung wird zur fortgeschrittensten Form markt-, rechts-, bildungs- usw. abhängiger Vergesellschaftung" (*Beck* 1986:210). Andererseits erkennt auch Beck im Individualisierungsprozeß und seiner gegenwärtigen Weitläufigkeit und massenhaften Verbreitung riskante Chancen auf Freiheit und Selbstverantwortung. Auch für Beck und Beck-Gernsheim wird die Biographie aus „fremden Kontrollen und überregionalen Sittengesetzen herausgelöst, offen, entscheidungsabhängig und als Aufgabe in das Handeln jedes Einzelnen gelegt. Die Anteile der prinzipiell entscheidungsverschlossenen Lebensmöglichkeiten nehmen ab, und die Anteile der entscheidungsoffenen, selbst herzustellenden Biographie nehmen zu" (*Beck/Beck-Gernsheim* 1990:12f.). Auch sie konstatieren also schließlich ebenfalls – wenn auch wenig konsistent begründet – erhöhte Chancen der Subjekthaftigkeit im Individualisierungsprozeß.

Das Konzept der Individualisierung – so läßt sich zusammenfassen – versucht, die gegenwärtige gesellschaftliche Realität mehrdimensional auf den Begriff zu bringen. Individualisierung bedeutet zunächst, daß im Modernisierungsprozeß ein Vergesellschaftungsmodus durch einen anderen ersetzt wird, der statt bei kollektiven Größen beim Individuum ansetzt. „Die Sozialstruktur löst sich nicht auf, sondern verändert sich: indem sie das Individuum als neue soziale Einheit konstituiert und auf sie zurückgreift" (*Kohli* 1988:35f.). Mit Blick auf den Individualisierungsschub in der Gesellschaft der Bundesrepublik läßt sich feststellen, daß er in historisch einmaliger Weise bisher wenig individualisierte Bevölkerungsgruppen aus ihren Herkunftsbezügen freisetzt, ihre tradierten Deutungsmuster fraglich macht bzw. unter Reflexionsdruck setzt und sie in neue, an ihren Individuallagen ansetzende institutionelle Abhängigkeiten bringt. Gleichzeitig löst sich die Entfaltungsdynamik des kulturellen Codes personaler Entwicklung aus der institutionellen Struktur des Lebenslaufs, und an ihre Stelle treten die selbstkonstituierte Biographie und die permanente, durch Überforderung stets gefährdete Arbeit an ihr.

6.8 Reflexive Modernisierung

Die Zäsur zur klassischen Moderne markiert am deutlichsten die eigentümliche Reflexivität, in die der Modernisierungsprozeß auf allen Ebenen seit dem Epochenbruch der sechziger und siebziger Jahre geraten ist[9]. Hatte der Modernisierungsprozeß bis dahin Stück für Stück die traditionale Kultur ihrer Selbstverständlichkeiten beraubt und die Beherrschung der Natur – als heroischer Kampf für das Wohl der Menschheit stilisiert – Zentimeter um Zentimeter vorangetrieben, so verkehren sich plötzlich die bisherigen Frontlinien. Jetzt werden gerade in dem Augenblick, in dem man den Ballast der Vergangenheit endgültig überwunden glaubte, die eigenen, industriegesellschaftlichen Selbstverständlichkeiten fraglich. Der szientistisch legitimierte Fortschrittsglaube als Basiskonsens der klassischen Industriegesellschaft verliert seine selbstverständliche Gültigkeit. Bis in die Transformation des begrifflichen Verständnisses von Modernität hinein reicht die Ernüchterung und Trivialisierung: vom Fortschrittsmythos bleibt nur noch der Mythos unausweichlichen, permanenten und schnellen Wandels und seine Legitimation (*Kaufmann* 1989:37 ff.). Über das Wozu und Wohin des Wandels scheinen nur noch im Negativen brüchige Übereinkünfte möglich: Die Zukunft steckt voller Risiken und Gefährdungen, die es schon heute mit vereinten Kräften zu verhindern gilt (*Lau* 1988:226 ff.). Die ausdifferenzierten Basisinstitutionen von Wirtschaft, Politik und Wissenschaft treiben ihre Eigenlogik und Selbstperfektionierung weiter, und gerade darin erwächst der Zwang zur Reflexivität. Die fortschrittsmythisch bisher wegdefinierten Folgeprobleme und Folgelasten der entgrenzten Systemrationalitäten machen sich überall bemerkbar. Im Gesamtsystem kommt es zu einem Maß an Komplexität und insbesondere an Temposteigerung, das sich jeglichen Möglichkeiten der Koordination und Steuerung – sei es über die Mechanismen des Marktes oder durch hierarchisch strukturierte staatliche Macht, aber auch durch Solidarität – zu entziehen droht (*Offe* 1986:101 ff.). Besonders lehrreich ist das Beispiel der Wissenschaft: Fiel ihr in der Hauptsache die Verarbeitung der im Modernisierungsprozeß selbsterzeugten Kontingenzen und Risiken zu und erreichte sie damit ihre Schlüsselstellung, so wird sie nun selbst zum Produzenten von Kontingenzen und Gefahren bisher nicht gekannter Reichweite. Wo sie Kontingenzen zu verarbeiten

---

[9] Das Konzept reflexiver Modernisierung wird hier im Anschluß an *Ulrich Beck* aufgenommen (*Beck* 1986:251 ff.; 1988:115 ff.; 1991:180 ff.).

sucht, erzeugt sie neue und entzaubert sich damit selbst am erfolgreichsten (*Beck* 1986:254ff.). Für die hochdifferenzierten Gesellschaften des Westens mit ihrer entzauberten und reflexiv gewordenen Modernität hat eine neue Qualität der Gesellschaftsentwicklung begonnen. Sie sind herausgefordert – in welcher Form immer –, zu einem neuen Niveau reflexiv verantworteter Modernität zu finden, und sei es in der Gestalt von „Selbstbegrenzung" und „eingestandene(r) Imperfektion" (*Offe* 1991:193).

Auch in der kulturellen Dimension scheint der Begriff der Reflexivität in besonderer Weise geeignet zu sein, das Zentrum der Veränderungen zur Sprache zu bringen. Der für den einzelnen zugängliche Pluralismus kultureller Symbolwelten löst deren selbstverständliche Geltung im Prinzip auf. Jedes Muster kultureller Welt- und Selbstdeutung kann seine Existenz und Geltung nur vor dem Horizont anderer, prinzipiell auch zugänglicher Deutungsmuster behaupten. Alle tragen damit den Stempel der Kontingenz. Für den einzelnen nimmt der Entscheidungsspielraum gegenüber der kulturellen Symbolwelt sprunghaft zu. Auch dort, wo man der verunsichernden Reflexivität durch den Sprung in fundamentalistische Sicherheiten zu entkommen sucht, bleibt der Horizont anderer Möglichkeiten und damit die Kontingenz der eigenen Wahl erhalten (*Ziehe* 1991:137). Kulturelle Traditionen werden damit ihrer selbstverständlichen Geltung beraubt, aber als Phänomene der Wahl nun wiederum auf neue Weise zugänglich (*Nunner-Winkler* 1988:249ff). Auch das emphatische Kulturmuster von Modernität als Fortschritt kann den Weg zu ihnen nicht mehr wie selbstverständlich versperren. Der normativ gewendete „Postmodernimus" reagiert auf diese Situation mit einer Aufwertung und expliziten Legitimation des kulturellen Pluralismus am Ende der großen „Meta-Erzählungen" (*Lyotard* 1979; *Welsch* 1987).

Nicht nur die kulturelle Modernisierung nimmt eine reflexive Form an, sondern auch die Modernisierung der individuellen Existenz. Ihre primäre Ausdrucksform – so hatten wir gesehen – ist die stärkere Biographisierung des Lebenslaufs. Auf dem Hintergrund eines strukturell ermöglichten und durchgesetzten standardisierten Normallebenslaufs wird die Biographie an den eingelagerten Brüchen und Widersprüchen in die Reflexivität gedrängt. Es wird Aufgabe und Chance des einzelnen, eine je eigene Biographie zu entwerfen und zu realisieren. Identität ist auf der Ebene einfacher Rollenidentitäten nicht mehr zu gewinnen und zu sichern. Alle Rollenidentitäten, selbst die der marktvermittelten Arbeitsrollen, geraten unter Reflexionsdruck und müssen auf einer zweiten Ebene –

der Ich-Identität – „selbstreferentiell" (*Schimank* 1988) rekonstruiert werden. An die Stelle des schlichten Modells der Übernahme eines Musters von Identität und Lebenslauf tritt die Perspektive der lebenslangen Arbeit an der eigenen Biographie und der Suche nach Sinn und Identität.

Der Durchbruch zur entfalteten Modernität vollzieht sich in besonders ausgeprägter Weise am und im kirchlich verfaßten Christentum und stellt es vor eine von Grund auf veränderte Situation. Um diesen Aspekt geht es in den nun folgenden Analysen.

7. Christliche Religion im Zerfallsprozeß der bürgerlich-modernen Industriegesellschaft

7.1 Die Modernisierung moderner Gesellschaften und das Christentum: Zur Fragestellung

Die entfaltete, weitergehende Modernisierung in den modernisierten Gesellschaften des Westens schafft neue Bedingungen für das Christentum und seine Sozialformen. Um eine Klärung dieser Bedingungen soll es im nächsten Abschnitt gehen. Erst im Horizont dieser Fragestellung wird es möglich sein, die empirisch beobachtbaren Phänomene im Umkreis von Religion, Christentum und Kirche heute angemessen zu deuten. Zur nüchternen Bestandsaufnahme gehört, sich vom überkommenen Denkschema der Säkularisierung zu lösen, in dem die Frage nach dem Schicksal von Religion und Christentum immer schon vorentschieden erscheint. Im Horizont dieses Deutungsschemas wird Modernisierung implizit oder explizit gleichgesetzt mit Säkularisierung, und Säkularisierung bedeutet letztendlich doch das Verschwinden von Religion[10]. Löst

---

[10] Es sei noch einmal betont, daß Säkularisierung – verstanden als Ausdifferenzierung und Verselbständigung gesellschaftlicher Funktionsbereiche gegenüber der Religion – als eine sinnvolle gesellschaftstheoretische Interpretationskategorie betrachtet werden kann. Die Problematik des Begriffs liegt darin, daß er untrennbar mit den neuzeitlichen Machtkämpfen zwischen Laien- und Klerikerkultur um die kulturelle Vormachtstellung verbunden ist und bis heute – je nach ideenpolitischer Position – Deutungen der Gesellschaftsentwicklung als einliniger Prozeß des Abfalls oder der Emanzipation legitimiert. Zur soziologischen Kritik des Interpretaments der Säkularisierung siehe: *Matthes* (1967); *Rendtorff* (1967); *Kaufmann* (1989:278 f). *Karel Dobbelaere* schlägt vor, zwischen Laisierung der Kultur, Abschwächung religiöser Integration der Gesellschaft und dem Wandel der sozialen Formen der Religion zu unterscheiden, statt solch differierende Phänomene unter den Begriff der Säkularisierung zu subsumieren (*Dobbelaere* 1981). Gerade im Hinblick auf eine Analyse von Religion und Christentum im

man sich vom Interpretament der Säkularisierung, läßt sich unvoreingenommen der Frage nachgehen, welche – sei es destruktiven oder produktiven – Wirkungen vom weitergehenden Modernisierungsprozeß auf Religion und Christentum heute ausgehen. Zunächst wird zu fragen sein, welche veränderten Bedingungen für Christentum und Religion der Modernisierungsschub in der Gesellschaft der Bundesrepublik hervorgebracht hat und welche religiösen Transformationsprozesse damit in Zusammenhang gebracht werden können. Wie sich im vorhergehenden Abschnitt zeigte, lassen sich die gesellschaftlichen Veränderungen beim Durchbruch zur entfalteten Moderne auf einen mehrdimensionalen Individualisierungsprozeß hin fokusieren. Was bedeutet es – so soll deshalb an erster Stelle gefragt werden – für die christliche Tradition, wenn ein struktureller Individualismus zum Signum gegenwärtiger Sozialbeziehungen wird?

7.2 Religiöse Individualisierung

Im Anschluß an das Konzept der Individualisierung – so soll im Folgenden gezeigt werden – lassen sich die Phänomene des Traditionsbruchs im religiös-kirchlichen Bereich in der Gesellschaft der Bundesrepublik auf neue Weise dem Verständnis erschließen[11]. Wie beim Individualisierungsprozeß insgesamt, so handelt es sich auch beim strukturell bedingten Individualisierungsprozeß in bezug auf Religion um ein komplexes, mehrdimensionales Geschehen.

Religiöse Individualisierung kommt in einer ersten Dimension als Freisetzung aus überkommenen religiösen Bindungen zum Ausdruck. In die Freisetzungsprozesse im Umbruch zur entfalteten Moderne ist die christliche Tradition an vorderster Stelle einbezogen. Die Freisetzung vollzieht sich gerade in und an Sozialbeziehungen, die für die kirchlich-christliche Tradition seit dem 19. Jahrhundert

---

Kontext der entfalteten Moderne verliert der Begriff – so soll hier gezeigt werden – weiter an Brauchbarkeit.

[11] Schon bei der Einführung des Konzepts der Individualisierung oben wurde deutlich, daß Individualisierungsprozesse auch die religiösen Bindungen und Orientierungen der Menschen betreffen. Obwohl Anknüpfungspunkte in der Religionssoziologie der soziologischen Klassiker, insbesondere bei Max Weber und Georg Simmel gegeben sind, wurde das Konzept der Individualisierung für die religionssoziologische Forschung bisher wenig genutzt. Eine Ausnahme bilden Michael Krüggeler und Peter Voll, die auf den Begriff der strukturellen Individualisierung zur Interpretation von Umfragedaten zu Religion und Konfession in der Schweiz zurückgreifen (*Krüggeler* 1991; 1991a; 1992; *Voll* 1991; 1992; *Krüggeler/Voll* 1992).

eine prominente Bedeutung erhalten haben. Dies gilt zum einen für die bäuerlichen und klein-handwerklichen Lebens- und Produktionsformen, die zum bevorzugten Träger christlicher Traditionselemente geworden waren. Ihre Auflösung im Prozeß der weitergehenden Modernisierung bedeutet deshalb auch eine Freisetzung nicht nur aus sozialen, sondern auch aus den sie legitimierenden religiösen Bindungen. Auch von den Freisetzungsprozessen aus den Sozialmilieus, die sich seit der zweiten Hälfte des 19. Jahrhunderts in der Auseinandersetzung mit dem Modernisierungsprozeß gebildet hatten, ist die christliche Tradition – neben der sozialistischen – am stärksten betroffen. Die Freisetzung aus den sozialen Bezügen der Milieus kann nicht ohne Rückwirkungen auf die von ihnen getragenen religiösen Bindungen bleiben. Selbst für die Freisetzungsprozesse um Familie und Arbeit als den Zentren des industriegesellschaftlichen Lebenslaufs gilt ähnliches: Auch ihre Enttraditionalisierung hat es nicht nur mit sozialen, sondern auch mit in sie investierten religiösen Bindungen zu tun. Die mit dem Individualisierungsschub in der Gesellschaft der Bundesrepublik verbundenen Freisetzungsprozesse – so läßt sich zusammenfassen – vollziehen sich zu einem erheblichen Teil an Sozialbeziehungen, die auch eine religiöse Dimension besaßen. Die Freisetzung aus sozialen Bindungen im Modernisierungsschub der Bundesrepublik bedeutet deshalb auch eine Freisetzung aus religiösen Bindungen als Teil eines umfassenden religiösen Individualisierungsprozesses.

Mit der Freisetzung aus religiös angereicherten und legitimierten sozialen Bindungen ist ein Plausibilitätsverlust der von ihnen getragenen religiösen Deutungsmuster verbunden. Religiöse Individualisierung bedeutet deshalb immer auch Entzauberung bisher geltender religiöser Welt- und Lebensdeutungen. Sie werden ihrer herkömmlichen Geltung beraubt und stehen nur noch im Modus der Auswahl aus möglichen Orientierungen unter anderen zur Verfügung. Der Prozeß der Entzauberung nimmt um so tiefgreifendere Formen an, je kollektiver und geschlossener das religiöse Deutungssystem ausgebildet war, in das er einbricht. Der religiöse Individualisierungsschub in der Bundesrepublik hat deshalb in seiner entzaubernden Wirkung am nachhaltigsten jene Gruppen erfaßt, die am stärksten in geschlossene konfessionelle Gruppenmilieus eingebunden waren: Familienfrauen, Jugendliche, traditionell orientierte Arbeiter und zunehmend auch die Landbevölkerung[12].

---

[12] Darauf machen jüngste Umfragedaten verstärkt aufmerksam (*Institut für Demosko-*

Auch der Prozeß der religiösen Individualisierung ist ein komplexes, in sich widersprüchliches Geschehen. Dies kommt dadurch zum Ausdruck, daß vom Individualisierungsprozeß auch homogenisierende Wirkungen auf die Religion ausgehen. So ist heute auch eine Homogenisierung religiöser Deutungssysteme zu beobachten. Homogener ist die religiöse „Landschaft" in der Bundesrepublik in erster Linie dadurch geworden, daß sich die konfessionellen Differenzen deutlich verringert haben (*Gabriel/Kaufmann* 1988:44ff.). Vom Plausibilitätsverlust im Katholizismus zum Beispiel sind heute am nachhaltigsten all jene Sinnelemente betroffen, die zur herkömmlichen konfessionellen Identität gehören wie sakrales Priestertum, Zölibat, Ritualisierung des Alltags und die traditionelle Sexualmoral. Der Homogenisierungseffekt beschränkt sich aber nicht auf die Einebnung der konfessionellen Unterschiede. Er betrifft auch all jene sozial gebundenen Differenzen religiöser Orientierungen, auf die sich der soziologische Zugang zu religiösen Phänomenen bisher vornehmlich stützte. Die Unterschiede in den religiösen Bindungen und Orientierungen zwischen sozialen Schichten, zwischen Arbeitern und Angestellten, zwischen Frauen und Männern und auch zwischen Stadt und Land, haben sich insgesamt deutlich verringert. Der religiöse Homogenisierungsprozeß wird getragen von einer massenmedial hergestellten „öffentlichen Meinung", in der die konfessionellen und religiös-sozialen Unterschiede in die Richtung einer allgemeinen, diffusen Christlichkeit und synkretistischen Religiosität eigeebnet erscheinen (*Stolz* 1991).

Der Individualisierungsprozeß in bezug auf die Religion weist aber auch die Dimension religiöser Subjektivierung auf. Die faktisch beobachtbare Homogenisierung ist konfliktreich verbunden mit einer Radikalisierung des Normenkomplexes religiöser Freiheit und Autonomie. Mit besonderer Nachdrücklichkeit kommt in der religiösen Dimension ein Menschenbild zum Ausdruck, das allen Menschen Personencharakter, Individualität, Selbstwert und Autonomie zuspricht. Heute schließt der Anspruch, sein Leben individuell zu gestalten, in seinem Selbstwert anerkannt zu sein und als autonomes Handlungszentrum Entfaltung zu finden, die religiöse Dimension an bevorzugter Stelle ein. Unter den Bedingungen entfalteter Modernität wird – im Generationenwechsel sich verschärfend – die christliche Tradition mit dem Anspruch konfrontiert, Raum zu geben für eine prinzipielle Entscheidungsoffenheit und für

---

pie *Allensbach* 1986; 1989a). Zum religiös-kirchlichen Milieuverlust der Jugendlichen siehe: *Zinnecker* 1987.

vom Individuum selbst zu leistenden Verarbeitungsformen der christlichen Tradition. Wo die kirchlich institutionalisierte, christliche Religion als im Widerspruch zu diesem Normenkomplex religiöser Autonomie stehend wahrgenommen wird, fällt die Distanznahme am deutlichsten und entschiedensten aus. Die neueren Forschungsergebnisse zum Verhältnis von Jugend und Kirche machen dies nachhaltig deutlich. Über die besondere Sensibilität der Jugendlichen für den Wertaspekt religiöser Autonomie hinaus wird aber gegenwärtig auch in der Erwachsenengeneration der Normenkomplex religiöser Autonomie zum bevorzugten Bewertungskriterium der christlichen Tradition und ihrer kirchlichen Verfassung[13].

Die religiöse Individualisierung mit ihrer Dimension religiöser Subjektivierung – darauf soll an dieser Stelle noch einmal hingewiesen werden – ist nicht nur ein Produkt kultureller Entwicklung, sondern auch ein Korrelat entfalteter, radikalisierter Differenzierung der Gesellschaft in funktionsspezifische Teilsysteme. Die prinzipielle Freigabe des religiösen Entscheidens macht es erst möglich, daß das Individuum seine Teilnahmeform an den funktionsspezifischen Handlungssphären selbst wählt und kombiniert. Darauf sind aber hochdifferenzierte Gesellschaften in ihrem Integrationsmodus insgesamt angewiesen. Strukturelle Individualisierung besagt, daß entfaltete moderne Gesellschaften das Individuum als eine soziale Einheit konstituieren und auf die Freigabe des individuellen Entscheidens – auch des religiösen Entscheidens – als Form ihrer Integration zurückgreifen. Für das Religionssystem selbst wird es dann unmöglich, die Teilnahmemotive der Individuen unter institutioneller Kontrolle zu halten. Der strukturell vorgesehenen Entscheidungsoffenheit und individuell zugemuteten Autonomie des Entscheidens steht ein Kontrollverlust des Systems gegenüber (*Luhmann* 1977:232 ff.; 1987:132).

Im Prozeß religiöser Individualisierung – so läßt sich zusammenfassen – mischen sich auf komplexe Weise befreiende Ablösungen aus zwanghaft aufrechterhaltenen Symbolsystemen mit Verlusterfahrungen orientierender Welt- und Selbstdeutungen. Die zugemutete Subjektivierung religiöser Traditionselemente und Autonomisierung religiösen Entscheidens trifft auf homogenisierende Ein-

---

[13] Zum Autonomieanspruch Jugendlicher und junger Erwachsener im Bezug auf Religion und Kirche siehe: *Feige* 1990:255 ff.; 1992. Auf die Bedeutung des Autonomieanspruchs der Katholiken und Protestanten gegenüber der kirchlich verfaßten Religion war schon *Schmidtchen* in seinen Umfragen Anfang der 70er Jahre gestoßen (1972; 1973).

flüsse massenkultureller Vereinheitlichung des religiösen Sinnhorizonts. Die religiöse Zeitdiagnose bleibt deshalb unübersichtlich und ambivalent. Die entfaltete Moderne macht den Weg frei für dauerreflexive Formen religiösen Erlebens und Handelns als subjektive Rekonstruktionen der christlichen Tradition. Sie erhöht aber auch das Risiko des Scheiterns und setzt fundamentalistisch-regressive Reaktionsmuster auf die radikalisierte religiös-kulturelle Modernisierung frei. Religiöse Individualisierung ist deshalb eng verbunden mit einer Verschärfung der Prozesse religiöser Pluralisierung. Bevor darauf näher eingegangen wird, soll zunächst der Formwandel der Religion unter den Bedingungen der entfalteten Moderne als Prozeß einer partiellen De-Institutionalisierung der christlichen Tradition reflektiert werden.

7.3 De-Institutionalisierung in der christlichen Religion

Der Umbruch von der bürgerlich-modernen Industriegesellschaft zur entfalteten Moderne geht einher mit einschneidenden Prozessen der De-Institutionalisierung christlicher Religion. De-Institutionalisierung bedeutet, daß es der etablierten, institutionell verfaßten, christlichen Religion nicht mehr in gleicher Weise gelingt, religiöse Orientierungen, Empfindungen und Verhaltensweisen in ein institutionell festgelegtes und vorgegebenes Muster zu binden wie bisher. De-Institutionalisierung christlicher Religion – dies dürfte leicht einsichtig sein – ist keineswegs gleichbedeutend mit einer Auflösung oder einem Verschwinden des Christentums. Allerdings verliert es an sichtbarer, greifbarer und zwingender Gestalt. De-Institutionalisierungsprozesse lösen die sozial hergestellte und gesicherte „Schicksalhaftigkeit" christlicher Deutungs- und Lebensformen auf und verwandeln sie in Realitäten der Wahl und des Entscheidens (*Ebertz* 1991). Prozesse der De-Institutionalisierung setzen stets bei einem bestimmten Grad der institutionellen Verfestigung menschlicher Lebensäußerungen ein, die sich nie restlos in ein institutionelles Muster zwängen lassen. Für die Einschätzung der De-Institutionalisierungsprozesse der christlichen Tradition im Umbruch zur entfaltet-modernen Gesellschaft ist der Umstand zu beachten, daß sie am Ende einer Entwicklung einsetzen, die zu einem außerordentlich hohen, historisch einmaligen Institutionalisierungsgrad der christlichen Religion im Rahmen der bürgerlich-modernen Industriegesellschaft geführt hatte. Die fünfziger Jahre der Bundesrepublik bedeuten in der Geschichte des konfessionell gebundenen

Christentums in Deutschland einen gewissen Höhepunkt institutioneller Sicherung und Verfestigung. Auf diesem Hintergrund läßt sich die Entwicklung seit Mitte der sechziger Jahre als schubartige De-Institutionalisierung begreifen. In fünf unterschiedlichen Dimensionen sollen die Prozesse der De-Institutionalisierung im Folgenden in den Blick genommen werden[14].

De-Institutionalisierung bedeutet auf einer ersten Ebene die Schwächung der Legitimation und damit der Selbstverständlichkeit und Fraglosigkeit einer Institution (*Tyrell* 1988:148). Der Umbruch der späten sechziger Jahre läßt sich geradezu festmachen an der einsetzenden scharfen Kritik am institutionell verfaßten Christentum. Seitdem gehört insbesondere für die junge Generation die Kirchenkritik zu einem zentralen Topos intellektueller Auseinandersetzung mit der eigenen Kultur und ihrer Tradition. Zum Ort kritischer Auseinandersetzung mit der christlichen Tradition sind in den letzten beiden Jahrzehnten in besonderer Weise die Hochschulen mit Rückwirkung auf die schulischen Bildungsprozesse geworden (*Kirchenamt der EKD* 1991:240 ff.). Neben dem gesamten höheren Bildungsbereich sind es die Medien, die selbst bei den aktiven Kirchenmitgliedern für eine Verdoppelung des Kirchenbildes sorgen (*Kaufmann* 1973:114 ff.). Bis in die entlegensten Regionen der Republik hinein steht heute dem legitimatorischen Bemühen kirchlicher Sozialisation und Information ein kritisch hinterfragendes Kirchenbild der Massenmedien gegenüber. Die permanente Legitimationskrise, in der sich das kirchlich verfaßte Christentum gegenwärtig befindet, ist dabei zu einem wichtigen Ort öffentlicher Diskurse über christliche Sinngehalte geworden. Ein Teil der Theologen und Foren kirchlicher Bildungseinrichtungen beteiligen sich an den Diskursen institutionskritischer Verflüssigung christlicher Traditionselemente. Die heute sich wellenförmig zuspitzende kritische Infragestellung der Legitimation der christlichen Tradition bedeutet aber kein Ende des Christentums und seiner öffentlichen Wirksamkeit. In den Legitimationseinbußen drückt sich vielmehr ein Formwandel der christlichen Tradition aus. Die Schwächung der institutionellen Seite der christlichen Tradition erscheint als Preis seiner Virulenz

---

[14] Das folgende Konzept der De-Institutionalisierung ist an der Institutionentheorie bei *Berger/Luckmann* (1969) orientiert. Zum Unterschied etwa zur Institutionentheorie *Gehlens* erlaubt das Konzept bei *Berger/Luckmann* Prozesse der De-Institutionalisierung nicht nur als Verfall und Auflösung zu begreifen, sondern auch als Phänomene der Verflüssigung institutioneller Kristallisationen. Fünf Dimensionen der De-Institutionalisierung unterscheidet auch *Tyrell* (1988) mit Bezug auf das bürgerliche Familienmuster.

unter gesellschaftlichen Bedingungen entfalteter Modernität mit postmodernen Zügen. Institutionalisierungsprozesse gehen einher mit der Monopolisierung von Lebensäußerungen in einem exklusiven Modell. De-Institutionalisierung bedeutet einen Verlust an exklusiver Monopolstellung für ein institutionelles Arrangement (*Tyrell* 1988:150). Auf dem Hintergrund eines bisher außerordentlich hohen Monopolisierungsgrads des bikonfessionell verfaßten kirchlichen Christentums sind heute Einbußen in seiner Monopolstellung unübersehbar. In drei Richtungen lockert sich gegenwärtig das religiöse Monopol des kirchlich verfaßten Christentums. Alle Weltreligionen, am sichtbarsten der Islam, sind als religiöse Minderheiten inzwischen in der deutschen Gesellschaft vertreten (*Kandil* 1988). Der weltgesellschaftliche religiöse Pluralismus reicht bis in die Erfahrungswelt zumindest großstädtischen Alltagslebens hinab (*Stolz* 1991). Religiöse, außerchristliche Minderheiten lassen dabei eine gewisse Anziehungskraft auf Menschen erkennen, die mit dem Christentum den Ambivalenzen der westlichen Kultur zu entrinnen hoffen. Größere Aufmerksamkeit – zumindest als literarisches Phänomen – zieht eine nicht-christliche Neureligiosität auf sich. Als sogenannte „New-Age-Religiosität" hat sie inzwischen eine erkennbare Gestalt mit gewissen Konturen als Alternative zum kirchlich verfaßten Christentum angenommen. Sie verbindet sich eng mit einer marktmäßig operierenden organisierten Psycho- und Therapiekultur[15]. Die Lockerung der Exklusivität des kirchlich verfaßten Christentums vollzieht sich aber zweifellos auch in die Richtung einer Freisetzung und Wiederbelebung populärer Formen von Religiosität (*Krüggeler* 1991:470). Die magischen und okkulten Formen religiöser Praxis werden dabei nicht unbedingt als explizit auftretende Alternativen zum kirchlich verfaßten Christentum aufgefaßt und erlebt. Aber auch der mehr oder weniger weit getriebene Synkretismus populärer christlicher Religiosität schwächt die Exklusivität des kirchlich verfaßten Christentums. Das Christentum in seiner expliziten, kirchlichen Verfassung hat – so läßt sich zusammenfassen – deutlich Einbußen in seiner exklusiven Monopolstellung erfahren.

Auch auf der Ebene sozial gestützter Motivation zur Übernahme institutioneller Handlungsvollzüge und Deutungsmuster sind De-Institutionalisierungsprozesse des Christentums unverkennbar. Das institutionell verfaßte Christentum in der Bundesrepublik befindet

---

[15] Die soziologische Literatur zur „New-Age-Religiosität" ist in den letzten Jahren angewachsen (*Küenzlen* 1987; *Mörth* 1988; *Knoblauch* 1989; *Stenger* 1989).

sich in einer ausgeprägten Motivationskrise. Seine Handlungsmuster und institutionell festgelegten Normen und Überzeugungen lassen sich nur mit größter Mühe motivfähig an die nachwachsenden Generationen vermitteln (*Kaufmann* 1989:210). Man wird davon ausgehen müssen, daß eine religiös-kirchliche Sozialisation im Sinne einer Vermittlung kirchlicher Wissensbestände, Normen und Überzeugungen nur noch innerhalb einer Minderheit von deutlich unter 10 Prozent gelingt. Der Motivationsverlust betrifft am stärksten die institutionellen Ausprägungen der christlichen Tradition. Für die Übernahme seiner eher unbestimmten, diffusen Bezüge dagegen gibt es nach wie vor plausible Motivgrundlagen (*Feige* 1990:294ff.). Auf sie hin sozialisieren heute auch mehrheitlich die Familien mit ihrer spezifischen Familienreligiosität, während kirchlich-religiöse Praktiken und die sie tragenden Deutungen im Innenraum der Familien weitgehend unplausibel geworden sind (*Ebertz* 1988).

Zur De-Institutionalisierung gehört als vierte Dimension der Abbau jener sozialen Kontrollmechanismen, die durch sanktionierende Reaktionen Abweichende und zur Abweichung Geneigte in der Konformität mit den institutionellen Vorgaben halten. Wie die gegenwärtig proportional stärksten Rückgänge der Kirchenbesucherzahlen in ländlichen Regionen zeigen, hat der Abbau der kirchlichen Sozialkontrolle inzwischen auch die ländlichen Gemeinden erreicht (*Institut für Demoskopie Allensbach* 1989a:37). Nur noch in wenigen Fällen hat jemand Nachteile in Kauf zu nehmen, wenn er auf Distanz zum kirchlich verfaßten Christentum geht und nur noch gelegentlich an den institutionellen Handlungsvollzügen teilnimmt. Eine Ausnahme bildet hier die wachsende Zahl derjenigen, die in einem Arbeitsverhältnis zur kirchlichen Organisation stehen. Hier sind Trends erkennbar, den Verlust kulturell verankerter Sozialkontrollen durch formal-organisatorische Kontrollmechanismen zu ersetzen und zu kompensieren. Formal-organisatorische Sozialkontrollen wirken nicht durch den angedrohten Verlust an sozialer Akzeptanz, sozialer Stellung und Prestige, sondern durch den angedrohten Verlust der existenzsichernden Vorteile einer Organisationsmitgliedschaft. Im engen Rahmen des formal Definier- und Kontrollierbaren sind organisatorische Sozialkontrollen wirksamer und einschneidender als gesellschaftlich-kulturelle. Ihr Einsatz innerhalb des kirchlich verfaßten Christentums trägt heute sowohl zur Differenzierung und Pluralisierung seiner Sozialformen als auch zum Verlust seiner Glaubwürdigkeit bei. Mit dem Aspekt der Pluralisierung ist die fünfte Dimension von De-Institutionalisierungsprozessen angesprochen. Den Pluralisierungsprozessen innerhalb der christlichen Tradition soll im Folgenden in einem eigenen Abschnitt nachgegangen werden.

7.4 Pluralisierung von Religion und Christentum

Die religiöse Individualisierung und die Schwächung der institutionellen Bindungskraft des kirchlich verfaßten Christentums münden ein in einen radikalisierten Pluralismus religiöser Deutungssysteme insgesamt wie auch in eine Pluralisierung und Differenzierung innerhalb des Christentums. Die Radikalisierung des religiösen Pluralismus betrifft insbesondere zwei Aspekte: Zum einen kommt er in einer neuen Vielfalt religiöser Formen zum Ausdruck, die nur noch begrenzt von den institutionalisierten Mustern des Christentums dominiert wird (*Pye* 1987). Zum anderen hat der religiöse Pluralismus seine Verankerung in sozialstrukturell ausmachbaren sozialen Einheiten wie regionalen Teilkulturen, Großgruppenmilieus und sozialen Lagen zu einem beträchtlichen Teil eingebüßt. Zum ersten Mal in der modernen Religionsgeschichte reicht der Pluralismus bis auf die Ebene des Individuums hinab und nimmt damit eine neue Qualität an. In eine massenkulturelle und marktförmige Sozialform hineingedrängt, werden die religiösen Traditionen für den einzelnen unmittelbar zugänglich, verlieren ihre Schicksalhaftigkeit und werden zu Gegenständen des individuellen Selegierens und Auswählens (*Luckmann* 1988; *Stolz* 1991). Nähe und Distanz zu den religiösen Traditionen bestimmt sich nicht mehr vornehmlich durch Herkunft und soziale Lage, sondern wird eine Facette im Muster individuell geprägter Lebensstile und der mit ihnen verbundenen lebenslangen Such- und Orientierungsprozesse. Auch in Sachen Religion nehmen die Anteile der prinzipiell entscheidungsverschlossenen Lebensmöglichkeiten ab und nehmen die entscheidungsoffenen, selbst herzustellenden biographischen Anteile zu [16].

Der religiöse Pluralismus wird gestärkt und verschärft durch eine unabgeschlossene Perspektivenvielfalt, die vom radikalisierten strukturellen Pluralismus funktionsspezifischer Teilsysteme erzeugt und getragen wird. Das institutionell verfaßte Christentum, aber auch alle anderen expliziten Religionsformen finden sich in einem Funktionsbereich wieder, der gegenüber den führenden Teilsystemen einer international operierenden Wirtschaft und einer sich eu-

---

[16] Hier formuliert im Anschluß an *Beck/Beck-Gernsheim* (1990:12f).

150

ropäisierenden Politik in die Marginalität gedrängt erscheint. Die klassische Funktion der Religion, dem Ganzen des gesellschaftlichen Lebens einen plausiblen, verpflichtenden und Grenzen setzenden Sinn zu verleihen, läßt sich heute von keiner Stelle aus in der ausdifferenzierten Sozialstruktur mehr erfüllen, schon gar nicht aus der Position des marginalisierten Religionssystems[17]. Dem widerspricht nicht, daß auf einer Metaebene der diskursiven Auseinandersetzung um akzeptable Deutungsperspektiven entfaltet-moderner Gesellschaften auch und möglicherweise zunehmend christliche und religiöse Deutungsperspektiven nachgefragt und einbezogen werden[18]. Jede Wirksamkeit auf dieser Metaebene ist aber geradezu gebunden an die zumindest implizite Akzeptanz einer nicht aufhebbaren Pluralität von Perspektiven und Wirklichkeitskonstruktionen.

Der gesellschaftliche Pluralismus symbolischer Deutungsperspektiven setzt sich in einer neuen Pluralisierung der christlichen Tradition fort. Neu deshalb, weil sie sich auf dem Hintergrund einer Einebnung und Homogenisierung insbesondere der bisher tragenden konfessionellen Unterschiede der christlichen Tradition in Deutschland herausbildet. Im Inneren der bikonfessionell verfaßten christlichen Tradition gibt es Schwierigkeiten, die Pluralisierungsprozesse wahrzunehmen und angemessen zu deuten. Schnell ist man geneigt, die Differenzierung als Entkirchlichung und Säkularisierung zu interpretieren. Vier Dimensionen lassen sich unterscheiden, auf denen es heute zu Differenzierungs- und Pluralisierungsprozessen innerhalb des Christentums kommt. Eine erste Differenz betrifft die Dimension religiöser Bestimmtheit und Unbestimmtheit. Das Christentum und seine pluralen Ausdrucksformen gruppieren sich im sozialen Raum gewissermaßen nach Art einer Ellipse mit zwei Brennpunkten[19]. In dem einen Brennpunkt befinden sich Formen eines expliziten und bestimmten Christentums. Dieser Brennpunkt nimmt – bei aller internen Pluralität – an Bestimmtheit eher zu. Es handelt sich um wachsende organisatorische und professionelle Bestimmtheiten, aber auch um die stärkere Explizierung von Überzeu-

---

[17] Darin stimmen die Funktionsbestimmungen der Religion in entfaltet-modernen Gesellschaften bei so unterschiedlichen Autoren wie *Luhmann* (1977), *Luckmann* (1988) und *Kaufmann* (1989a) überein.
[18] Zur Entstehung neuer wertorientierter Metaorientierungen jenseits traditioneller Wertbestände im Kontext von Individualisierung und Pluralisierung siehe: *Lau* 1988:226ff.
[19] Zur Differenz Bestimmtheit/Unbestimmtheit in der Christentumsgeschichte siehe *Matthes* (1989). Das Bild von der Ellipse wird hier von *Krüggeler* übernommen (1991:252).

gungen, Normen und rituelle Praktiken. Der expliziten, bestimmten Sozialform des Christentums läßt sich heute nur eine Minderheit von Gläubigen zurechnen. Den zweiten Brennpunkt bilden Kulturmuster unbestimmter und diffuser Christlichkeit und Religiosität. Ihr primäres Charakteristikum besteht darin, daß sie sich den Bestimmungsversuchen aus dem Bereich expliziter Christlichkeit mehr oder weniger erfolgreich entziehen. Faßbar werden sie vornehmlich in dem, was sie nicht sind, in ihrem Fehlen an expliziter Christlichkeit. So mißt sich der Grad ihrer Christlichkeit immer an der Ausprägung ihres Gegenübers. Mit steigender Bestimmtheit im Umkreis des ersten Brennpunkts wird es deshalb schwieriger, die Kulturmuster in der Nähe des zweiten Brennpunkts als christlich zu identifizieren und wahrzunehmen. Dies gilt für die Fremd- wie Selbstwahrnehmung und hat Folgen bis in die auf ein hohes Maß an Bestimmtheit ihrer Gegenstände fixierte quantitative empirische Sozialforschung in Sachen Religion[20]. So viel zeigt die Umfrageforschung: Heute fällt die Differenz zwischen den Konfessionen an beiden Brennpunkten deutlich geringer aus als die zwischen bestimmter und unbestimmter Christlichkeit innerhalb jeder der beiden Konfessionen. Diejenigen Protestanten und Katholiken, die ihren Glauben nah am Brennpunkt expliziter Christlichkeit praktizieren, stehen sich in Fragen religiösen Wissens, religiöser Überzeugungen und in der Ritualpraxis deutlich näher als ihren eigenen Konfessionsangehörigen im Umkreis des zweiten Brennpunkts (*Lukatis/Lukatis* 1989:70).

In einem engen Zusammenhang mit Polarisierungstendenzen in der Dimension von Bestimmtheit/Unbestimmtheit steht eine zweite Dimension der Pluralisierung im Christentum: Die ebenenspezifischen Ausdrucksformen des Christlichen treten stärker auseinander. Die Distanzen zwischen individuellen Religiositätsstilen, institutionell verfaßter, christlicher Religion und Kulturmustern eines gesellschaftlichen Christentums werden größer[21]. Die gesellschaftlichen Kulturmuster und die individuellen Religiositätsstile lösen sich stärker von der institutionellen Verfassung des Christentums. Auf der Ebene der gesellschaftlichen Kulturmuster kommt es – neben dem Persistieren volkskirchlicher Strukturen – zur Entwicklung von syn-

---

[20] Von der empirischen Religionsforschung erfordert diese Konstellation einen reflexiven Umgang mit ihren Ergebnissen. Wo zum Beispiel der meßbare Rückgang von Kirchlichkeit ohne weiteres als Entchristlichung interpretiert wird, kommt es leicht zu Fehlinterpretationen der Phänomene unbestimmter Christlichkeit.
[21] Die hier eingeführte Unterscheidung von Emergenzebenen des Christlichen geht auf *Joachim Matthes* zurück (1967; 1968).

kretistischen Formen von Massenreligiosität. Die wachsenden Bedarfsanmeldungen an Zivilreligion können von den Kirchen heute nur noch bedingt erfüllt werden[22]. An den neuen gesellschaftlichen Wertsetzungen um das Risikobewußtsein herum ist das kirchlich verfaßte Christentum zwar beteiligt, aber nur im Rahmen einer plural-diskursiven Struktur. Auf der anderen Seite nehmen die biographisch geprägten Religiositätsstile immer individuellere Formen an. Die Distanzen zwischen den individuellen Transformationsgestalten des Christlichen und ihren institutionellen Vorgaben wachsen. Auf dem Weg in die „Post"-Moderne driften die drei Ebenen immer stärker auseinander: Auf der institutionellen Ebene wachsen gegenwärtig Tendenzen der organisatorisch-formellen Absicherung und Verhärtung, auf der Ebene gesellschaftlicher Kulturmuster nimmt der synkretistische Charakter zu, und auf der individuellen Ebene nehmen die Religiositätsstile immer mehr die Form von in Eigenregie gewebten Strickmustern an. Die für die Stabilität der Gesamtstruktur entscheidenden kommunikativen Austausch- und Vermittlungsprozesse zwischen den Ebenen werden schwieriger und geraten unter Druck[23]. Für die institutionelle Ebene ergibt sich aus den beschleunigten Wandlungsprozessen auf den beiden anderen Ebenen ein hoher Innovationsdruck, dem sich die Kirchen mit ihren gegenwärtigen Organisationsstrukturen als nicht gewachsen zeigen (*Geser* 1991).

Eine dritte Dimension verschärfter Pluralisierung der christlichen Tradition folgt der Logik flächendeckender Großorganisationen. Die Sozialgestalt der christlichen Tradition verändert sich in die Richtung einer Annäherung an das Strukturmuster flächendeckender Großorganisationen. Die Teilnahmeformen am institutionell verfaßten Christentum nähern sich der Form an, wie sie typischerweise bei flächendeckenden Großorganisationen vorfindbar sind[24]. Eine formal und häufig bürokratisch organisierte Kernorganisation bildet hinsichtlich der Handlungsfähigkeit und Wirksamkeit das Zentrum. Ein kleiner werdender Teil aktiver Mitglieder unterhält einen interaktiven Austausch mit der Kernorganisation und reali-

---

[22] Zur Diskussion um die Facetten der zivilreligiösen Nachfrage nach Religion heute siehe: *Kleger/Müller* 1986; *EPD-Dokumentation* 1987; *Döbert* 1988.
[23] Dies läßt sich am Beispiel der gespannten Situation des schulischen Religionsunterrichts zeigen. Wo er sich gegenüber den gesellschaftlichen Ausdrucksformen des Christlichen und den religiösen Orientierungen und Motivationen der Schüler offen zeigt, um eine höhere Akzeptanz zu erreichen, werden massive Zweifel an seiner Kirchlichkeit laut (*Gabriel* 1989).
[24] Mit Bezug zu Kirchen als Organisationen siehe zum Folgenden *Luhmann* 1972a.

siert gewissermaßen exemplarisch die Sinnbezüge der Handlungssphäre. Der weitaus größere Teil der Mitglieder behält die Mitgliedschaft bei, verzichtet aber weitgehend auf eine aktive und interaktive Mitgliedschaft. Motiv und Sinn der Mitgliedschaft beschränken sich hier auf die Überzeugung der Existenznotwendigkeit der Organisation und dessen, wofür sie steht. Gerade weil Motiv und Sinn der Mitgliedschaft locker und prekär sind, entwickelt der distanzierte Teil der Mitgliedschaft hohe Erwartungen an die Kernorganisation, den Sinn der Organisation exemplarisch zu verdeutlichen und in der Gesellschaft wachzuhalten. Ebenso deutlich verschließt sich dieser Teil der Mitgliedschaft aber dem Ansinnen, diese Erwartungen auch auf sich selbst zu beziehen und in eigene Aktivitäten umzusetzen. Anhand des skizzierten Modells der Differenzierung und Pluralisierung der Teilnahmeformen an flächendekkenden Großorganisationen lassen sich Tendenzen des gegenwärtigen Wandels der christlichen Tradition explizieren. Zweifellos hat sich das institutionell verfaßte Christentum in Deutschland im Übergang zur entfalteten Moderne diesem Modell stärker angenähert. Es sind mehr als nur Spuren der angesprochenen Innendifferenzierung erkennbar. Der organisierte Kern – und hier noch einmal in besonders ausgeprägter Form die kirchlichen Verwaltungen – hat eine deutliche Ausweitung erfahren. Die aus den Milieubindungen gelöste Mitgliedschaft hat sich stärker in einen relativ regelmäßig interagierenden und in einen nur gelegentlich oder überhaupt nicht interagierenden Teil gespalten. Zahlenmäßig liegt im Augenblick der Anteil im Durchschnitt der alten Bundesrepublik der beiden Mitgliedschaftsteile bei etwa 38 Prozent zu 62 Prozent im katholischen und 12 Prozent zu 88 Prozent im protestantischen Bereich[25]. Auch hier ist zu betonen, daß die skizzierte Entwicklung in einem engen Zusammenhang mit einer Vielzahl gesellschaftlicher Prozesse zu betrachten ist. Weisen doch so unterschiedliche Organisationen wie die Gewerkschaften und flächendeckend operierende Naturschutzverbände ähnliche Tendenzen auf. Wie das empirisch im Abstand von zehn Jahren recht genau erforschte Beispiel der evangelischen Kirche in der Bundesrepublik zeigt, ist diese Struktur trotz erheblicher Kirchenaustrittszahlen auch bei einem Verhältnis von

---

[25] Nach den Daten des ALLBUS 90 sind es 11,3 Prozent der evangelischen Christen, die mindestens einmal im Monat den Gottesdienst besuchen, bei den Katholiken sind es 37,8 Prozent, wobei die entsprechenden Zahlen für den ALLBUS 1982 16,7 Prozent (evangelische Befragte) und 46,7 Prozent (katholische Befragte) lauteten (Institut für kirchliche Sozialforschung des Bistums Essen 1991).

5–95 Prozent für großstädtische Kontexte von interagierenden und nur unterstützenden Mitgliedern stabiler, als es auf den ersten Blick erscheint[26]. Die stärkere Differenzierung und Pluralisierung der Mitgliedschaft weist auf eine Transformation der Religion unter den Bedingungen ihrer pluralen und prinzipiell frei zugänglichen gesellschaftlichen Präsenz hin. Die Religion wird für alle unmittelbar zugänglich, und damit wird ihre volle kirchlich-institutionelle Bindung viel schwieriger und voraussetzungsvoller.

Die vierte, heute augenfälligste Dimension von Pluralisierung innerhalb der christlichen Tradition wird durch gegensätzliche Reaktionsmuster auf den Prozeß verschärfter, weitergehender Modernisierung gebildet. Auf dieser Dimension nimmt die Pluralität gegenwärtig die schärfste Ausprägung an, und sie dürfte sich aller Voraussicht nach in der Zukunft eher noch verstärken. Als Reaktion auf den radikalisierten Modernisierungsprozeß differenziert sich die christliche Tradition gegenwärtig in drei große Strömungen oder Flügel. Unverkennbar formiert sich gegenwärtig ein starker fundamentalistischer Flügel. Der Fundamentalismus kann in beiden Konfessionen an die jeweiligen spezifischen fundamentalistischen Traditionen anknüpfen, die den Modernisierungsprozeß von Anfang an begleiteten. Angesichts weltweiter religiös-fundamentalistischer Reaktionen auf Tendenzen globaler Ausweitung von Modernisierungsprozessen erhalten die fundamentalistischen Strömungen hierzulande zusätzliche Schubkraft. Sie reagieren auf die Verunsicherung durch den verstärkten religiös-kulturellen Pluralismus und verschärfen ihn gleichzeitig. Für den Fundamentalismus am meisten ansprechbar sind jene Gruppen, die sich zu den Verlierern und Benachteiligten im Modernisierungsprozeß zählen, ihre soziale und individuelle Verunsicherung vernehmlich am religiösen Wandel festmachen und im religiösen Traditionalismus und Konservativismus Schutz und Sicherheit suchen. Der religiöse Fundamentalismus kann sich mit kulturellen, politischen, sexistischen und wissenschaftsfeindlichen Fundamentalismen amalgamieren und zu einer nicht zu unterschätzenden gesellschaftlichen Kraft werden. In der christlichen Tradition sorgt er heute für den schärfsten Konfliktstoff und vertieft den Pluralismus, zu dessen Überwindung er antritt[27].

Die zweite, zahlenmäßig größte Strömung bilden die vielfältigen

---

[26] So das Ergebnis der beiden Studien *Hild* (1974) und *Hanselmann* u. a. (1984:208).
[27] Zum fundamentalistischen Reaktionsmuster siehe: *Neuhaus* 1989; *Ebertz* 1989; *Kienzler* 1990; *Kepel* 1991; *Beinert* 1991; *Pfürtner* 1991; *Kochanek* 1991.

Orientierungsmuster, die unter den Bedingungen eines strukturellen Individualismus christliche Traditionselemente mit Komponenten individueller Welt- und Lebensdeutung verbinden. In diesem Reaktionsmuster kommt es zu Amalgamierungen und vielfältigen Synkretismen zwischen christlicher Tradition und Themen „post"-moderner Massenreligiosität. Unter dem Dach der volkskirchlichen Tradition sind in diesem Muster entsubjektivierende Anpassungen an eine Massenkonsumkultur ebenso anzutreffen wie Formen dauerreflexiver Verarbeitung der christlichen Tradition in individuell geprägten Lebensstilen und Biographiemustern. In sich vielfältig, ist diese Strömung vornehmlich durch die Differenz zu den beiden anderen Flügeln bestimmt.

In der dritten Strömung zeigt man zwar auch Bereitschaft, sich auf den strukturellen Individualismus einzulassen und ihm im Frömmigkeitsstil Rechnung zu tragen, man will ihn aber in christlich inspirierten neuen Gemeinschaftsformen gleichzeitig überwinden. Auch hier kann man an nie abgerissene, christliche Traditionen anknüpfen und sie zu revitalisieren suchen[28]. Thematisch ist man in der dritten Gruppierung – speziell in den basiskirchlichen Strömungen – an den abgeblendeten Schattenseiten weltweiter Modernisierung und an ihrer prophetischen Kritik in Wort und Tat orientiert. Impulse erhält man hier aus zwei Richtungen: zum einen aus den kapitalismuskritischen christlichen Aufbrüchen in Lateinamerika, Afrika und Asien und ihrer theologischen Verarbeitung in den außereuropäischen Befreiungstheologien. Der zweite Bezugspunkt sind die neuen sozialen Bewegungen in den westlichen, entwickelten Gesellschaften, in die die christlichen Basisinitiativen um Frieden, weltweite Gerechtigkeit und Bewahrung der Schöpfung als genuiner Teil hineinreichen[29].

Zu diesem Reaktionsmuster sind aber auch diejenigen religiösen Bewegungen und charismatischen Gruppen zu rechnen, die in christlich inspirierten gemeinschaftlichen Lebensformen die entfremdenden und ambivalenten Folgen des strukturellen Individualismus und marktmäßig generierter Religiosität überwinden wollen

---

[28] Es geht um Formen „sekundärer Vergemeinschaftung" (*Lau* 1988:222) als Reaktion auf gesellschaftliche Individualisierung. Schon *Rosenstock-Huessy* (1956) erwartete vom Christentum über die Moderne hinausweisende Reaktionsmuster (*Kaufmann* 1989:245).

[29] Es fehlen bisher in Deutschland religionssoziologische Untersuchungen über gesellschaftkritische, christlich-religiöse Gruppen und Initiativen, die gesicherte Aussagen über ihre Verbreitung zuließen. Basisgruppen nach lateinamerkanischem Vorbild gibt es in Deutschland nur in Ansätzen (*Steinkamp* 1991).

(*Nientiedt* 1986; *Ruh* 1988). Die Grenze zu den fundamentalistischen Reaktionen liegt in der Anerkennung des Werts religiöser Subjektivität als Grundlage neuer christlicher Vergemeinschaftungen.

Die Analyse hat gezeigt, daß – tief eingelassen in den Umbruch zur entfalteten Moderne – ein vielgestaltiger Pluralismus der christlichen Tradition zu konstatieren ist. Dort, wo die radikalisierte, entfaltete Moderne postmoderne Züge annimmt, zeigt sie heute auch neue, religions- und christentumsproduktive Tendenzen. Diesen wollen wir uns nun zuwenden.

7.5 Religions- und christentumsproduktive Tendenzen in der „Post"-Moderne

Nichts scheint die Differenz zwischen der klassischen, bürgerlich-modernen Industriegesellschaft und der sich abzeichnenden postmodernen Gesellschaft besser zu markieren als die Neueinschätzung und Neubewertung religiöser und ethischer Fragen. Als eine der letzten Gewißheiten des modernen Fortschrittsmythos ist auch der Glaube an eine religionslose Zukunft dem Entzauberungsprozeß anheimgefallen. Worauf geht – so soll nun gefragt werden – die beobachtbare neue Bedarfsanmeldung für Religion zurück, und um welche Art von Religion handelt es sich?

Die weitergehende, radikalisierte Modernisierung schafft ein hohes Potential an Ungewißheit, Angst und Unsicherheit. Auf der strukturellen Ebene kommt dies darin zum Ausdruck, daß die funktionsspezifisch operierenden Teilsysteme die Räume des Möglichen und Denkbaren in einem ungeheuerlichen Maß ausweiten, ohne sie selbst auch zugleich zu schließen, ja überhaupt schließen zu können. Das Operieren an den Grenzen des bisher „Menschen-Möglichen" und ihr systematisches Überschreiten ohne Rücksicht auf die außerwissenschaftlichen Folgen scheint sich immer mehr als Kern wissenschaftlicher Handlungslogik zu entfalten. Die biologische und medizinische Forschung, die täglich weitere „Fortschritte" in der Enträtselung des Lebens zu vermelden weiß, bildet hier nur die Spitze eines Eisbergs. Ebenso „zwangsläufig" scheinen die Prozesse der technischen Umsetzung und Marktverwertung der wissenschaftlichen „Grenzüberschreitungen" einer internen Logik ohne Möglichkeiten der Selbstbeschränkung zu folgen (*Beck-Gernsheim* 1991). Wenn auch in der Gesellschaft längst der wissenschaftlich-technische Fortschrittskonsens brüchig geworden ist, so erfordert der

Überlebenskampf auf den Weltmärkten um so dringlicher, sich blind dem wissenschaftlich-technischen „Fortschritt" anzuvertrauen. Dieselbe Wissenschaft zieht auch unbarmherzig den Schleier des Vergessens und Verdrängens vor den Folgeproblemen ihres eigenen Handelns weg und schafft damit auch auf dieser Seite Interessenten der technischen und marktmäßigen Verwertung. Sie zwingt damit aber auch der Politik neue Handlungsspielräume auf (*Beck* 1991). Die Kluft zwischen dem, was prinzipiell politisch möglich wäre und auch geschehen müßte, und den aktuellen Handlungsressourcen und Steuerungskapazitäten der Politik werden größer und größer. Das Ergebnis ist ein strukturell hervorgerufener Überschuß an offenen, frei flottierenden Kontingenzen. Sie erzeugen als Schlüsselproblem der industriellen Risikogesellschaft – so Ulrich Beck – Angst und Unsicherheit (*Beck* 1986:66). Der kulturelle Pluralismus postmoderner Gesellschaften verschärft das Problem wachsender Kontingenzen und häuft einen unverdaulichen Problemberg vor der Haustür der Individuen mit ihren begrenzten Verarbeitungskapazitäten auf. Für die Individuen wächst das Risiko des Scheiterns. Damit drohen auch die neuen Chancen individualisierender Subjektivierung faktisch in „Modernisierungsfallen" (*Wahl* 1989) einzumünden.

Der systematisch erzeugte Überschuß an Kontingenzen – so die These dieses Abschnitts – schafft einen neuen Bedarf an Religion in einer doppelten, tendenziell gegensätzlichen Richtung und stellt damit die christliche Tradition vor eine neue, konfliktreiche Situation und Herausforderung.

In einer ersten Richtung weist der Umbruch zur „Post"-Moderne religionsproduktive Tendenzen im Sinne der individuellen und gesellschaftlichen Kontingenzbewältigung auf[30]. Auf der individuellen Ebene dominiert das Kriterium der Brauchbarkeit zur Angst- und Lebensbewältigung bei der Auswahl religiöser Sinnaspekte. Dabei bekommt die eigene Erfahrung, das Hineinhorchen in die Transzendenzen des eigenen Selbst, religiösen Charakter. Der Psychologe und Therapeut erscheint als der geeignete Fährmann zu den Tiefen verschütteter, aber freilegbarer, authentischer religiöser Erfahrung. Die religiöse Qualität in der Thematisierung des Selbst legt es auch nahe, die partnerschaftliche Liebe als den Raum wechselseitiger Selbstthematisierung mit religiösen Gefühlsqualitäten zu verse-

---

[30] Die Bestimmung der aufklärungsresistenten Funktion der Religion als „Kontingenzbewältigung" durch *Lübbe* (1986) erscheint in diesem Zusammenhang als symptomatisch.

hen[31]. Die „Individualität ohne Ende" als Charakteristikum radikalisierter Modernisierung erweist sich als religionsproduktiv im Sinne des Suchens nach Transzendenzen und Sicherheiten im eigenen Selbst und seiner partnerschaftlichen Dauerthematisierung als Form der Kontingenzbewätigung. Religiöse Qualitäten siedeln sich auch dort an, wo für den einzelnen die Kluft zwischen dem neu eröffneten Horizont von Möglichkeiten und den eigenen Handlungspotentialen mit verfügbaren, alltäglichen Mitteln nicht mehr zu schließen ist und zum Rückgriff auf außeralltägliche Mittel führt. Gemessen an den Möglichkeiten, die sich anbieten und biographisch genutzt sein wollen, reicht die Spanne der einen, begrenzten Lebenszeit nicht mehr aus, um nur einen kleinen Teil davon zu realisieren. Religiöse Vorstellungen über die Wiedergeburt drängen sich auf. Gleichzeitig prägen individuelle wie gesellschaftliche Gefährdungsmomente in so hohem Maße den Horizont von Möglichkeiten, daß nur außeralltägliche Sicherheiten Halt zu geben versprechen. Die hier exemplarisch angesprochenen Momente religiöser Produktivität weisen schon darauf hin, daß sie die Tendenz haben, den traditionellen Deutungsrahmen der christlichen Tradition zu überschreiten und individuell geprägte Synkretismen hervorzubringen[32].

Auf der gesellschaftlichen Ebene produziert der Überschuß an Kontingenzen und die Entzauberung des Fortschrittsmythos die Suche nach einer neuen Beheimatung der Welt in einem übergreifenden religiösen Makrokosmos. Die Religion soll die Welt wieder als sinnvolles Ganzes erscheinen lassen. Sie soll angesichts des Verschwimmens aller Grenzen und der unendlich erscheinenden Erweiterung der Kontingenzen verpflichtende Grenzen und Unverfügbarkeiten bereitstellen. Die intellektuellen Protagonisten des neuen Bedarfs an religiöser Kosmisierung von Welt bewegen sich zwar im Horizont der christlichen Tradition, sehen sich aber am Anfang eines neuen, durch einen notwendigen Kontinuitätsbruch von der christlichen Tradition getrennten Zeitalters nicht mehr im Zeichen des Fisches, sondern in dem des Wassermanns (*Kaufmann* 1989 a:283). Sowohl auf der individuellen als auch auf der gesell-

---

[31] Darauf hat neuestens *Ulrich Beck* mit Nachdruck hingewiesen (*Beck/Beck-Gernsheim* 1990:222).

[32] *Krüggler/Voll* unterscheiden auf der Grundlage ihres Materials aus der Schweiz zwischen dem Typus des „Fleckelteppichnähers" im Anschluß an Luckmann und dem Typus des „Neureligiösen" im Sinne einer nicht-christlichen „New-Age-Religiosität" (1992:152). Einen Überblick über die Literatur zu den angesprochenen Tendenzen gibt *Knoblauch* (1991).

schaftlichen Ebene führen die beschriebenen religionsproduktiven Tendenzen einerseits zum Hervortreten „neureligiöser" Deutungsmuster und ritueller Praktiken jenseits des Christentums. Faktisch dürfte deren nachhaltigste Wirkung aber in der Verbreitung synkretistischer Deutungsperspektiven bestehen, die neureligiöse Elemente mit der christlichen Tradition verbinden. Als selbst- bzw. gesellschaftsproduktive Formen von Religiosität beeinflussen sie den dominierenden Religiositätsstil bis weit in die Kirchenmitgliedschaft hinein und lassen den formulierten Glauben der Kirche und die Gläubigkeit der Kirchenmitglieder weit auseinandertreten.

Produziert der Übergang zur „Post"-Moderne auf der einen Seite insgesamt als quietistisch und kompensatorisch zu kennzeichnende Religionsformen, so provoziert er gleichzeitig in entgegengesetzter Richtung den Rückgriff auf die prophetische Tradition des Christentums. In der prophetischen Traditionslinie geht es um „das Problem der Distanzierung von gegebenen Sozialverhältnissen, der Ermöglichung von Widerstand und Protest gegen einen als ungerecht oder unmoralisch erfahrenen Gesellschaftszustand" (*Kaufmann* 1989:85). Drei Komplexe von Folgeproblemen und Aporien weitergehender Modernisierung sind es in der Hauptsache, die heute religionsproduktiv im Sinne der Hervorbringung und Plausibilisierung christlich-prophetischer Sinnelemente wirken. Die erste Aporie ist die ins breite Bewußtsein gerückte weltweite Selbstzerstörung der Lebensgrundlagen durch die entfaltete industriegesellschaftliche Produktionsweise (*Global 2000* 1980; *Worldwatch Institute Report* 1990; *Stiftung Entwicklung und Frieden* 1991). Der Fortschrittsmythos hatte das den Modernisierungsprozeß stets begleitende Gefahrenpotential als hinzunehmende Nebenfolge notwendigen Fortschritts weglegitimiert. Mit der Entzauberung des Fortschrittsmythos am Übergang zur „Post"-Moderne tritt mit Wucht die Einsicht ins Bewußtsein, daß die moderne Gesellschaftsentwicklung nicht zufällig, sondern ihrer eigenen Logik folgend den Keim der Selbstzerstörung in sich trägt. Der reflexiv gewordene Modernisierungsprozeß provoziert damit den prophetischen Appell, den bisherigen Entwicklungspfad zu verlassen und zu einer Lebensform zu finden, die dem Überleben der Menschheit eine Chance gibt. Unter dem Stichwort der „Bewahrung der Schöpfung" sind gegenwärtig die Bewußtseinsformen einer radikalen ökologischen Umkehr auf neue Weise christentumsproduktiv und münden ein in Aktionsformen christlich inspirierter sozialer Bewegungen und Initiativen (*Coenen* 1990; *Erharter/Schwarzenberger* 1990; *Hengsbach* 1990).

Eine zweite christentumsproduktive Aporie hat seine Grundlage in dem eklatanten Widerspruch zwischen den auf Inklusion und Teilhabe aller eingestellten universalistischen Normen der wohlfahrtsstaatlichen Vergesellschaftungsform auf der einen Seite und den sich weltweit verschärfenden Prozessen der Exklusion des größten Teils der Weltbevölkerung von allen lebensnotwendigen Gütern der Erde auf der anderen Seite. In diesem durch weltweite Kommunikation und Wanderungsbewegungen bis in den Alltag hinein potentiell präsenten Horizont werden die sich über die wohlfahrtsstaatliche Programmatik legitimierenden gesellschaftlichen Strukturen der westlichen, hochentwickelten Gesellschaften auf neue Weise kontingent. Sie erweisen sich als in „Strukturen der Sünde" verhaftet, deren Überwindung christentumsproduktive weltweite Bewegungen in Gang bringen und christlich-prophetische Sinngehalte der Befreiung aus sündhaften Verhältnissen auf neue Weise plausibel machen[33].

Ein dritter Aporienkomplex betrifft die schärfer ins Bewußtsein tretende „Modernisierungsfalle" (*Wahl* 1989), in die sich der autonome, Selbstentfaltung suchende individualisierte einzelne im Zuge radikalisierter Modernität verstrickt sieht. Die Individualisierungsprozesse erhalten ihre Motivgrundlagen aus der Verheißung und dem Versprechen autonomer, selbstbestimmter Subjektivität. Auf diese Verheißung hin verlassen heute Millionen von Menschen herkömmliche Formen der Lebensführung und Vergemeinschaftung und machen sich auf den Weg zu ihrem ureigensten „Glück" selbstverwirklichten Lebens (*Beck/Beck-Gernsheim* 1990:11 f.). Das Versprechen bleibt aber eine strukturell nur ermöglichte leere Hülse, deren Füllung voller Paradoxien und Ambivalenzen steckt und sich nicht selten unüberwindbaren Hindernissen gegenübersieht (*Weymann* 1989:221; *Beck/Beck-Gernsheim* 1990:260). Der unerfüllte Traum selbstbestimmten Lebens schlägt dann leicht um und macht sich Luft in Ausbrüchen von Gewalt in der Sphäre der privaten Glückssuche (*Wahl* 1989:292 ff.). Die Einlösung des Versprechens autonomer Subjektivität, die die Dynamik des Individualisierungsprozesses erst motivfähig macht, erscheint als eine virtuose Leistung. Das Scheitern an dieser Leistung wird entsprechend zu einem

---

[33] In den christlichen Befreiungsbewegungen und den sie reflektierenden Befreiungstheologien kommt die prophetisch-kritische, christentumsproduktive Tendenz der gegenwärtigen, gespaltenen Weltsituation seit nunmehr 20 Jahren zum Ausdruck (*Guiterrez* 1973; *Boff* 1985; *Dussel* 1984; *Eicher/Mette* 1989). Zum theologischen Topos der „Strukturen der Sünde" siehe *Eichinger* (1988).

Alltags- und Massenphänomen, von dem ein expandierender Zweig personenbezogener Dienstleistungen als Reparaturbetrieb lebt. Sein Eingreifen droht gleichzeitig die Institutions- und Professionsabhängigkeit des autonomie-suchenden Subjekts noch um eine Stufe tiefer im „Seelenhaushalt" des einzelnen zu verankern. Den prophetischen Protest ruft die fortgesetzte Zerstörung und Auflösung gemeinschaftlicher Formen „intersubjektiver Anerkennung" (*Honneth* 1991:172) hervor, die als soziokulturelle Voraussetzungen für die Verwirklichung von Selbstbestimmung, Autonomie und Subjektivität gelten können. Die Suche nach neuen Gemeinschaftsformen als Bedingungen realisierbarer Subjektivität kann heute als dritter, zentraler Ort der Vitalisierung christlich-prophetischer Traditionselemente gelten[34].

Auch die prophetisch-gesellschaftskritischen religionsproduktiven Tendenzen postmoderner Gesellschaften sprengen an vielen Stellen den Rahmen der herkömmlichen christlichen Tradition. Sie amalgamieren sich – wie die Befreiungstheologie verdeutlicht – mit Bewußtseinselementen der kritischen sozialwissenschaftlichen Tradition, wenden diese auch auf die Kritik des Christentums und seiner institutionellen Strukturen an und kommen so zwangsläufig in das Visier der Hüter des tradierten Glaubens (*Boff* 1985). Von den religiös-kulturellen Traditionen ist es aber zweifellos in besonderer Weise die jüdisch-christliche, die das Element der Weltdistanzierung in die Religionsgeschichte eingebracht hat[35]. Insofern erscheint es berechtigt, die gesellschaftskritische Richtung religiöser Vitalisierung unter postmodernen Bedingungen christentumsproduktiv zu nennen und von den religionsproduktiven Tendenzen affirmativer Kontingenzbewältigung zu trennen, obwohl auch diese selbstverständlich weit in das Christentum hineinreichen. Als Fazit ergibt sich, daß der Umbruch zur entfaltet-modernen Gesellschaft mit postmodernen Zügen ein religionsproduktives Potential enthält, das einen Bruch zum bisher dominanten Pfad religionsdestruierender Modernisierung anzeigt. Auch die religionsproduktiven Impulse der „Post"-Moderne überschreiten den in der Moderne eng gewordenen Rahmen des institutionell verfaßten Christentums. Sie tun dies aber in zwei entgegengesetzten Richtungen des Verhältnisses zur Welt: der „Weltanpassung" einerseits und der „Weltdistanzie-

---

[34] Darauf hat mit Nachdruck *Franz-Xaver Kaufmann* hingewiesen (1989:272 ff.).
[35] Dies ist eine der Kernaussagen der Religionssoziologie *Max Webers*, auf deren Bedeutung heute besonders *Wolfgang Schluchter* (1988:62 ff) und *Franz-Xaver Kaufmann* (1989:85 ff.) hinweisen.

rung" andererseits[36]. Beide reichen bis weit in das institutionell verfaßte Christentum hinein und verschärfen den Pluralismus und das interne Konfliktpotential innerhalb der christlichen Tradition. Was hier in einem ersten Schritt für die christliche Tradition insgesamt entwickelt wurde, soll nun mit Blick auf den Katholizismus weiter ausgearbeitet werden.

8. Katholizismus im Umbruch zur „Post"-Moderne

8.1 Auf dem Weg zu einem anderen Katholizismus: Zur Einführung

Der beschleunigte Wandel im Umbruch zur „Post"-Moderne bringt für die katholische Teiltradition des Christentums eine neue Erfahrung mit sich. Zum ersten Mal in der modernen Gesellschafts- und Christentumsgeschichte befinden sich die Katholiken nicht am Rande des Wandlungsgeschehens, sondern in seinem Zentrum. Bis zur Mitte der sechziger Jahre konnte es den Anschein haben, als vollzögen sich die Modernisierungsprozesse gänzlich außerhalb des Katholizismus und als sorgten die Modernisierungswellen nur jeweils aufs neue dafür, den Katholizismus als unerschütterliche Festung mit neuer Plausibilität zu versorgen. Diese im Katholizismus zwischen dem Ersten und Zweiten Vatikanischen Konzil herrschende Selbstinterpretation stimmte – wie wir gesehen haben – nur bedingt mit der Realität überein. Im Inneren des modernen Katholizismus vollzogen sich strukturelle und kulturelle Modernisierungsprozesse, die auf subtile Weise die weitere Entwicklung vorbereiteten. Es bleibt aber zu konstatieren, daß gerade in Gesellschaften, in denen der Umbruch zur entfalteten Moderne eine besonders abrupte und tiefgreifende Form annahm, sich die katholischen Bevölkerungsteile am allerstärksten in ihren Orientierungen und Verhaltensweisen veränderten[37]. Die Katholiken in der Bundesrepublik – so wurde oben deutlich – haben bereits in den fünfziger Jahren begonnen, ihre Abgrenzung gegenüber der sich modernisierenden Ge-

---

[36] In der Diskussion um religionsproduktive Tendenzen der entfalteten Moderne kommt der Unterscheidung beider Richtungen grundlegende Bedeutung zu. Sie geht bei den „politischen Philosophen in der Rolle der Ziviltheologen" (*Kleger/Müller* 1986), wie *Lübbe* und *Koslowski*, ebenso verloren, wie etwa bei *Höhn* (1989).
[37] Neben der Bundesrepublik Deutschland läßt sich dies am Beispiel der Niederlande (*Felling* u. a.1987; *Peters/Schreuder* 1989) und der Schweiz (*Altermatt* 1989) zeigen.

sellschaft zu lockern. Als der Modernisierungsschub in den sechziger Jahren einsetzte, waren sie keine gesellschaftliche Gruppe mehr, die sich vornehmlich negativ und in Abgrenzung zu einer herrschenden Kultur in die Gesellschaft der Bundesrepublik integrierte. Vielmehr bot die Nachkriegssituation den Katholiken die Chance, ihre politische und kulturelle Diskriminierung als „Bürger zweiter Klasse" endgültig zu überwinden. Ihr Einfluß auf Kultur und Gesellschaft der Bundesrepublik in der Nachkriegsepoche war einer der historisch neuen Faktoren in der Gesellschaftsgeschichte der Bundesrepublik (*Gabriel/Kaufmann* 1988:42 ff.). Den anlaufenden ökonomischen und politischen Modernisierungsprozeß haben die Katholiken nachhaltig mitvollzogen und mitgetragen. Deshalb kann es nicht verwundern, daß der Umbruch zur entfalteten Moderne seit Ende der sechziger Jahre sich zum ersten Mal nicht mehr am Rande, sondern mitten in der katholischen Teiltradition des Christentums vollzieht. Die Transformationsprozesse der christlichen Religion, die wir im letzten Abschnitt analysiert haben, sind deshalb gleichzeitig tiefgreifende Auflösungs- und Umbauprozesse des Katholizismus als Sozialform der Christentumsgeschichte.

Den in historischer Vergleichsperspektive revolutionär anmutenden Wandlungsprozessen im Katholizismus der Bundesrepublik unter entfaltet-modernen – und in diesem Sinne: „post"-modernen – gesellschaftlichen Bedingungen wollen wir uns nun zuwenden. In einem ersten Schritt soll es um die Prozesse der Auflösung jener komplexen Sozialform gehen, deren Bildungsprozeß im Kontext bürgerlich-moderner Industriegesellschaft wir oben verfolgt haben. Die Analyse wird sich auf die Transformations- und Beharrungstendenzen in den einzelnen Dimensionen der Sozialform des neuzeitlichen Katholizismus konzentrieren. Im Mittelpunkt des zweiten Teils steht die Frage, welche Sozialgestalt die katholische Teiltradition des Christentums im gegenwärtigen Umbruch zu einer „post"-modernen Gesellschaft annimmt. Insgesamt handelt es sich um Konkretisierungen und Spezifizierungen jener Prozesse, die wir im letzten Kapitel für die christliche Tradition ingesamt konstatiert haben.

8.2 Die Auflösung des Katholizismus als Sozialform

8.2.1 Die Auflösung des Katholizismus im Kontext des gesellschaftlichen Umbruchs zur „Post"-Moderne

Es sei noch einmal daran erinnert: Im Kontext der bürgerlich-modernen Industriegesellschaft hatte die katholische Tradition in der zweiten Hälfte des 19. Jahrhunderts eine spezifische Sozialform herausgebildet, für die drei Merkmalskomplexe charakteristisch waren:
1. die Einbindung unterschiedlicher katholischer Sozialmilieus in ein geschlossenes, konfessionelles Gruppenmilieu mit eigener „Welt-Anschauung", eigenen Institutionen und einer spezifischen Ritualisierung des Alltags;
2. die Zentralisierung und Bürokratisierung der kirchlichen Amtsstrukturen mit einer Sakralisierung der modernisierten Organisationsformen und einer Disziplinierung des von der „Welt" getrennten Klerus;
3. die Herausbildung eines weltanschaulich geschlossenen Systems, das sowohl die Distanz zur modernen Welt als auch den Anspruch auf ein Monopol letztgültiger Weltdeutungen legitimierte.

Die drei Merkmalskomplexe waren schon in ihrem Entstehungsprozeß eng miteinander verflochten und stützten und stabilisierten sich wechselseitig. Der Katholizismus als Sozialform – so wurde oben verdeutlicht – war ein integraler Teil der bürgerlich-modernen Industriegesellschaft. Er war Teil einer Gesellschaftsformation, die insgesamt ein Amalgam aus traditionalen und modernen Strukturelementen darstellte. Der Umbruch zur entfalteten Moderne – so die These dieses Abschnitts – bringt zentrale Elemente des Katholizismus als Sozialform zur Auflösung und destruiert damit das komplexe Gesamtgefüge des modernen Katholizismus, wie er sich seit der zweiten Hälfte des 19. Jahrhunderts herausgebildet hatte. In der hier eingenommenen Perspektive steht der Auflösungsprozeß des Katholizismus in einem engen Zusammenhang mit dem Ende der bürgerlich-modernen Gesellschaftsformation und dem Übergang zur „Post"-Moderne als radikalisierter und reflexiver Moderne. Mit dem weitgehenden Verschwinden traditionaler Produktions- und Lebensformen und dem Abschmelzen der Großgruppenmilieus verliert der Katholizismus seine in der zweiten Hälfte des 19. Jahrhunderts gewonnene soziale Basis. Die Enttraditionalisierung der industriegesellschaftlichen Lebensformen raubt ihm ebenfalls ein Stück eingelebter Geltung. Die Folgewirkungen des weitergehenden gesellschaftlichen Differenzierungsprozesses treffen damit den Ka-

tholizismus zum ersten Mal in seiner Geschichte ohne Rückzugs-
möglichkeiten in traditionale Lebenswelten. Sie konfrontieren ihn
mit einem strukturell erzeugten Individualisierungsschub und mit
dem Zwang, die Teilnahme am religiösen Leben für den einzelnen
freizugeben und kompatibel zu machen mit der Inklusion in alle anderen gesellschaftlichen Lebensbereiche (*Luhmann* 1977:232ff.;
Dobbelaere 1987:14). Der Katholizismus sieht sich damit gesell-
schaftsstrukturell erzeugten Ansprüchen auf Freiheit, Selbstbestimmung und Autonomie des einzelnen gegenüber, denen sich seine
traditionalisierte Sozialform als nicht gewachsen erweist. Die in den
milieuspezifischen Ritualisierungen des Alltags verankerten Kom-
munikationsbeschränkungen und Negationsverbote brechen zusammen und schaffen neue Räume der Kontingenz, Kritik und
polarisierenden Auseinandersetzung. Die oben konstatierten Prozesse der Individualisierung, De-Institutionalisierung und Pluralisierung vollziehen sich nicht mehr außerhalb oder am Rande des
Katholizismus, sondern reichen bis in seine Kernbereiche hinein
und lösen seine aus dem 19. Jahrhundert stammende Sozialform
auf.

Wenden wir uns auf diesem Hintergrund nun den Auflösungsprozessen des Katholizismus in seinen einzelnen Elementen zu. Der Beginn der Analyse bei den Komponenten der Milieuauflösung
bedeutet nicht, daß ihnen irgendeine determinierende Kraft in bezug auf die übrigen Elemente zugesprochen wird. Der Auflösungsprozeß des Katholizismus als Sozialform stellt vielmehr – wie schon
sein Bildungsprozeß – ein komplexes Geschehen dar, dessen Einzel-
elemente sich wechselseitig beeinflussen. Bei der Analyse der einzelnen Komponenten müssen im Folgenden die übrigen in ihrem
wechselseitigen Einfluß aufeinander immer mitgedacht werden, so
daß sich erst in der Gesamtperspektive die volle Plausibilität der Argumentation erweist.

8.2.2 Risse in der katholischen „Welt-Anschauung"

Für das katholische Milieu war – so hatten wir gesehen – eine spezifische religiöse „Welt-Anschauung" und Frömmigkeit charakteristisch. Im Mittelpunkt dieses religiösen Deutungsmusters stand ein
ausgeprägter Dualismus von Gott und Teufel, Gott und Welt, Himmel und Hölle, gut und böse. Die dualistische „Welt-Anschauung"
war verbunden mit einem Gottesbild, in dessen Zentrum das Bild
des gerechten, strafenden Richters stand, der am Ende des Lebens
seinen unabänderlichen Richterspruch verkündet. Die dualistische

„Welt-Anschauung" und das Gottesbild des gerechten Richters boten leicht zugängliche Anknüpfungspunkte für die kirchliche „Heilsverwaltung". Der Gnadenschatz der Kirche und die entlastende Fürsprache der Heiligen stellten ein zentrales kirchliches „Organisationsmittel" dar, das für die in der dualistischen „Welt-Anschauung" sozialisierten Gläubigen hohe Relevanz besaß. Der Durchbruch zur entfalteten Moderne – so unsere These – ruft tiefgreifende Veränderungen im Gottesbild hervor und macht die milieuspezifische katholische „Welt-Anschauung" mit ihrem ausgeprägten Dualismus unplausibel. Unter den Inklusionserfordernissen eines hochdifferenzierten Gesellschaftssystems setzen sich auch im Gottesbild die Momente der Inklusion, der zugesagten Gnade eines über den Tod hinaus barmherzigen Gottes gegenüber dem Bild eines strafenden, rächenden und richtenden Gottes durch. Wie eine repräsentative Umfrage zum Gottesbild aus dem Jahr 1986 zeigt, dominieren heute im Gottesbild eindeutig Merkmale wie „verzeihend", „gibt Geborgenheit", „gütig" und „gerecht". Während diese vier Eigenschaften die Spitze der Rangskala einnehmen, rangieren Aspekte wie „mächtig" (10. Rangplatz) und „streng" (25. Rangplatz) eindeutig im hinteren Feld (*Institut für Demoskopie Allensbach* 1986:Tab. 7 a.7 b)[38]. Innerkirchlich wird diese Entwicklung ablesbar an der allmählichen Erosion des Topos der Höllenpredigt mit ihrer Dramatisierung der Wirklichkeit des Todes und des Gerichts[39]. Die dualistische „Welt-Anschauung" war eng verknüpft mit der Akzentuierung der Sexualität als zentralem, angstbesetztem Gefährdungsmoment des ewigen Heils. Heute wird deutlich, daß im Kontext entfalteter Modernität die Verbindung eines die Lebensführung bis in den letzten Winkel kontrollierenden und strafenden Richtergottes mit einer engen Normierung des Sexualverhaltens alle Ansatzpunkte für eine innere Plausibilisierung verliert. Empirisch spiegelt sich dies in der sich verstärkenden Distanzierung der Mehrheit der Katholiken von den traditionellen kirchlichen Sexualnormen wider (*Institut für Demoskopie Allensbach* 1989 a; *Institut für kirchliche Sozialforschung des Bistums Essen* 1991). Die plötzliche Entleerung der Beichtstühle trotz eher zunehmenden Bedarfs an Selbstthematisierung (*Hahn* 1982) weist in dieselbe Richtung. Insgesamt wird

---

[38] Ähnlich argumentiert *Günter Kehrer* mit weiteren empirischen Verweisen (1988:22).
[39] Bernhard Groethuysen hat bereits auf die Bedeutung der Todes- und Höllenproblematik für die Auseinandersetzung des Bürgertums mit dem Katholizismus im 17. und 18. Jahrhundert hingewiesen (*Groethuysen* 1978). Zum „Höllenverlust" in der katholischen Predigt siehe neuerdings: *Ebertz* 1992.

deutlich, daß sich die milieuspezifische katholische „Welt-Anschauung" dem neuen zivilisatorischen Niveau in der Entwicklung des Gottesbildes und der Verknüpfung von Transzendenz und Immanenz – zumindest empirisch – als nicht gewachsen erweist. Mit dem Aufbrechen der katholischen Milieuzusammenhänge als schützender Plausibilitätsstrukur wird die katholische „Welt-Anschauung" faktisch untradierbar[40].

8.2.3 Herauslösung aus der Welt katholischer Institutionen

In der institutionellen Dimension hielt die katholische Milieubindung ein konfessionsspezifisches Rollenrepertoire bereit, das für den typischen Lebenslauf des Katholiken „von der Wiege bis zur Bahre" (*Klöcker* 1991) reichte und nach Möglichkeit alle Lebensbereiche abdeckte. Von der Form der Inklusion in die Gesellschaft her betrachtet, handelte es sich um eine doppelte, gestufte Inklusion, wobei die Integration in den sonderkulturellen Lebenszusammenhang des Milieus der gesellschaftlichen Inklusion vorgeschaltet war. Diese Struktur begrenzte zum einen die interne funktionale Leistungsfähigkeit der gesellschaftlichen Teilsysteme, zum anderen legte sie der individuellen Rollenkombination des einzelnen in der Art der Teilhabe an den gesellschaftlichen Funktionssystemen erhebliche Restriktionen auf.

Genau an diesen beiden Punkten – so läßt sich zeigen – bricht die institutionelle Struktur des katholischen Milieus im Umbruch zur entfalteten Moderne zusammen. So setzt sich etwa schon in den sechziger Jahren auch unter der Mehrheit der Katholiken die Überzeugung durch, daß die Konfessionsschule als staatliche Regelschule den Leistungsanforderungen eines modernen Bildungswesens als Voraussetzung gesellschaftlicher und wirtschaftlicher Entwicklung nicht gewachsen sei[41]. Die konfessionelle Prägung des staatlichen Bildungswesens gerät nun auch unter Katholiken in den Verdacht, das Bildungsdefizit der Bundesrepublik im allgemeinen und das der Katholiken im besonderen zu verursachen (*Gabriel/*

---

[40] Die Tradierungskrise des Glaubens wird damit wesentlich eine Frage der Inhalte. So auch die Argumentation bei *Mieth* 1987.

[41] *F.Spotts* bringt den hier gemeinten Sachverhalt auf den Begriff, wenn er schreibt: „Für die katholischen Eltern Mitte der sechziger Jahre war die Qualität der Schulbildung – und nicht ihr religiöser Charakter – von vorrangiger Bedeutung. Der Wunsch, aus der Isolierung auszubrechen, traf sich mit dem Streben, den Bildungsstandard durch Rationalisierung des Schulwesens anzuheben. Damit war die Bekenntnisschule zum Untergang verurteilt" (1976:192f).

Kaufmann 1988:45). Die Forderung nach einem konfessionellen Bildungssystem als zentraler Teil des kirchlichen Sozialisationsmonopols bildete aber seit jeher das Herzstück kirchenamtlicher Gesellschaftspolitik. Prälat Kaas an der Spitze der Zentrumspartei gab zum Beispiel 1928 die Weimarer Republik auf, als die Reichsschulgesetzgebung scheiterte und damit der Versuch, die Konfessionsschule in Deutschland wieder generell einzuführen (*Weber* 1991:30 Anm. 59). Vierzig Jahre später versagen die Katholiken – auch ihr verbandlich organisierter Teil – den Bischöfen in dieser Frage weitgehend die Gefolgschaft. Zum ersten Mal zerbricht auf breiter Front die für den neuzeitlichen Katholizismus charakteristische Einheit von Kirchenleitung und Volk. Im nordrhein-westfälischen Schulstreit stehen die Bischöfe im Kampf um die Erhaltung der Konfessionsschule allein und sehen sich gezwungen, ihre Position zu räumen. Gemäß der Ergebnisse der Volksbefragung im Jahr 1968 bleiben von den 1307 nordrhein-westfälischen Hauptschulen nur 71 als Konfessionsschulen erhalten. „Zum ersten Mal seit dem Kulturkampf" – so Frederic Spotts – „hatte die katholische Elternschaft ihre Bischöfe demonstrativ im Stich gelassen" (1976:198).

Was hier am Beispiel der Auseinandersetzung um die staatliche Konfessionsschule deutlich wird, kann als exemplarisch gelten für den Plausibilitätsverlust einer konfessionsspezifischen Prägung zentraler gesellschaftlicher Funktionssysteme unter Leistungs- und Inklusionsdruck. Heute stehen zwar in allen sozialisationsrelevanten Teilsystemen nach wie vor katholische Einrichtungen zur Verfügung. Sie sind aber nicht mehr der institutionelle Ausdruck eines katholischen Milieuzusammenhangs, in den die Katholiken hineingeboren werden als Teil eines vorgegebenen Rollenrepertoires. Die Teilnahme folgt vielmehr der Logik selbstbestimmter Entscheidung, die sich an einem komplexen Bündel von Kriterien mit einer deutlichen Präferenz für die Qualität der Funktionserfüllung orientiert. Die Wahl eines katholischen Krankenhauses zum Beispiel hat heute – in den jüngeren Altersgruppen sprunghaft zunehmend – so gut wie nichts mehr zu tun mit der Einbindung in ein katholisches Milieu, sondern erfolgt nach komplexen Kriterien der Zugänglichkeit und Qualität der Versorgung. Als Erweiterung des Wahlspektrums gegenüber dem staatlichen Monopol von Dienstleistungen erhalten die konfessionellen Angebote eine neue, den Inklusionserfordernissen des Gesellschaftssystems entsprechende Legitimation (*Boll* 1987). Dies schließt nicht aus, daß sie für eine Minderheit als institutionelle Struktur eines geschlossenen „Rest-Milieus" fungie-

169

ren. Die Mehrheit der Katholiken kombiniert aber ihre Teilnahme an den gesellschaftlichen Funktionssystemen in „anspruchshafter Selbstbestimmung" (*Luhmann* 1987 a:132) nach Gesichtpunkten individueller Wahl, ohne daß milieuspezifisch vordefinierte Rollenrepertoires noch zum Zuge kämen. Das vieldiskutierte Phänomen weiterhin wirksamer Wahlpräferenzen der Katholiken für die Unionsparteien auch bei nachlassender Kirchenbindung zieht gerade als „Anomalie" Aufmerksamkeit auf sich[42]. Die Katholiken sind heute weit davon entfernt, in ein konfessionelles Institutionengeflecht und ein Lebenslaufmuster einfach hineingeboren zu werden. Ihre Teilnahme an den nach wie vor alle Lebensbereiche abdeckenden konfessionsspezifischen Institutionen ist hochselektiv und abhängig von individuellen Präferenzen im Lebenslauf. Insgesamt handelt es sich um ein Minderheitenphänomen.

8.2.4 Entritualisierung des Alltags

Für die Aufrechterhaltung alltagswirksamer „Welt-Anschauungen" spielen nicht nur stützende institutionelle Gefüge eine wichtige Rolle, sondern auch Rituale, in denen die „Welt-Anschauung" in ihrer Tiefenstruktur symbolisch zur Darstellung kommt (*Malinowski* 1973; *Douglas* 1974; *Werlen* 1984; *Gabriel* 1988; *Fuchs* 1992). Für die konfessionsspezifischen Alltagsrituale – vom Fleischverbot am Freitag, über Buß- und Andachtsübungen zu festgelegten Zeiten, bis zum katholischen Kalenderjahr mit seinen Höhepunkten – ist nun in besonders ausgeprägter Form zu konstatieren, daß sie ihre Funktion als einheitsstiftende Gruppenrituale relativ plötzlich und ersatzlos einbüßen (*Kühr* 1985:256). Seit den sechziger Jahren brechen sie auf breiter Front zusammen oder erfahren eine Veränderung in ihrem sozialen Bezug. So kommt es bis hin zu den Ritualen an den Lebenswenden zu einer bedeutsamen Verschiebung des Gruppenbezugs von einer milieuspezifischen Religiosität hin zu Formen einer Familienreligiosität (*Ebertz* 1988:407 ff.). Manche Formen konfessionsspezifischer Ritualisierung des Alltags überleben zwar als religiöser Ausdruck regionaler Identitäten. Aber in ihrer sprachlosselbstverständlichen, einheitsstiftenden Funktion für den Katholi-

---

[42] *Karl Schmitt* vertritt die These, „daß bei den säkularisierten Katholiken ein Transfer von ‚sozial abgeleiteter' in ‚originäre' CDU/CSU-Parteibindung stattgefunden hat"(*Schmitt* 1985:326). In seiner Sicht handelt es sich beim Wahlverhalten der Katholiken um ein „Erbstück" der Wirkungen des Milieus (1985:326). Pappi spricht vorsichtiger davon, daß heute „die konfessionelle Konfliktlinie durch eine religiöse" überlagert wird (1985:287).

zismus als Großgruppenphänomen haben sie heute ihre Wirksamkeit weitgehend verloren.

Wenn wir im Gesamtgefüge des sich auflösenden Katholizismus als Sozialform nach den besonderen Gründen für den Verlust der konfessionellen Gruppenrituale fragen, kommen zwei Ursachenkomplexe in den Blick. In ihrer sprachlosen Stilisierung von Verhaltensformen haben Rituale ihre zentrale latente Funktion darin, Negationsmöglichkeiten auszuschalten (*Luhmann* 1977:87). Sie lassen sich geradezu als „Abschottungskommunikation" (*Fuchs* 1992:5) beschreiben. Brechen in sie Negationsmöglichkeiten ein, verlieren sie ihre Funktion. Es kann für den Auflösungsprozeß des Katholizismus als besonders aufschlußreich gelten, daß im Umbruch zur entfalteten Moderne von zwei Seiten her Negationsmöglichkeiten entstehen und die konfessionellen Ritualisierungen gleichsam in einer Zangenbewegung aufgebrochen werden.

Auf der einen Seite ist im Umbruch zur entfalteten Moderne seit Ende der sechziger Jahre eine sprunghafte Ausweitung der Negationsmöglichkeiten in allen gesellschaftlichen Bereichen zu beobachten. An vorderster Stelle geraten dabei in allen Funktionssystemen die auf „Abschottungskommunikation" spezialisierten Ritualisierungen unter Druck. Von den Universitäten über die Gerichte bis hin zu den politischen Kommunikations- und Verhaltensformen kommt es zu einer schubartigen Entritualisierung des sozialen Lebens. Die Ausweitung der Negationsmöglichkeiten beeinflußt gerade auch die Mehrheit der mit Nachdruck um Anschluß an die gesellschaftlicher Kommunikationsprozesse bemühten Katholiken. Es kann deshalb nicht überraschen, daß die konfessionsspezifischen Gruppenrituale ihre latente Funktion der Ausschaltung von Negationsmöglichkeiten einbüßen und zu einem bevorzugten Feld der Distanzierung vom Gruppenmilieu werden.

Ein zweiter, von innen heraus wirksamer Prozeß kommt hinzu: Die kirchlich-theologische Reform hebt die Rituale unter dem Gesichtspunkt thematischer Reinigung, Vereinfachung, Verstehbarkeit und theologischer Legitimität ins Bewußtsein (*Schmied* 1988:45). Sie ist dabei sowohl an theologischer Rationalität orientiert, als auch von dem Gespür geleitet, daß die herkömmlichen Ritualisierungen als Ausdruck einer agrargesellschaftlichen Lebenswelt den modernisierten Kommunikationserfordernissen nicht mehr angemessen und gewachsen sind. Auch dort, wo die Artikulation der Probleme und die kirchlich-theologische Reform die Rituale gerade retten will, kommt es zu einem „Verstoß" gegenüber ihren latenten Funktionsbedingungen. Sie öffnen sich für Negationsmöglichkeiten, werden

171

kontingent und nun gerade zum bevorzugten Ort der Auseinandersetzung zwischen traditionalistischen und progressiven Kräften im
Katholizismus. Ihre Funktion als integrierende Gruppenrituale haben sie damit verloren[43].

Insgesamt wird deutlich, daß im Prozeß der Auflösung des konfessionsspezifischen Milieus der Katholiken seit den sechziger Jahren eine Vielzahl von Faktoren zusammenwirken. Sozio-ökonomi-
sche Veränderungen gehen Hand in Hand mit Verschiebungen in
der Sozialstruktur und in der Form, wie der einzelne in die Gesellschaft integriert wird. Die einsetzende Entritualisierung des konfessionell geprägten Alltagslebens verbindet sich mit einem Auswande-
rungsprozeß der Katholiken aus den institutionellen Netzen der
Kontaktwahrung und –verstärkung. Damit wird gleichzeitig die
konfessionsspezifische „Welt-Anschauung" mit ihren Deutungs-
und Auslegungsschemata der Welt für die Mehrheit der Katholiken
unplausibel und untradierbar. Die Milieuauflösung selbst wird wiederum beeinflußt von Entwicklungen in den amtskirchlichen Strukturen und ihrer Wahrnehmung seitens der Öffentlichkeit und der
Gläubigen, wie auch durch Veränderungen im übergreifenden religiösen Deutungssystem und seiner institutionellen Kontrolle. Um die
beiden letzteren Aspekte geht es in den folgenden Ausführungen.

8.2.5 Entsakralisierung der empirischen Kirchenstrukturen

Die kirchliche Organisationsstruktur insgesamt verändert ihren seit
der zweiten Hälfte des 19. Jahrhunderts gewonnenen Charakter nur
wenig. Die Beschlüsse des Zweiten Vatikanischen Konzils führen
zwar auf vielen Ebenen zum Einbau kollegialer und synodaler Elemente in die Kirchenstruktur. Die nachkonziliare Entwicklung ist
aber gleichzeitig durch das Bemühen des römischen Zentrums gekennzeichnet, die kollegialen und synodalen Tendenzen des Konzils
mit den Mitteln des Kirchenrechts in den engen Grenzen der im
19. Jahrhundert gewonnenen Kirchenstruktur zu halten[44]. Der heute
beobachtbare „neue Kirchenkurs" (*Hauer/Zulehner* 1991:33 ff.)

---

[43] Es fällt auf, daß sich die soziologische Analyse im Anschluß an die rituellen Reformen des Zweiten Vatikanischen Konzils einseitig auf die zweite Ursachenkette bezieht
und den ersten Bereich unterbelichtet läßt. Diese Tradition beginnt schon bei *Mary
Douglas* (1974) und wird von *Lorenzer* (1981), *Schmied* (1988) und *Fuchs* (1992) fortgesetzt.
[44] Wie *Knut Walf* zeigt, hat diese Entwicklung schon unmittelbar nach dem Ende des
Zweiten Vatikanischen Konzils mit dem Motuproprio Pauls VI. über das Amt der
päpstlichen Gesandten aus dem Jahr 1969 begonnen (*Walf* 1989:374).

macht von den Möglichkeiten zentralistischer Steuerung und Kontrolle wiederum offensiv Gebrauch und verschärft damit unter den „post"-modernen gesellschaftlichen Bedingungen die Auflösungs- und Differenzierungsprozesse im Katholizismus. Die Gründe hierfür sind primär in einer gesellschaftlichen Konstellation zu suchen, die es für die Mehrheit der Katholiken faktisch unmöglich macht, die empirische Kirchenstruktur als ein sakrales, für die Bewahrung ihres Glaubens unverzichtbares Moment zu betrachten. Im Bild von einer idealen Kirche spielen bei der großen Mehrheit der Katholiken heute sakrale Aspekte so gut wie keine Rolle. Im Zentrum des Idealbilds von Kirche stehen der Tendenz nach bei allen Katholiken, ob jung oder alt, ob „kirchennah" oder „kirchenfern", folgende Eigenschaften: „hilfreich", „gibt Geborgenheit", „gerecht", „auf der Seite der Armen", „bringt die Menschen dazu, sich mehr um andere zu kümmern", „sorgt dafür, daß die Menschen verständnisvoll miteinander umgehen", „gütig" und „verzeihend" (*Institut für Demoskopie Allensbach* 1986:Tab. 13 e). Eine so geartete Kirche wünschen sich explizit zwischen 75 und 60 Prozent der Katholiken, die „kirchennahen" sogar ein wenig ausgeprägter als die „kirchenfernen". Die Eigenschaft „heilig" rangiert dagegen in den Idealvorstellungen von Kirche unter allen Katholiken an 24. Stelle. Gerade noch 27 Prozent der Katholiken rechnen diese Eigenschaft zu ihrem Bild von einer idealen Kirche (*Institut für Demoskopie Allensbach* 1986:Tab. 13 f.). Das Idealbild von Kirche weist deutliche Parallelen zu dem oben angesprochenen, gewandelten Gottesbild auf. Die Vorstellungen von einem „menschenfreundlichen" Gott werden auf die Kirche übertragen und führen zu einem sehr anspruchsvollen Idealbild von Kirche. Dieses Idealbild teilen die Katholiken weitgehend mit der Gesamtbevölkerung, konfessionelle Unterschiede sind kaum mehr erkennbar.

Die gegenwärtige Kirchenwahrnehmung der Katholiken weist charakteristische Differenzen zu dem skizzierten Idealbild von Kirche auf. In der Wahrnehmung der katholischen Kirche rückt die Eigenschaft „heilig" zusammen mit Charakteristika wie „fordert ein bestimmtes Verhalten, eine bestimmte Lebensführung", „mächtig" und „streng" nicht nur bei der Gesamtbevölkerung, sondern auch bei den Katholiken auf die vordersten Rangplätze[45]. Hinsichtlich dieses Eigenschaftskomplexes sind auch deutliche Unterschiede zur

---

[45] In der Gesamtbevölkerung rückt die Eigenschaft „heilig" an die 5. Stelle, bei den Katholiken an die 7. Stelle (*Institut für Demoskopie Allensbach* 1986:Tab. 14 a u. 14 e).

Wahrnehmung der evangelischen Kirche zu verzeichnen[46]. Insgesamt wird erkennbar, daß die Mehrheit der Katholiken sich eine ausgesprochen entsakralisierte Kirche wünscht, an der realen Kirche der Gegenwart aber Elemente einer sakralen Aura als Dissonanzerfahrung wahrnimmt. Damit hat sich eine Tendenz, die schon in den Ergebnissen der Synodenumfrage 1972 deutlich wurde, offenbar weiter verstärkt. Schon damals wurde erkennbar, daß sich die Kirchenwahrnehmung der Katholiken bis in die kirchlichen Kerngruppen hinein der Tendenz nach der allgemeinen Kirchenwahrnehmung angenähert hatte. „Auch die kirchlichen Kerngruppen" – so faßte Kaufmann seine Interpretation von Ergebnissen der Synodenumfrage zusammen – „orientieren sich somit in der Einschätzung der Funktionen der Kirche in erheblichem Maße an Tendenzen der öffentlichen – von den Kirchen selbst nur wenig beeinflußten – Meinung, wenigstens auf dem Niveau, das durch Meinungsumfragen zu erfassen ist" (*Kaufmann* 1973:116).

Für den Katholizismus als Sozialform – so läßt sich resümieren – spielte eine historisch wirksam gewordene Sakralisierung der Kirchenstrukturen eine zentrale Rolle. Unter den Bedingungen entfalteter Modernität aber verliert die Kirche auch gegenüber ihren Gläubigen die Kontrolle über die Kommunikationsprozesse, in denen sich das Kirchenbild konstituiert. Zu dem heute aus dem Umfragematerial erkennbaren gesellschaftlichen Kirchenbild gehören sehr anspruchsvolle Idealvorstellungen von Kirche, die zugleich aber durch eine starke Tendenz zur Entsakralisierung gekennzeichnet sind. Das Kirchenbild auch der „kirchennahen" Katholiken läßt den nachhaltigen Einfluß des allgemeinen Kirchenbildes erkennen. Für die Aufrechterhaltung einer sakralen Aura als „triumphalistischer Heiligenschein" (*Kaufmann* 1979:137) einer zentralistisch-bürokratischen Organisationsstruktur sind damit zumindest gegenüber der Mehrheit der Katholiken keine Chancen mehr erkennbar. Vor diesem Hintergrund erweisen sich die nun zunehmend als „Amtskirche" wahrgenommenen zentralisierten und bürokratischen Kirchenstrukturen als „ungenügend", um unter den gegenwärtigen gesellschaftlichen Bedingungen christliche Sinngehalte kulturell plausibel zu repräsentieren und für die Tradierung des Christentums angemessene Sozialformen bereitzustellen (*Kaufmann* 1979:136).

---

[46] So fällt bei der Gesamtbevölkerung das Merkmal „heilig" im Realbild der evangelischen Kirche auf den 23. Platz zurück (*Institut für Demoskopie Allensbach* 1986:Tab. 15a u.15b).

8.2.6 Konziliare Umcodierung der christlichen Tradition

Im Bildungsprozeß des Katholizismus als Sozialform in der zweiten Hälfte des 19. Jahrhunderts – so war oben deutlich geworden – kam der spezifischen, kirchlich-theologischen Akzentuierung der christlichen Tradition eine konstitutive Bedeutung zu. Die christliche Tradition erhielt im Katholizismus die Form eines geschlossenen Glaubenssystems, das darauf ausgerichtet war, die Distanz der Kirche zur modernen Welt zu zementieren, der Kirche eine autonome Existenz gegenüber den Souveränitätsansprüchen des Staates zu sichern und die unendliche Überlegenheit der katholischen Weltanschauung gegenüber allen konkurrierenden modernen Ideologien zu behaupten. Diese Grundintentionen wirkten selektiv auf alles, was dann noch als kirchliches und theologisches Denken möglich war, führten zur Monopolstellung der Neuscholastik in der kirchlichen Philosopie und Theologie und zur Unterdrückung konkurrierender theologischer Traditionen und Interpretationsversuche bis in die unmittelbare Vorkonzilszeit hinein[47]. Die Ankündigung des Zweiten Vatikanischen Konzils und sein Verlauf führen gerade bei den für die Bildung des Katholizismus als Sozialform konstitutiven Eckpfeilern kirchlich-theologischen Denkens zwischen 1850 und 1950 zu einer tiefgreifenden „Umcodierung" der Glaubenstradition. Ohne sich an irgendeiner Stelle über definierte katholische Lehrinhalte hinwegzusetzen, codiert das Konzilsdenken von „Dissoziation" auf „Dialog" um. Es sucht einen eigenen Standort für die Kirche in der modernen Welt und akzeptiert deren Existenz als Ort eines „verheutigten" Glaubens. Es schlägt Brücken zu den Denkströmungen der Gegenwart und entdeckt in ihnen bereichernde Einsichten für die eigene Auseinandersetzung mit den „Zeichen der Zeit". Es akzentuiert eine solidarische Zeitgenossenschaft mit allen Menschen, besonders mit den „Armen und Bedrängten aller Art". Es legitimiert die Pluralität von sprachlichen und kulturellen Ausdrucksformen des Glaubens in der Liturgie. Es stellt sich in der Frage der religiösen Freiheit und Autonomie des einzelnen gegenüber der öffentlichen Gewalt auf die Seite des Individuums und sagt sich von der Tradition erzwungenen Glaubens los. Es betrachtet das Gewissen des einzelnen, das auch als irriges Gewissen seine Würde nicht verliert, als den „Knotenpunkt der Gemeinsamkeit zwischen

---

[47] So hatten viele der führenden Konzilstheologen, wie Karl Rahner, Yves Congar, Henri de Lubac und Marie-Dominic Chenu römische Verurteilungen hinter sich.

Christen und Nichtchristen und damit als die eigentliche Drehscheibe des Dialogs" (*Ratzinger* 1968:330)[48].

Im Zusammenhang unserer Analyse kommt es nicht auf die im heutigen Richtungsstreit katholischer Theologien umstrittene Interpretation einzelner Konzilstexte an. Unbestreitbar delegitimiert aber das Konzil den über ein Jahrhundert herrschenden kirchlichen Triumphalismus, die scharfe Abgrenzung gegenüber der modernen Welt und ihre pauschale Abwertung als „Betriebsunfall" der (Heils-) Geschichte. Es löst sich damit von einem zentralen Baustein im Gebäude des Katholizismus als Sozialform und trägt so zu seiner Destabilisierung bei. In der hier eingenommenen Perspektive öffnet sich der Katholizismus, um den Anschluß an die gesellschaftliche Entwicklung nicht gänzlich zu verlieren. Dem Katholizismus der Zwischenkonzilszeit drohte gewissermaßen das endgültige „Herausfallen" aus der gesellschaftlichen Evolution[49]. Trotzdem erscheint es wichtig, den Einfluß des Konzils auf die Auflösung des Katholizismus als Sozialform nicht zu überschätzen. Die im innerkirchlichen Raum zu beobachtende Fixierung auf das Konzil als Auslöser und entscheidender Faktor des Auflösungsprozesses ist empirisch nicht haltbar und blendet die gesellschaftlichen Prozesse der Milieuauflösung im Übergang zur entfalteten Moderne weitgehend aus. Es sei noch einmal daran erinnert, daß sich, von denselben gesellschaftsstrukturellen Faktoren beeinflußt, parallel zum katholischen Milieu auch das der sozialistischen Arbeiterschaft auflöst. Dies bestärkt die Annahme, daß es auch ohne das Konzil zu beschleunigten Auflösungsprozessen im Milieuzusammenhang des Katholizismus gekommen wäre. Das Konzil verhindert, daß der Katholizismus auf das Schicksal eines insgesamt schrumpfenden, sich in fundamentalistischen Wertkonjunkturen hin und wieder ein wenig füllenden

---

[48] Von den Konzilstexten wird die „Umcodierung" am deutlichsten in den beiden Texten „Gaudium et spes" (Pastorale Konstitution über die Kirche in der Welt von heute) und „Dignitatis humanae" (Erklärung über die Religionsfreiheit) vollzogen. Sie durchzieht aber faktisch mehr oder weniger explizit alle Texte des Konzils. Prophetisch angekündigt wurde sie in der Eröffnungsrede Johannes' XXIII. zum Konzil (*Kaufmann/ Klein* 1990:116ff). Zur gegenwärtigen Auseinandersetzung um das Konzil siehe neuerdings *Richter* (1991).

[49] *Fuchs* bringt diesen Aspekt im Bezug auf die konziliare Reform des Messeritus und die Kirchenform des Konzils insgesamt mit folgenden Worten zum Ausdruck: „Sie ist gerade nicht aus der Evolution herausgefallen als gleichsam neben – oder überzeitliches Arrangement von Riten und Ritualen, sondern ist – unversehens – der Logik funktionaler Differenzierung (wie verspätet immer) gefolgt" (*Fuchs* 1992:9f). Für *Fuchs* besteht der Preis für diesen Anschluß an die Evolution darin, daß in der Reform des Messeritus „die Funktion der rituellen Form überhaupt angegriffen" wird (*Fuchs* 1992:10).

„Rest-Milieus" als Widerlager der modernen Gesellschaftsentwicklung festgelegt wird. Der Preis dafür ist der Verlust der seit dem 19. Jahrhundert gebildeten Sozialform und die Transformation hin zu einem für die katholische Teiltradition des Katholizismus revolutionär neu erscheinenden Pluralismus.

8.3 Pluralisierung des Katholizismus

8.3.1 Restrukturierungsprozesse im Katholizismus

Die Auflösung des Katholizismus als Sozialform ist die eine Seite des Geschehens im Umbruch zu „Post"-Moderne. Im Abschmelzungsprozeß des Milieukatholizismus werden gleichzeitig aber auch Umgruppierungs- und Neuformierungsprozesse der katholischen Tradition erkennbar. Um ihre Rekonstruktion geht es im folgenden Abschnitt[50]. Die Grundlinien des Wandels sind oben schon im Kapitel über das Schicksal des Christentums im Umbruch zur „Post"-Moderne beschrieben worden. Der Katholizismus steht heute nicht mehr als eine ausgegrenzte Sondertradition am Rande der Christentumsgeschichte, sondern rückt stärker in das Zentrum der Veränderungen. So läßt sich eine deutliche Individualisierung der katholischen Tradition mit all ihren Erscheinungsformen beobachten: Wie kaum eine andere Gruppe in der Gesellschaft werden die Katholiken aus über Generationen wirksamen Bindungen freigesetzt, erfahren eine Entzauberung ihrer traditionellen Weltdeutungsschemata, gleichen sich deutlich der bisher verteufelten protestantischen Tradition wie auch der allgemeinen Kultur an und entwickeln in der Verarbeitung dieser Erfahrungen ungeahnte Ansprüche religiös-ethischer Freiheit und Autonomie[51]. Im heutigen Katholizismus lie-

---

[50] In der sozialwissenschaftlichen und zeitgeschichtlichen Literatur der letzten Jahre liegen einige Versuche vor, die neueren Entwicklungen und Differenzierungen im Katholizismus zu beschreiben und einer erklärenden Analyse zugänglich zu machen. Es dürfte schon genügend deutlich geworden sein, daß sich die komplexen Vorgänge im nachkonziliaren Katholizismus nicht auf die Formel „von der Kirche zur Sekte" bringen lassen, wie dies *Gerhard Schmied* versucht (1988). Übereinstimmungen mit der hier vertretenen Analyse ergeben sich zur Arbeit von *Michael Klöcker*, wenn sich seine Ausführungen auch weithin auf eine zeitgeschichtliche Beschreibung der Phänomene beschränken (*Klöcker* 1991). Besonders anregend auch für die Diskussion um eine Erklärung der Transformationsprozesse im Katholizsmus die Arbeit von Urs Altermatt zum Schweizer Katholizismus (*Altermatt* 1989).
[51] Auf der Grundlage von Datenmaterial aus Österreich hat *Zulehner* die Entwicklung auf die eingängige Formel: „Vom Untertan zum Freiheitskünstler" gebracht (*Zulehner* u. a. 1991:) gebracht.

gen die Verlusterfahrungen einer bergenden Welt von Riten, Bildern, Symbolen und Deutungen eng beieinander mit tiefgreifenden Befreiungserfahrungen aus der Enge eines angstbesetzten, religiös drappierten Zwangssystems.

Auch die De-Institutionalisierungsprozesse des Christentums hinterlassen nirgendwo so tiefe Spuren, wie in der katholischen Tradition. Die Kirchenkritik macht sich heute vornehmlich an der katholischen Kirche fest, ihr Bild in der Öffentlichkeit trägt deutlich negativere Züge als das der evangelischen Kirche (*Institut für Demoskopie Allensbach* 1986:13 a.13 b.14 a.14 b). Wenn heute die Katholiken in ihrer Mehrheit sich nicht mehr „als gläubiges Mitglied ihrer Kirche" verstehen – 37 Prozent geben dies noch an –, sondern von sich sagen, daß für ihr Christsein die Kirche „nicht viel Bedeutung hat" (31 Prozent) bzw. daß sie sich in ihren Glaubensansichten „ganz unabhängig von der Kirche" fühlen (14 Prozent), dann wird das Ausmaß der Distanzierung von der kirchlichen Institution deutlich. Nur für ein Drittel der Katholiken gehört heute die Orientierung an der Institution zum Christsein unbedingt dazu (*Institut für Demoskopie Allensbach* 1989 a:18 u. 52). Das Abrücken von kirchlichen Verhaltensanforderungen – so zumindest die Zahlen für den Gottesdienstbesuch – hat in den letzten fünfzehn Jahren gerade die Katholiken auf dem Land und in den Dörfern erfaßt. Mit sinkender sozialer Kontrolle zugunsten des Gottesdienstbesuchs auf dem Land verringert sich gegenwärtig der Abstand zwischen Stadt und Land rapide (*Institut für Demoskopie Allensbach* 1989 a:39).

Im Katholizismus sind analog zur Pluralisierung der christlichen Tradition insgesamt tiefgreifende neue Differenzierungen und Polarisierungen unverkennbar: zwischen expliziter, gemeinde-, verbands- und gruppennaher Bestimmtheit des Glaubens und einem unbestimmten „Christenleben ohne Kirche" (*Altermatt* 1989:356); zwischen katholisch geprägten gesellschaftlichen Kulturmustern, der institutionellen Verfaßtheit der katholischen Glaubenstradition und den individuellen Transformationsgestalten der Glaubens- und Lebenspraxis der einzelnen Katholiken an der Basis; zwischen den „Berufsrollen-Christen", den interaktiven Mitgliedern und jenen, die sich auf eine symbolisch-generalisierte Mitgliedschaft beschränken; zwischen den Verfechtern eines fundamentalistischen Rückzugs ins Milieu, den „Modernisten", denen die Kirche noch lange nicht modern genug ist, und jenen, die nach „post"-modernen Alternativen aus dem Unbehagen an der Modernität in Gesellschaft und Kirche suchen. Auf dem Boden der katholischen Tradition gehen

auch die an Kontingenzverarbeitung orientierten religionsproduktiven Tendenzen auf der einen Seite und die weltweiten Tendenzen
eines prophetisch-gesellschaftskritischen Christentums auf der anderen Seite besonders weit auseinander. Wo die skizzierten Diffe-
renzierungs- und Konfliktlinien sich überschneiden, kristallisieren
sich gegenwärtig fester umrissene „Sektoren" innerhalb der katholischen Tradition heraus und begründen als neue Sozialform einen
pluralen Katholizismus[52].

8.3.2 Der fundamentalistische Sektor

Zunächst ist erkennbar, daß sich im Umbruch zur „Post"-Moderne
die in den Katholizismus als Sozialform insgesamt eingelassenen
Elemente eines kirchlichen Fundamentalismus zu einem „Sektor"
innerhalb der pluralen Struktur des Katholizismus verselbständi-
gen[53]. Der neue fundamentalistische Sektor innerhalb des Katholizismus verfolgt verständlicherweise ein restauratives Programm. Er
möchte zurück in die Struktur des klassischen modernen Katholizismus zwischen 1850 und 1950 mit seinem offiziösen, hierarchisch
gestützten Fundamentalismus (*Weber* 1991). Es kann auch wenig
überraschen, daß die Befürworter dieses Kirchenkurses ihren primären Rückhalt in der kirchlichen Hierarchie nah am römischen
Zentrum besitzen. Die nachkonziliare Entwicklung hat alle Be-
fürchtungen des konservativen Flügels auf dem Konzil bestätigt,
daß die vom Konzil vollzogene Umcodierung der christlichen Tradition mit der im 19. Jahrhundert herausgebildeten und als Vollendung eines langen Weges gefeierten zentralistisch-hierarchischen
Kirchenstruktur nicht vereinbar ist. Vor die Alternative gestellt, entweder dem konziliaren Paradigmenwechsel auch in der Kirchenstruktur mit einem Wechsel vom „hierarchisch-autoritären zum
basisnahen Paradigma" (*Altermatt* 1989:346) zu folgen oder von
dem auf dem Konzil eingeschlagenen Weg wieder abzurücken, erscheint für viele in der Hierarchie letzteres zumindest als das kleinere Übel. Die Radikalität des Umbruchs zur „Post"-Moderne mit
der Auflösung des Katholizismus als Sozialform verschafft heute
einer am Konzil sich festmachenden Krisendiagnose und entspre-

---

[52] „Sektoren" hier im Anschluß an Altermatt gebraucht, der von einer nachkonziliaren „Sektorenkirche" spricht (*Altermatt* 1989:343 ff).
[53] Zum katholischen Fundamentalismus siehe: *Ebertz* 1989; *Kienzler* 1990a; *Kepel*
1991; *Weber* 1991; *Beinert* 1991.

chenden innerkirchlichen „Sanierungsprogrammen" ihre unmittelbare Plausibilität (*Hauer/Zulehner* 1991:35 ff.). Es kommen zwei wichtige Faktoren hinzu. Die vom gesellschaftlichen Umbruch wie von der konziliaren Reform aufgerührten Traditionsbestände konfessionsspezifischer katholischer Identität haben sich weiter fundamentalisiert. Sicherheit vor und in dem verschärften Modernisierungsprozeß wird in der absoluten Geltung der vorkonziliaren Tradition und ihren Frömmigkeitsformen gesucht. Der katholische Fundamentalismus hat unter den vom neuerlichen Modernisierungsschub an den Rand Gedrängten und Verängstigten eine neue Basis gefunden. Als „Rest-Milieu" halten sie um so schärfer und absoluter an den Grenzmarkierungen fest, die das katholische Milieu einst von der „Welt" draußen trennte (*Ebertz* 1989). Als Ausdruck der neuen „Weltkommunikation" haben Beobachter in den letzten Jahren die Vorgänge im Katholizismus in Parallele gesetzt zu weltweiten Phänomenen des Aufstands gegen die Moderne in den Weltreligionen (*Kepel* 1991). Das Unvergleichbare der Phänomene hat nicht verhindert, das Klima für den katholischen Fundamentalismus insgesamt zu verbessern. Von hier aus lassen sich auch Bezüge zur neuen Diskussion um die Postmoderne herstellen. Plötzlich scheint sich ein neuer Ausweg aus dem Modernitätsdilemma des Katholizismus aufzutun: Die Postmoderne setzt sich über allen „Vollendungszwang der Moderne" (*Koslowski* 1986) auch für die christliche Tradition hinweg und scheint Raum zu geben für ein überzeitliches, „vormodern-postmodernes" historisches Gebilde mit einer besonderen Nähe „zum Ästhetischen und Archaischen, zum Emotionalen und Symbolischen" (*Altermatt* 1989:381). Wie die postmoderne Utopie insgesamt, so mündet heute auch der sich aus vielen Quellen speisende katholische Fundamentalismus in einen innerkatholischen Pluralismus ein und verschärft ihn gerade gegen seine eigenen Intentionen. Zum fundamentalistischen Sektor sind heute nach verfügbaren empirischen Hinweisen in den westlichen, entwickelten Ländern keinesfalls mehr als 10 Prozent der Katholiken zu rechnen[54]. Soweit der Fundamentalismus in der Hierarchie zur Geltung kommt, erzeugt er

---

[54] Wie *Zulehner* aus der Untersuchung „Religion im Leben der Österreicher" aus dem Jahr 1990 berichtet, stimmen 8,10 Prozent der Österreicher dem von den Bischöfen Groer, Krenn, Eder und Küng repräsentierten Kirchenkurs zu (*Hauner/Zulehner* 1990:63). In Deutschland wird man Zahlen in ähnlichen Größenordnungen erwarten können.

heute so etwas wie ein „vertikales Schisma" (*Altermatt* 1989:354) in der katholischen Kirche.

8.3.3 Der explizite und interaktive Sektor

Die Mehrzahl der „expliziten Christen" unter den Katholiken ist nicht fundamentalistisch. Sie bilden einen gut konturierten zweiten Sektor in der pluralen Struktur des Katholizismus. Es handelt sich um jene Katholiken, die ihren Glauben institutionsnah leben und durch die regelmäßige Teilnahme am kirchlichen Interaktionsgefüge absichern. Der einigermaßen regelmäßige Sonntagskirchgang hat sich in den letzten Jahren zum wichtigsten, Grenzen markierenden Kriterium dieses Sektors herausgebildet[55]. Darin kommt zum Ausdruck, daß unter den gegenwärtigen gesellschaftlichen Bedingungen „explizite Christlichkeit durch eine hohe soziale Interaktionsdichte abgestützt wird oder werden muß" (*Krüggeler* 1991:254). Die bekundete starke Bindung an die Kirche – 32 Prozent der Katholiken insgesamt (*Institut für Demoskopie Allensbach* 1989 a:Tab. 10) – geht einher mit Autonomieansprüchen in der eigenen Lebensführung und Distanznahmen gegenüber kirchlichen Normansprüchen, insbesondere im Bereich der Sexualethik und der gesetzlichen Regelung des Schwangerschaftsabbruchs. Für die Mehrheit ist eine gewisse Betreuungsmentalität unverkennbar. Ihr entspricht die Konzentration der kirchlich-pastoralen Bemühungen auf die Erhaltung einer flächendeckenden Seelsorge mit Schwerpunkten in der Sakramentenpastoral und der Gemeinschaftsbildung. Die Pfarrgemeinden sehen sich herausgefordert, den Verlust des katholischen Milieuzusammenhangs als Rahmen und Grundlage kirchlicher Sozialisation soweit als möglich zu kompensieren. Auch die katholische Vereins- und Verbandstätigkeit vor Ort dient zunehmend der für die Aufrechterhaltung expliziter Christlichkeit notwendigen Interaktionsdichte. Der Schwerpunkt kirchlich-katholischen Lebens hat sich vom stark schrumpfenden Vereins- und Verbändewesen auf die Pfarrgemeinde hin verschoben. Insofern ist der explizite, sichtbare Katholizismus gemeindenäher geworden. Mehr und mehr gehört heute der traditionelle Vereins- und Verbandskatholizismus zum aktiven Kern dieses „Parochialkatholizismus" und

---

[55] *Lukatis/Lukatis* sprechen auf Grund ihrer Ergebnisse vom Gottesdienst als einer „Schlüsselfrage"(*Lukatis/Lukatis* 1989:68). Auch das Datenmaterial des Instituts für Demoskopie Allensbach macht auf „die Interaktion mit der Kirche über den Gottesdienst" als deutliche Grenzmarkierung aufmerksam (*Köcher* 1987:180f.).

prägt ihn mit. Eines der zentralen Probleme dieses Sektors ist seine ausgeprägte Überalterung (*Köcher* 1987:176). Von den 60jährigen und älteren Katholiken ist noch die Mehrheit diesem Sektor zuzurechnen, unter den 45- bis 59jährigen schrumpft der Anteil auf um die 40 Prozent, während schon unter den 30- bis 44jährigen nur noch ein Viertel diesem Sektor zuzugehören scheint. Unter den 20- bis 29jährigen wird nur noch eine Minderheit von einem Sechstel etwa in den Kreis der expliziten, interaktiven Christen integriert.

Wie nicht anders zu erwarten, unterscheiden sich die in diesem Sektor beheimateten Katholiken von der Gesamtbevölkerung durch eine wertmäßig konservative Mentalität. Lukatis/Lukatis sprechen insgesamt von einer stärkeren „Rechts-Tendenz" der katholischen Gottesdienstbesucher, auch im Verhältnis zu den „expliziten Christen" im protestantischen Bereich (1989:69). Zieht man neuere Untersuchungen zu den milieuspezifischen Kulturstilen in der Bundesrepublik heran, so kann man annehmen, daß in den Parochialgemeinden ein kleinbürgerlicher milieuspezifischer Kulturstil dominiert[56]. Insgesamt hat sich der nachkonziliare Katholizismus aber durch seine Reformen den bürgerlichen Bildungsschichten stärker angenähert (*Altermatt* 1989:369 f.) und bezieht seine Elite mehrheitlich aus einem „konservativ-gehobenen Milieu". Distanzen bestehen nach wie vor zu den milieuspezifischen Kulturstilen der „traditionellen" wie der „traditionslosen Arbeiter", mehr aber noch zu den neuen „aufstiegsorientierten", „technokratisch-liberalen", „hedonistischen" und „alternativ-linken milieuspezifischen Kulturstilen" (*Faltin* 1990:81 ff.).

Der explizite und interaktive Sektor des Katholizismus befindet sich nach wie vor in einem Schrumpfungsprozeß. In den letzten fünfzehn Jahren ist der bundesdurchschnittliche Rückgang aber fast ausschließlich auf Veränderungen in den Dörfern und Kleinstädten zurückzuführen, während sich der explizite Katholizismus in den Mittel- und Großstädten offenbar auf dem schon Mitte der siebziger

---

[56] Das Sinus-Institut hat 1984 mit großem empirischen Aufwand acht Milieus in der Bundesrepublik zu identifizieren versucht. Sie bestimmen sich im wesentlichen aus Merkmalsähnlichkeiten der Wertorientierungen, des Alltagsbewußtseins und des schichtmäßigen gesellschaftlichen Status. Der verwendete Milieubegriff stimmt damit nur partiell mit dem in dieser Arbeit benutzten Begriff überein. Folgende Milieus unterschied die Sinus-Studie: Konservativ-gehobenes Milieu(10 Prozent), Kleinbürgerliches Milieu(29 Prozent), Traditionelles Arbeitermilieu(9 Prozent), Traditionsloses Arbeitermilieu(8 Prozent), Aufstiegsorientiertes Milieu(21 Prozent), Technokratisch-liberales Milieu(11 Prozent), Hedonistisches Milieu(8 Prozent), Alternatives/Linkes Milieu(4 Prozent) (*Sinus* 1984). Zur weiteren Diskussion um die Sinus-Milieus siehe *Vester* 1989; *Faltin* 1990.

Jahre erreichten Niveau stabilisiert hat (*Institut für Demoskopie Allensbach* 1989 a:39). Allerdings läßt schon allein die sehr einseitige Altersstruktur einen weiteren Schrumpfungsprozeß erwarten.

8.3.4 Der Sektor diffuser Katholizität

Die Mehrheit der Katholiken unter 60 Jahren lassen sich einem dritten, am schwersten abzugrenzenden Sektor diffuser, unbestimmter Katholizität zurechnen. Über die Ausprägung dieses Sektors wissen wir am wenigsten. In der an „expliziter Christlichkeit" als Norm orientierten Umfrageforschung erscheint die Art der Zugehörigkeit zur Kirche, die in diesem Sektor gepflegt wird, als abweichend. Das Glaubenssystem erhält in der Regel Etiketten wie „verblaßt", „säkularisiert", „synkretistisch", was jeweils die Meßlatte des „expliziten" Christentums erkennen läßt[57]. Versucht man sich von diesem Bewertungsschema zu befreien und den diffusen Katholizismus als eine eigenständige Größe zu betrachten, kommen folgende Merkmalsausprägungen in den Blick. Deutlicher als im „expliziten" Sektor entsprechen die Glaubensformen hier der gesellschaftlich erzeugten, massenkulturellen Sozialform der Religion (*Luckmann* 1988:45 ff.). Der Glaube zeigt eine individualistische Prägung. Das Selbstverständnis ist um den als legitim betrachteten Anspruch zentriert, nach eigenen Kriterien der Plausibilität und Nützlichkeit für die Lebensbewältigung eine Auswahl aus den verfügbaren Deutungen treffen zu können, ja zu müssen. Die Nähe zur individuellen und besonders familiären, an Angst und Lebensunsicherheit orientierten Kontingenzverarbeitung gibt magischen Techniken religiöser Bewältigungspraxis des Lebens Raum. Es wird deutlich, daß aus dem kirchlich verfaßten Katholizismus freigesetzte Muster volksreligiöser Praxis und Gläubigkeit in der diffusen Katholizität wieder eine Rolle spielen. Man kann vermuten, daß im Katholizismus die Verknüpfung zwischen diffuser „Volksreligiosität" und kirchlich verfaßter „Hochreligion" nach wie vor leichter fällt als im Protestantismus[58].

---

[57] Mit einer besonders reduktionistischen Variante kirchlicher Explizität wird dies in einigen neueren Untersuchungen und Interpretationen des Instituts für Demoskopie Allensbach praktiziert (*Köcher* 1987; *Institut für Demoskopie Allensbach* 1988). Denselben Reduktionismus zeigt aber auch – verbunden mit entgegengesetzten Intentionen – zum Beispiel die neu erschienene Spiegelumfrage zum „Glauben" der Deutschen (*Der Spiegel* 1992).

[58] Mit Blick auf die Schweiz sieht Krüggeler „in den verschiedenen Typen der religiösen Fleckerlteppichnäherei eine Art Wiederbelebung popularer Religiosität in alten

Ein zweiter Merkmalskomplex diffuser Katholizität läßt sich annäherungsweise als „sozial-religiös" kennzeichnen. Was damit gemeint ist, kommt recht gut in einer Befragung von „kirchenfernen", nicht zum expliziten Sektor zu rechnenden Eltern katholischer Schüler zum Religionsunterricht zum Ausdruck. Bis auf eine kleine Minderheit lehnen auch diese katholischen Eltern den katholischen Religionsunterricht in der Schule nicht ab. Sie erwarten von ihm in erster Linie, „daß er soziales Denken schult und zur Rücksichtnahme auf andere anhält, Wissen über Glaubensinhalte vermittelt, Maßstäbe über Gut und Böse klärt und das soziale Engagement der Schüler fördert" (*Institut für Demoskopie Allensbach* 1988:43; Tab. 9 u. 11). Die Kirche gilt innerhalb des Sektors diffuser Katholizität nach wie vor als unverzichtbarer öffentlicher Repräsentant „sozialer" Wertbezüge. Dies kommt sehr deutlich auch darin zum Ausdruck, daß die enorme Expansion der kirchlichen sozialen Dienste im Rahmen des sozialstaatlichen Hilfesystems in den letzten Jahren gerade auch unter den diffusen Christen Zustimmung findet. Im Sektor diffuser und impliziter Christlichkeit spielt das Motiv der „Soziodizee", der sozialen Verantwortung für das menschliche Schicksal eine erkennbare Rolle. Deshalb wird man davon ausgehen können, daß institutionelle Vorkehrungen wie der Religionsunterricht und das sozial-caritative Engagement der Kirche heute in erster Linie die implizite Christlichkeit in der generalisiert unterstützenden Haltung zur verfaßten Kirche halten und für eine Aufrechterhaltung von Austauschprozessen zwischen expliziter und diffuser Christlichkeit und Katholizität sorgen (*Gabriel* 1989; 1992). Dies schließt nicht aus, daß bevorzugt aus dem Kreis diffuser Katholiken heute diejenigen traditionellen Unionswähler kommen, die sich anfällig für fremdenfeindliche Parolen rechtsextremer Parteien erweisen[59]. Darin drückt sich der stärker flottierende, gegenüber individuellen Interessenlagen und opportunistischen Wendungen weniger resistente Charakter institutionell ungesicherter Katholizität aus[60]. Der kirchliche Einfluß auf Fragen, die in die private Lebensführung

---

und neuen Formen" und findet in seinem Material Anzeichen dafür, daß im Unterschied zu den reformierten Sonntagskirchgängern selbst die „katholischen Sonntagskirchgänger ihre hohe christliche Orientierung mit allgemeinen (welt-)religiösen Vorstellungen mühelos in Verbindung bringen können" (*Krüggeler* 1991:255). Entsprechende Forschungsansätze und –ergebnisse mit Bezug auf die Religion in Deutschland fehlen leider bisher.

[59] Als Beleg dafür kann gelten, daß der typische Wähler der Republikaner männlich und jung ist, was einen gewissen Gegentypus zum Kirchgänger darstellt.

[60] Hinweise dafür ist der Untersuchung von *Kaufmann/Kerber/Zulehner* über Ethos und Religion bei Führungskräften zu entnehmen (1986:281 ff.).

hineinreichen, ist gegenüber dem Sektor unbestimmter, diffuser Katholizität deutlich geringer als gegenüber den expliziten Christen unter den Katholiken. Diese zeigen zwar – betrachtet man ihre politische Mentalität – verständliche Überforderungsphänomene gegenüber den Maximen und konkreten Ansprüchen einer theologisch wohlbegründeten „Asylpolitik aus dem Glauben", ihre Kirchenbindung verhindert aber weithin ihre Unterstützung rechtsextremer Positionen.

Die bisherigen Ausführungen zeigten schon, daß nach wie vor vielfältige Verbindungen zwischen dem Sektor diffuser Katholizität und der verfaßten Kirche bestehen. Unter diesen sind noch die Übergangsriten an den Lebenswenden von Geburt, Erwachsenwerden, Heirat und Tod hervorzuheben. Sie stellen gegenwärtig das stabilste Element im Gesamtkatholizismus dar, weil sie in symbolisch-ritueller Form nach wie vor über sämtliche Sektoren hinweg so gut wie alle Katholiken zusammenführen. Dies geschieht – dank der primär rituellen Absicherung – unbeschadet der Kommunikationsbrüche, die sich vor dem Hintergrund einstellen, daß die Bedeutungszuschreibungen der rituellen Vollzüge alles andere als deckungsgleich sind. So bekommen im Kontext diffuser Katholizität die Riten an den Lebenswenden stärker den Charakter von Familienritualen als Ausdruck einer Familienreligiosität, für die man als Dienstleistung auf die verfaßte Kirche zurückgreift (*Ebertz* 1988:410f.). Der Abstand zu einer kirchlich-theologisch legitimierbaren Sakramentenpraxis erscheint unüberbrückbar und führt zu Spannungen, die nicht nur bei theologischen Rigoristen in der alltäglichen pastoralen Praxis vielfältige Sinn- und Plausibilitätsprobleme der Sakramentenpastoral hervorrufen. Wie hier deutlich wird, sind die verschärften Spannungen zwischen Glaube und Praxis der Kirche auf der einen Seite und der diffusen Gläubigkeit einer Mehrheit von Katholiken auf der anderen Seite tief in die Struktur des pluralen Katholizismus eingelassen und deshalb nicht glatt und vordergründig „lösbar"[61].

8.3.5 Der Sektor formaler Organisation

Der deutsche Katholizismus hat auf die Auflösung seiner Sozialform mit einer Verstärkung der beruflichen und organisatorischen

---

[61] Die Ursache des Problems an einem nachkonziliaren pastoraltheologischen Rigorismus festzumachen, wie dies bei Schmied erkennbar wird, greift offensichtlich zu kurz (*Schmied* 1988:16ff.). Zu einem neueren Versuch aus der Pastoraltheologie, mit dem Strukturproblem umzugehen, siehe *Emeis* 1991.

Dimension des kirchlichen Interaktionsgefüges reagiert. Darin spiegelt sich die allgemeine Verschiebung von kulturellen zu organisatorischen Integrationsmechanismen im Prozeß verschärfter Modernisierung wider[62]. Es besteht eine Reihe von Schwierigkeiten, die Kirche als Arbeitsorganisation als einen eigenen Sektor in der pluralen Struktur des Katholizismus zu begreifen[63]. Zum einen reichen die beruflich und mit arbeitsvertraglicher Bindung innerhalb des kirchlichen Raums Beschäftigten in die unterschiedlichen Sektoren des Katholizismus hinein. Man findet sie unter den Fundamentalisten, sie stellen in ihrem Rollensegment als Gemeindemitglieder einen nicht unbeträchtlichen Teil des interaktiven „Kerns", und auch innerhalb der charismatischen und basiskirchlichen Aufbrüche spielen sie nicht selten eine tragende Rolle. Zum anderen bleibt auch für die nachkonziliare Kirche eine Differenz strukturbestimmend, die mitten durch die Kirche als Arbeitsorganisation hindurchgeht, nämlich die zwischen Klerikern und Laien. Es kommt hinzu, daß heute die übergroße Mehrheit der beruflich im kirchlichen Raum Tätigen weder Theologen sind noch sich dem pastoralen Tätigkeitsfeld zuordnen lassen[64]. Mit rund 350000 hauptberuflichen Mitarbeitern stellt die verbandliche Caritas gewissermaßen als eine kirchliche „Zweitstruktur" (*Schmidt* 1976; *Steinkamp* 1985) heute die Mehrheit der beruflichen „Kirchenarbeiter". Betrachtet man die Personalentwicklung im Deutschen Caritasverband von 1950 bis 1990, so wird das Ausmaß des Wandels deutlich: 1950 standen 60447 Ordensleuten 45611 Laien gegenüber. Heute sind unter den insgesamt 347566 hauptberuflichen Mitarbeitern der katholischen sozialen Einrichtungen des Caritasverbands in der Bundesrepublik Deutschland noch 21119 Ordensangehörige (*Zerfaß* 1988:42; *Bühler* 1991:378). Insgesamt wird der Klerus immer mehr zu einer schrumpfenden und überalterten Führungsschicht des arbeitsorganisatorischen Handlungsgefüges der Kirche[65].

---

[62] *Ulrich Beck* betont dies unter dem Stichwort einer neuen Institutionsabhängigkeit von Biographiemustern (*Beck* 1986:211ff.).

[63] Zum Begriff der Arbeitsorganisation siehe *Büschges* 1983:21f.

[64] Nach Zahlen aus dem Jahr 1988 sind in der Bundesrepublik 12000 Weltpriester und 6000 Ordenspriester in der Patoral tätig (*Zerfaß* 1988:44).

[65] Das Bistum Essen als Beispiel: Von den 690 im Bistum Essen 1990 inkardinierten Weltpriestern sind 41,3 Prozent 61 Jahre und älter. Das Durchschnittsalter beträgt 57 Jahre, bei den Priestern in der Pfarrseelsorge 50,3 Jahre (*Institut für kirchliche Sozialforschung des Bistums Essen* 1991a:20 u. 26). Nach der Prognose des Instituts wird die Zahl der Priester bis zum Jahr 2000 auf 657 sinken, wobei der Anteil der über 61jährigen auf 54,5 Prozent steigt (20).

Was läßt es angezeigt erscheinen, trotz der großen inneren Differenzierungen nach kirchlichem Status, Tätigkeitsfeldern und Orientierungen von einem spezifischen Sektor formaler Organisation im Katholizismus heute zu sprechen? Mit der stärkeren formalen Organisierung der katholischen Tradition tritt gegenwärtig eine Differenz in den Vordergrund, die erhebliche Schnittmengen mit anderen Differenzierungs- und Konfliktlinien besitzt. So verstärkt das formal-organisatorische Element die Differenz zwischen expliziter und bestimmter Katholizität auf der einen Seite und unbestimmter und diffuser Katholizität auf der anderen Seite. Das organisatorische Element bildet das Rückgrat des institutionell verfaßten Christentums im Unterschied zu gesellschaftlichen Kulturmustern und individuellen Religiositätsstilen, und es differenziert die kirchliche Mitgliedschaft nach dem Muster flächendeckender Großorganisationen in beruflich Arbeitende, Interaktive und generalisierend Unterstützende. Als arbeitsorganisatorische Formalstruktur grenzt sich der kirchliche Handlungszusammenhang dadurch nach außen ab, daß er die Mitgliedschaft und ihre Vorteile an die Einhaltung bestimmter Bedingungen knüpft (*Luhmann* 1972:89 ff.). Explizite Glaubens- und Normkomplexe der christlichen Tradition lassen sich damit als Bedingung der Mitgliedschaft in der Arbeitsorganisation Kirche formulieren und mit den Mitteln von Organisationsmacht durchsetzen. Nach dem Verlust kultureller, milieuspezifischer sozialer Kontrollen stehen damit formal-organisatorische Kontrollmittel zur Verfügung und bewirken einen Formwandel kirchlicher Sozialkontrolle. Es konstituiert sich ein abgegrenzter Kreis von „Organisationsrollen-Christen", deren Bindung an die Kirche eine formale Dimension besitzt. Von den übrigen Kirchenmitgliedern trennt diese zudem der Umstand, daß sie mit ihrem beruflichen Lebensschwerpunkt im kirchlichen System verankert sind. Ihre Lebenssituation unterscheidet sich von der Lage der übrigen nicht unerheblich. Sie sind immer auch – zumal als familiengebundene Laien – mit ihren Interessen der materiellen Existenzsicherung an die Kirche gebunden. Die durch die strukturelle Individualisierung bedingte prinzipielle Entscheidungsoffenheit verwandelt sich in eine neue, relative Geschlossenheit. Alternativen sind häufig nur um den Preis der materiellen Existenzgefährdung realisierbar. Vorgegebene Rollenkombinationen und Lebenslaufmuster schränken die „normalen" Entscheidungsmöglichkeiten ein, machen ihre Realisierung zumindest von zufälligen Konstellationen des Arbeitsmarktes abhängig. Nur mit schwierigen Verhaltensproblemen und Inkonsistenzen wird es heute etwa möglich sein, daß die unter den

Katholiken mehrheitlich praktizierte diffuse Katholizität sich mit der Mitgliedschaft in der Kirche als Arbeitsorganisation kombinieren läßt. Dies macht darauf aufmerksam, daß die Differenz zur unbestimmten, diffusen Christlichkeit im gegenwärtigen Katholizismus durch die stärkere Organisierung der christlichen Tradition insgesamt verschärft wird. Die kirchliche Entwicklung folgt in dieser Dimension dem gesellschaftlichen Modernisierungspfad, die Freisetzungsprozesse aus der kulturellen Tradition mit formal-organisatorischen Mitteln aufzufangen. Auf den Verlust staatlicher Kontrollmittel hatte die katholische Tradition mit dem Aufbau milieuspezifischer sozialer Kontrollen geantwortet. Heute ist die Tendenz erkennbar, den plötzlichen Zusammenbruch der über ein Jahrhundert wirksamen milieuspezifischen sozialen Kontrolle durch formal-organisatorische Kontrollmittel zu kompensieren. Für die katholische Tradition ergibt sich daraus aber eine Reihe schwieriger Ambivalenzen und Probleme. Die organisatorische Stabilität steht in einem scharfen Kontrast zur geringen Überzeugungskraft der kirchlichen Organisation als Trägerin christlicher Sinngehalte. Für die Tradierung des Christentums erweist sich die organisatorische Stabilität als geradezu kontraproduktiv [66]. Innerorganisatorisch wird die Spaltung in Klerus und Laien, die Aufrechterhaltung der Fiktion einer Klerikerkirche und die Überformung organisatorischer Kontrollstrukturen mit einem geistlichen Gehorsamsanspruch immer dysfunktionaler. So kann es nicht überraschen, daß der Sektor kirchlicher Organisation heute – trotz oder auch wegen seiner Stabilität – weithin Unbehagen hervorruft. Nicht zuletzt an diesem Unbehagen entzünden sich heute neue Aufbrüche und Reformbewegungen in der katholischen Tradition. Sie bilden einen fünften Sektor in der pluralen Struktur des gegenwärtigen Katholizismus.

8.3.6 Der „Bewegungs"-Sektor

Die religions- und christentumsproduktiven Tendenzen der „Post"-Moderne kristallisieren sich auch im Kontext des deutschen Katholizismus vornehmlich in neuen christlichen Bewegungen. Gemeinsam sind ihnen Grundcharakteristika einer „post"-modernen Christlichkeit, die sie insgesamt als innovative Reaktionen auf den reflexiv gewordenen Modernisierungsprozeß ausweisen. Gleichzeitig unterscheiden sie sich aber deutlich in geistlich-religiöse und prophe-

---

[66] Auf beide Aspekte hat *Franz-Xaver Kaufmann* immer wieder hingewiesen (*Kaufmann* 1979:136ff. u. 174ff.).

tisch-christliche Bewegungen und zeigen sich damit eingebunden in die beiden unterschiedlichen Grundrichtungen religiös-christlicher Produktivität im Umbruch zur „Post"-Moderne[67].

Gemeinsam beziehen die religiösen Bewegungen aus dem an typischen Brüchen und Aporien reflexiv gewordenen Modernisierungsprozeß einerseits und den Defiziten und Innovationsschranken des institutionell verfaßten Christentums andererseits ihre Plausibilität und Anziehungskraft. Ein erstes gemeinsames Merkmal besteht in der Personalität und biographischen und alltagsbezogenen Reflexivität der in den Bewegungen praktizierten Glaubensform. Die tägliche Erfahrung und die eigene Lebensgeschichte sind zentrale Bezugspunkte, auf die hin die christliche Tradition fruchtbar gemacht wird. Glaubenssicherheit und –identität kann – so die gemeinsame Überzeugung in den Bewegungen – nicht mehr durch die Übernahme der herkömmlichen, vom Alltagsleben getrennten religiös-kirchlichen Rollen gewonnen werden. An deren Stelle treten Formen des Halt-Suchens in der Reflexivität einer „bewußten" Glaubensentscheidung und im „dauerreflexiven" Austausch von Glaubenserfahrungen in der Gruppengemeinschaft. Der Glaube dient zur Überwindung der bis ins Unerträgliche hinein gesteigerten Segmentierung des Alltagslebens.

Auch ein zweiter gemeinsamer Grundzug der christlichen Bewegungen verweist sie in den Kontext „post"-moderner gesellschaftlicher „Strukturbedürfnisse": Sie begründen in Reaktion auf den verschärften Individualisierungsprozeß neue Gemeinschaftsformen. Die Suche nach neuen Formen der Gemeinschaftlichkeit prägt die neuen Bewegungen in spezifischer Weise. Gegenüber den „Schicksalsgemeinschaften" der Orden trägt das Zusammenleben deutlicher den Charakter einer durch Entscheidung und Auswahl zustande gekommenen und aufrechterhaltenen „Wahlvergemeinschaftung"[68]. Die in den Bewegungen engagierten Menschen sind

---

[67] Wärend die neuen religiösen Bewegungen außerhalb des Christentums inzwischen beträchtliches soziologisches Interesse geweckt haben, sind die neuen christlichen Bewegungen in Deutschland religionssoziologisch bisher wenig erforscht. Anders sieht es in Frankreich aus, wo eine Gruppe von Wissenschaftlerinnen um *Daniele Hervieu-Léger* die in Frankreich besonders starken geistlichen Gemeinschaften seit längerem untersucht. Die im Folgenden eingenommene Perspektive verdankt der Interpretation der Phänomene bei *Hervieu-Léger* viel (*Hervieu-Léger* 1987; 1990; 1991). Vergleiche auch zum französischen Beispiel: *Nientiedt* 1992. Beschreibende Darstellungen für Deutschland: *Nientiedt* 1986; *Ruh* 1988.

[68] Hier formuliert im Anschluß an *Christoph Lau*, der die Bildung neuer Gemeinschaftsformen als Reaktion auf gesellschaftliche Individualisierung interpretiert (*Lau* 1988:222).

auf der Suche nach „sozialen Anerkennungsverhältnissen" (*Honneth* 1991:166), die sie weder in der Gesellschaft noch in den durch Anonymität gekennzeichneten Beziehungsformen in den Kirchengemeinden finden. Für die Aufrechterhaltung der persönlichen und reflexiven religiösen Identitätsformen erweisen sich gemeinschaftliche Formen der Glaubensvergewisserung in Bibellektüre, Gespräch, Erfahrungsaustausch und gemeinsamen Gebet als wichtig. In den neuen Gemeinschaftsformen – auch darin erweisen sie sich als Gegenmodell zu regressiven und repressiven Gruppen religiösen Rückzugs – suchen die Mitglieder auch nach eigener Entfaltung und Bereicherung durch die Beziehungen zu anderen (*Hervieu-Léger* 1987a:509; *Nientiedt* 1992:165). Auch ein dritter gemeinsamer Grundzug zeigt, daß die in den Bewegungen erkennbaren Sozialformen bei aller Modernitätskritik gleichzeitig Modernität voraussetzen. Die in den Bewegungen praktizierte Art der Inklusion in das Religionssystem sprengt die herkömmliche Differenz der Lebensführung und Spiritualität zwischen Klerikern und Laien (*Ruh* 1988:73). In den Bewegungen werden die Grenzen zwischen priesterlicher und Laienspiritualität unplausibel. Nicht nur dies: Die Bewegungen heben auch die Trennung und Komplementarität religiöser Berufs- und Arbeitsrollen auf der einen Seite und religiöser Publikumsrollen auf der anderen Seite auf. Sie machen damit darauf aufmerksam, daß religiöse Produktivität heute an das Überschreiten der Grenzen zwischen produktiven und konsumtiven Prozessen gebunden ist und gewissermaßen nur in einem emphatischen „unoactu"-Prozeß realisierbar erscheint[69].

Auf der Grundlage der skizzierten Gemeinsamkeiten einer „post"-modernen Version christlicher Sozialformen treten die Differenzen und Richtungsunterschiede der „geistlichen" Bewegungen und der „Basisbewegungen" um so schärfer hervor, so daß es Schwierigkeiten bereitet, sie einem „Sektor" in der pluralen Struktur des Katholizismus zuzuordnen. Die neuen geistlichen Bewegungen und Gemeinschaften, wie die Charismatische Erneuerung, die Fokolarbewegung, Cursillo und die neokatechumenale Bewegung, zeigen sich geprägt durch die nachaufklärerische, kontingenzverarbei-

---

[69] Der Gedanke ist im Anschluß an die Diskussion um die „Produktivitätsbedingungen" personenbezogener Dienstleistungen formuliert, die für ihr Gelingen einen Prozeß erfordern, der „uno actu" ein Produktions- und Konsumtionsprozeß darstellt und die qualifizierte Mitproduktion des Konsumenten erfordert (*Badura/Gross* 1976:300ff.; *Japp* 1986:75ff.). Auf das Problem „religiöser Produktivität" angewandt, siehe: *Gabriel* 1989b:62. Zur Inklusionsproblematik und Rollentrennung in Berufs- und Publikumsrollen im Religionssystem: *Luhmann* 1977:236ff.

tende Funktion der Religion. Die geistlich-religiöse Kommunikation ist auf Lebensbewältigung aus dem Glauben angesichts des Verlusts aller traditionellen Sicherheiten ausgerichtet. Dazu ist es in den Augen der geistlichen Bewegungen nötig, den Glauben aus dem Kern der christlichen Botschaft heraus zu erneuern und ihn zu einer das ganze Leben umfassenden und verwandelnden Kraft zu machen (*Ruh* 1988:71). Der Glaube bekommt die Form eines „Code", der dazu befähigt, quer zu aller Hyperkomplexität und fundamentalen Verunsicherung „auf alle Erfahrungen mit einem emphatischen Ja zu reagieren und darin die Gnade zu sehen, die einer religiösen Orientierung zuteil wird" (*Luhmann* 1991:138)[70]. Für die geistlichen Bewegungen erhält der Glaube diese die kompakte Immanenz des säkularen Alltags transzendierende Kraft nur, wenn er auch das Erleben, die subjektive Erfahrung und die emotionale Seite des Menschen umfaßt. Die Emotionalität der Gemeinschaftserfahrung bietet Raum und Stütze für die geistlich-religiöse Durchdringung und Überwindung des anonymen und gespaltenen Alltags hochdifferenzierter Gesellschaften.

Findet der Glaube in den geistlichen Bewegungen seinen Ausdruck im emphatischen, Transzendenz erschließenden und Sicherheit verleihenden Ja, so befähigt der „Code" des basisgemeindlichen Glaubens gerade zum prophetischen „Nein". In den basisgemeindlichen Zusammenschlüssen kristallisieren sich die spezifisch christentumsproduktiven Tendenzen „post"-moderner Gesellschaften. Konkrete Notsituationen führen basisgemeindliche Gruppen zusammen und öffnen das Bewußtsein für die lebensgefährdenden Bedingungszusammenhänge, die in der konkreten Not zum Ausdruck kommen[71]. Die gemeinsame Glaubensreflexion erschließt den prophetischen Protest und eine alternative Praxis der Solidarität mit den Betroffenen. In der prophetischen Tradition des Christentums erhält der Glaube in den basisgemeindlichen Bewegungen seine spezifische Prägung durch die Verbindung von Mystik und politisch-gesellschaftlicher Praxis. Im Zentrum steht das Bemühen, den Alltag religiös zu transzendieren und gleichzeitig Alternativen angesichts der ausweglos erscheinenden Gefährdungen des radikalisierten und reflexiv gewordenen Modernisierungsprozesses zu er-

---

[70] In der Codierung Immanenz-Transzendenz sieht *Luhmann* am Ende eines religiösmoralischen Rigorimus die religionsspezifische Leitunterscheidung schlechthin (*Luhmann* 1991:138).
[71] Zu einem Überblick unter Bezugnahme auf die gesellschaftliche und kirchliche Realität in der Bundesrepublik siehe neuerdings: *Steinkamp* 1991.

schließen. Über ihre in den westlichen Gesellschaften überall kleiner gewordene Basis in spezifischen basisgemeindlichen Gruppen hinaus zeigt die prophetische Tradition des Christentums heute Wirkung. Von ihr zeigt sich eine Vielzahl von christlichen Dritte-Welt-, Frauen-, Friedens- und Ökologiegruppen und Initiativen inspiriert, die sich als Teil der neuen sozialen Bewegungen verstehen, gleichzeitig aber in der Jugendarbeit, in einigen Verbänden und Orden bis weit in die herkömmlichen kirchlichen Strukturen hineinreichen. Über die Thematik des „konziliaren Prozesses" haben die Basisinitiativen und Gruppen in den letzten Jahren festere Strukturen angenommen und mit dem Höhepunkt auf der „Europäischen Ökumenischen Versammlung" bis die Kirchenleitungen hinein Resonanz gefunden [72].

Zahlenmäßig handelt es sich bei den neuen christlichen Bewegungen um expressive Minderheiten. Trotz der großen Richtungsdifferenz zwischen geistlich-religiösen und christlich-prophetischen Bewegungen zeigen sie auch überraschende Übereinstimmungen hinsichtlich der sich in ihnen herausbildenden Sozialform des Glaubens. Sie erweisen sich darin als innovative Kristallisationspunkte von neuen, für die christliche Tradition produktiven Tendenzen im Übergang zur „Post"-Moderne. Insofern lassen sie sich gemeinsam – trotz ihres quantitativ geringen Umfangs – einem gut konturierten fünften Sektor in der pluralen Struktur des „post"-modernen Katholizismus zuordnen.

Insgesamt zeigt sich, daß die Auflösung des Katholizismus in seiner bisherigen Sozialform nur die eine Seite eines komplexen Transformationsprozesses darstellt. Das spektakuläre Auflösungsgeschehen zieht heute gesellschaftlich wie innerkirchlich das Hauptinteresse auf sich und droht damit die gleichzeitig beobachtbaren Restrukturierungsprozesse aus dem Blickfeld zu verbannen. Die Auflösung hinterläßt kein Chaos, wie die Vertreter der alten Ordnung nur allzugern glauben machen wollen. Der sich neu herausbildende Pluralismus ist weder ufer- noch gestaltlos, sondern läßt fest umrissene Konturen erkennen. Darin erweist er sich als tief eingelassen in die gesellschaftlichen Transformationsprozesse hin zu einem neuen gesellschaftlichen Pluralismus.

---

[72] Zur „Europäischen Ökumenischen Versammlung" in der Pfingstwoche 1989 in Basel hat auch der Rat der katholischen Bischofskonferenzen Europas (CCEE) eingeladen. Zum konziliaren Prozeß siehe: *von Weizsäcker* 1986; *Duchrow/Liedke* 1987.

9. Schluß: Christentum und Katholizismus wohin?

9.1 Zusammenfassung

Fassen wir an dieser Stelle die Argumentationsschritte unserer Analyse von Christentum und Katholizismus im Kontext der Moderne in knappen Linien noch einmal zusammen. Unser Ausgangspunkt war der empirische Befund, daß die Nachkriegsgenerationen in Deutschland einen Bruch im Verhältnis zum institutionell verfaßten Christentum vollzogen haben. Wir stellten erste Vermutungen an, daß sich darin ein tiefgreifender gesellschaftlicher Umbruch manifestiere. Im Durchgang durch die Entwicklung von Religion und Kirche in der vierzigjährigen Geschichte der Bundesrepublik zeigte sich, daß sich der Wandel nicht kontinuierlich vollzog, sondern daß sich das Verhältnis zum institutionell verfaßten Christentum abrupt und schubartig zwischen 1968 und 1978 veränderte. Wiederum gingen erste Interpretationsversuche in die Richtung, den Wandel in der religiös-kirchlichen Dimension als Teil einer Transformation des Gesellschaftssystems insgesamt zu betrachten. Welche Gesellschaftsformation – so lautete nun die Frage – geht zu Ende im Umbruch des institutionell verfaßten Christentums, welche neue kündigt sich an, und welche Bedingungen schafft sie für die christliche Tradition?

Leitperspektive für die weitere Analyse wurde die Differenz zwischen einer einfachen, eingeschränkten Modernität der modernen Gesellschaft und ihrer Transformation zu einer entfalteten, radikalisierten, reflexiven und in diesem Sinne „post"-modernen Gesellschaft. Diese Differenz – von dieser These ließen wir uns leiten – läßt sich an der jeweiligen Verschränkung von Christentum und Gesellschaft und damit an den Transformationsprozessen der christlichen Tradition besonders gut ablesen. Die moderne Gesellschaft – so der Ausgangspunkt unserer Analyse – kommt im 19. Jahrhundert als bürgerlich-moderne Industriegesellschaft auf den Weg. Sie erzwingt mit ihrem Durchbruch funktionaler Differenzierung einen tiefgreifenden Umbau der bisherigen Sozialgestalt des Christentums. Das Christentum wird in die Grenzen eines spezifischen Funktionssystems für Religion zurückgedrängt und reorganisiert sich in der Gestalt eigenständiger religiös-kirchlicher Sozialformen von der Trennung der Kirchengemeinde gegenüber der Bürgergemeinde bis zur Herausbildung spezifischer kirchlicher Organisationsstrukturen.

Die bürgerlich-moderne Industriegesellschaft – so argumentierten wir im Rahmen einer revidierten Modernisierungstheorie weiter – bleibt aber zur Hälfte eine vormoderne, traditionale und segmentär statt funktional differenzierte Gesellschaft. Die traditionale und segmentäre Seite der bürgerlich-modernen Industriegesellschaft bietet dem Christentum die Chance, vormoderne Traditionsbestände auch in der nachrevolutionären, modernen Epoche aufrechtzuerhalten und sich über schrittweise kulturelle Lernprozesse von ihnen zu trennen. Von dieser Grundkonstellation im Umbruch zur Moderne ausgehend versuchten wir, das Phänomen des modernen Katholizismus als eine spezifische Sozialform der Christentumsgeschichte in seinen Entstehungs- und Stabilitätsbedingungen einer gesellschaftstheoretischen Erklärung zugänglich zu machen.

Am Beispiel des deutschen Katholizismus rekonstruierten wir, wie sich im 19. Jahrhundert durch den Modernisierungsprozeß aufgerührte und bedrohte Sozialmilieus auf der konfessionellen Konfliktlinie zusammenschließen und gegenüber den modernisierenden Mächten in Staat und Wirtschaft auf die Kirche als ihren genuinen Bündnispartner setzen. Über das kirchliche Deutungssystem erhält der sich konstituierende Gruppenzusammenhang der Katholiken seine scharfe weltanschauliche Abgrenzung nach außen, und im reformierten und disziplinierten Klerus steht ihm eine homogene Führungsschicht zur Verfügung. Für die am stärksten in der vormodernen, feudalen Tradition wurzelnde katholische Kirche bietet diese Konstellation die Möglichkeit, ihre Autonomie gegenüber dem Suprematsanspruch des Nationalstaats erfolgreich zu behaupten und gleichzeitig an vormodernen Traditionsbeständen auch im Kontext einer modernen Gesellschaft festzuhalten. Der Katholizismus als eine Macht der „Verlierer" im Modernisierungsprozeß weist dabei früh auf die Widersprüche und problematischen Folgewirkungen ungebremster Modernisierung hin und betreibt als einer der ersten die sozialpolitische „Zähmung" der kapitalistischen Wirtschaftsentwicklung.

Unsere Analyse mündete schließlich in die These ein, daß der Katholizismus in seinen Sozialmilieus traditionale und vom Modernisierungsprozeß bedrohte Bevölkerungsgruppen in kleinen Schritten an die moderne Lebenswelt heranführt, in diesem Prozeß sich aber gewissermaßen selbst aufhebt. In der historischen Konstellation der späten fünfziger und frühen sechziger Jahre der Bundesrepublik kommt der innere Modernisierungsprozeß des Katholizismus an sein Ende. Milieugrenzen, die ein Jahrhundert lang Wirksamkeit besaßen, verlieren ihre Orientierungskraft und brechen zusammen. Die Auflösung des Katholizismus als Großgruppenmilieu – so unsere weitere Argumentation – ist zu jenen Prozessen weitergehender Modernisierung zu rechnen, in denen sich die bürgerlich-moderne Industriegesellschaft in eine entfaltet-moderne Gesellschaft mit „post"-modernen Zügen transformiert. Die bürgerlich-moderne Industriegesellschaft nimmt in dem Augenblick eine neue Qualität an, als ihre traditionale Seite sich auflöst und die aus dem 19. Jahrhundert stammenden Großgruppenmilieus ihre Bindungskraft verlieren.

Welche Gesellschaftsformation – so fragten wir am Beginn des dritten Teils – zeichnet sich ab, wenn in einem umfassenden Enttraditionalisierungsprozeß das Erbe vormoderner Bindungen obsolet wird und die im Modernisierungsprozeß entstandenen Sozialmilieus ihren Einfluß auf die Lebensführung einbüßen? Drei Merkmale hoben wir hervor: eine entgrenzte strukturelle Differenzierung der Gesellschaft in funktionale Teilsysteme, eine damit in Zusammenhang stehende kulturelle Pluralisierung und eine strukturell erzeugte Individualisierung. In der Entgrenzung des Modernisierungsprozesses – so argumentierten wir weiter – kommen aber gleichzeitig neue Begrenzungen und Bruchstellen zum Vorschein, die den Modernisierungsprozeß auf allen Ebenen in die Reflexivität treiben und der sich abzeichnenden modernisierten modernen Gesellschaft „post"-moderne Züge verleihen.

Wie verändert – so fragten wir weiter – der Umbruch zur „post"-modernen Gesellschaft das Christentum in seiner Sozialgestalt, seiner Reichweite und seinen Möglichkeiten? Das Christentum erfährt – so suchten wir zu zeigen – eine Individualisierung seiner Sinnbezüge, verbunden mit einer weitreichenden Schwächung seiner institutionellen Verfassung. Dies hat kein Verschwinden des Christentums zur Folge, sondern führt zu einer verstärkten Pluralisierung und Polarisierung seiner Erscheinungsformen – insbesondere nach dem Grad ihrer Bestimmtheit bzw. Unbestimmtheit und nach der Art ihrer Reaktion auf den weitergehenden Modernisierungsprozeß. Es ließ sich gleichzeitig zeigen, daß der reflexiv gewordene Modernisierungsprozeß nicht mehr nur religiöse Traditionsbestände auflöst, sondern selbst sowohl religions- als auch christentumsproduktive Tendenzen aufweist.

Im Katholizismus – darin kulminierte unsere Analyse im dritten Schritt – hinterläßt der Umbruch zur „Post"-Moderne die tiefsten Spuren der Veränderung: seine (anti-)moderne Sozialform bricht zusammen und macht einer konturierten, pluralen Struktur Platz, die von einem starken fundamentalistischen Flügel auf der einen Seite bis zu einem „Bewegungs-Sektor" expressiver Gruppen auf der anderen Seite reicht.

9.2 Drei alternative Szenarien künftiger Entwicklung

Am Ende des Durchgangs durch anderthalb Jahrhunderte Gesellschafts- und Christentumsgeschichte reizt es, die bisher sichtbar gewordenen Linien in die Zukunft zu verlängern. Dies soll hier in der Form geschehen, daß drei alternative Szenarien künftiger Entwicklung auf ihre Vereinbarkeit mit dem bisher gewonnenen Bild hin befragt werden. Die drei Szenarien gehen von heute sichtbaren Grundströmungen aus und wollen gewissermaßen deren jeweilige Zukunftsfähigkeit überprüfen. Im Vordergund steht dabei die in dieser Arbeit am konkretesten analysierte katholische Teiltradition des Christentums. In grober Vereinfachung lassen sich gegenwärtig drei Grundströmungen erkennen, die sich am schärfsten hinsichtlich ihres Verhältnisses zur radikalisierten Moderne unterscheiden: Eine erste Strömung möchte zurück in ein überzeitlich gedachtes, scharf gegenüber der modernen Gesellschaftsentwicklung abgegrenztes, konfessionelles Milieu. Ihr steht konträr eine zweite Strömung gegenüber, die heute und morgen nur ein Christentum für angemessen hält, das sich auf der Basis von Kleingruppen entschiedenen Glaubens restrukturiert und Alternativen zur modernen Lebenswelt forciert. Eine dritte Strömung folgt der Maxime der Öffnung hin zur modernen Lebenswelt und tendiert zu einem über Prozesse des Konflikts und Dialogs verbundenen pluralen Katholizimus[73].

9.2.1 Der fundamentalistische Rückzug

In historischer Perspektive liegt es zunächst für den Katholizismus geradezu nahe, dem Ende der bürgerlich-modernen Industriegesellschaft mit denselben Mitteln zu begegnen wie dem Ende der Feudalgesellschaft. Es kann deshalb wenig überraschen, wenn künftig ein katholischer Fundamentalismus auf der Grundlage einer erneuten scharfen Abgrenzung gegenüber der Moderne in ihrer kulturellen und strukturellen Dimension weiter an Boden gewinnt. Sozialtech-

---

[73] Die folgenden Ausführungen nehmen teilweise frühere Überlegungen zu Szenarien künftiger Entwicklung von Christentum und Kirche in veränderter Form wieder auf (*Gabriel* 1988:100ff.).

196

nisch betrachtet, erscheint ein erneuter Rückzug und eine scharfe Abgrenzung der Katholiken von der übrigen Kultur durchaus möglich. Wie sich eine solche Strategie unter entfaltet-modernen Bedingungen erfolgreich praktizieren läßt, kann heute an evangelikalen Strömungen in Nordamerika abgelesen werden (*Rose* 1988; 1989). Man braucht eine von der übrigen Gesellschaft abgeschottete Lebenswelt um Familie, Gemeinde und eigene Schulen herum, die eine Abstützung durch ein vollständiges Ensemble eigener Medien erfährt. Das religiöse Deutungssystem muß der Welt außerhalb abwertende und dämonisch-gefährliche Züge verleihen, und es muß mit seinem vereinfachenden und polarisierenden Dualismus möglichst früh im Lebenslauf und mit tiefer, angstbesetzter psychischer Prägung vermittelt werden[74]. Ihre Anziehungskraft bezieht eine solche abgeschottete, fundamentalistische Lebenswelt dadurch, daß sie im Kontrast zur pathologisch wirkenden Überforderung durch unbegrenzte Handlungsspielräume außerhalb der Eigenwelt eine hohe Orientierungssicherheit verleiht (*Weymann* 1989a:211).

Läßt sich der durch die radikalisierte Modernisierung herausgeforderte und in Auflösung befindliche moderne Katholizismus im westeuropäischen Kontext in eine solche alternative Lebenswelt hinein retten? Der „katholikale"[75] Rückzug in eine abgeschottete Eigenwelt wird im Katholizismus eine zusätzliche Anziehungskraft dadurch erhalten, daß er sowohl eine Stabilisierung traditionaler Elemente des religiösen Deutungssystems als auch eine fundamentalistische Resakralisierung der empirischen Kirchenstrukturen erlaubt. Die eher wachsenden Phänomene der Überforderung und Verunsicherung durch die Hyperkomplexität „post"-moderner gesellschaftlicher Bedingungen werden einem revitalisierten katholischen Fundamentalismus eine vermutlich noch ansteigende Anhängerschaft sichern. Es dürfte auch Versuche geben, in Verkennung der prinzipiellen Differenzen einen Brückenschlag zwischen dem fundamentalistischen Rückzug und den neuen geistlichen Bewegun-

---

[74] So berichtet *Susan D. Rose*, daß in der jüngsten evangelikalen Erweckungsbewegung von 1960 bis heute mit starker Beteiligung der Eltern das Konversionserlebnis in die frühe Kindheit verlagert werde. Die Kinder sollen nach Meinung der Eltern „in Christus ,Halt finden' (Konversion), bevor sie von Gleichaltrigen negativ beeinflußt werden können. Das Alter von fünf Jahren gilt als richtiger Zeitpunkt für eine Konversion in der Kindheit, ..." (*Rose* 1989:142). Das evangelikale Schulsystem soll sie von den „Händen des Satans" fernhalten (*Rose* 1988).

[75] Hier wird eine Formulierung von Rolf Weibel aufgenommen, der mit Bezug auf die Schweiz von einer Analogie zwischen dem erstarken eines evangelikalen Flügels im Protestantismus und der Formierung eines „katholikalen" Flügels um Bischof Haas spricht (*Weibel* 1991:364).

gen herzustellen (*Champion/Hervieu-Léger* 1990:231). Als religiös geprägter Ausweg aus den Aporien der Moderne verstehen sich ja beide.

Welche Zukunftschancen hat der fundamentalistische Rückzug, wenn wir ihn aus dem Blickwinkel der hier vorgenommenen Analyse betrachten? Zunächst wird man nüchtern feststellen müssen, daß eine noch so erfolgreiche erneute Abgrenzung gegenüber der modernen Welt den Katholizismus als Sozialform nicht zu restaurieren vermag. Der Rückzug würde heute und morgen nicht mehr dasselbe bedeuten, wie im Kontext der bürgerlich-modernen Industriegesellschaft. Er hätte zwangsläufig zur Folge, daß sich der Katholizismus in schrumpfende Reservate traditionaler und fundamentalistischer Lebensorientierung zurückzöge. Nachdem die entfaltet-moderne Gesellschaft ihren Charakter als „Großgruppengesellschaft" verloren hat, würde die Abgrenzung heute Katholizismus und Kirche in eine gesellschaftlich marginale Sektenexistenz führen. Der Katholizismus als Sozialform war in seiner gesellschaftlichen Existenz gebunden an eine „halbierte Moderne" mit großen gesellschaftlichen Gruppen, die im Bündnis mit der Kirche einen schrittweisen Weg in die Moderne suchten und fanden. Die fundamentalistische Reaktion auf die „Post"-Moderne heute und morgen reicht zwar für einen kräftigen fundamentalistischen Sektor und „katholikalen" Flügel im Katholizismus. Die explizite und konsequente kirchenpolitische Entscheidung für den fundamentalistischen Rückzug müßte aber den Katholizismus des späten 20. Jahrhunderts in seiner pluralen Struktur sprengen und ihn im 21. Jahrhundert auf die Rolle einer aus der gesellschaftlichen Evolution herausgefallenen Sekte festlegen. Die im Zweiten Vatikanischen Konzil vollzogene „Modernisierung" der katholischen Tradition wollte eben dies verhindern (*Fuchs* 1992:9).

9.2.2 Das alternative, basiskirchliche Christentum

Im Rahmen des zweiten Szenariums nehmen Katholizismus und Kirche Abschied von den volkskirchlichen Strukturen mit einer flächendeckenden Versorgungspastoral, um in basiskirchlichen Gruppen die christliche Tradition als gemeinschaftsstiftende Lebensform zu rekonstruieren. Die bürgerlich geprägte „Volkskirche" wird über lang oder kurz durch eine auf persönlicher Glaubensentscheidung beruhende, geschwisterliche „Basiskirche" ersetzt. Das Verhältnis zur modernen Lebenswelt ist durch eine in der gewählten Lebensform praktisch werdende kritische Distanz geprägt. Zunehmende

Entfremdungserfahrungen in Gesellschaft und Kirche und die Not, in den Strukturen der modernen Lebenswelt den Glauben nicht praktizieren und an kommende Generationen weitergeben zu können, führen zur Wahl alternativer, ganzheitlich-christlich geprägter Lebensformen. In ihrem gemeinschaftlichen Charakter verschaffen sich die Gruppen soziale Anerkennungsverhältnisse für eine gesicherte, glaubwürdige und überzeugende christliche Identität. Während die einen sich um die Glaubensrealität als erfahrenes und erlebtes Transzendieren des zerrissenen modernen Alltags scharen, setzen die anderen bei der Überwindung des Unrechts-, Gefährdungs- und Selbstvernichtungspotentials einer schrankenlos sich weiter modernisierenden Lebensweise an.

Die basiskirchlichen Rekonstruktionsversuche der christlichen Tradition in den westlichen Gesellschaften werden auch künftig wichtige Impulse aus den christlichen Basisbewegungen der Dritten Welt erhalten. Trotz der weltumspannenden, globalen Dimension der gegenwärtigen gesellschaftlichen Realität bedeuten aber basiskirchliche Lebensformen im Kontext der primär agrargesellschaftlich geprägten Strukturen der Drittländer etwas anderes als in den hochdifferenzierten und hyperkomplexen Gesellschaften des Westens. In den westlichen Gesellschaften gehören die basiskirchlichen Ansätze zu dem neue „Wertkonjunkturen" hervorbringenden Aufbruch neuer sozialer und religiöser Bewegungen, die den Modernisierungsprozeß seit Anfang an begleiten (*Eder* 1988). Wo das Private religiös bzw. politisch wird und Religion und Politik aus den jeweiligen Systemstrukturen entgrenzt in das Leben zurückgeholt werden, entstehen auch neue Chancen für ein „entgrenztes Christentum" und für neue Formgestalten des christlichen Glaubens. Damit wird aber auch klar, daß sich das zweite Szenarium – strukturell ähnlich wie das erste – vornehmlich am Rande und in den Nischen der Sozialstruktur entfalteter moderner Gesellschaften abspielt. Für die Masse der unter modernen gesellschaftlichen Bedingungen Lebenden muß im Rahmen dieses Szenariums mit einer wachsenden Ausgrenzung aus der christlichen Tradition gerechnet werden. Dies gilt gerade für die Mehrheit der Katholiken, die aus ihrer Geschichte als späte Mitglieder einer modernen Welt einen gemäßigten Konservativismus mitbringen (*Felling* u. a. 1987:133 f.). Sie müssen auch für die absehbare Zukunft zu jenen Gruppen gerechnet werden, denen der Zugang zu alternativen Lebensformen aus ihrer Tradition heraus eher erschwert ist.

Für die Zukunftschancen des zweiten Szenariums kommen wir damit zu ähnlichen Ergebnissen wie hinsichtlich des ersten: Das basiskirchliche Christentum wird aller Voraussicht nach eher wachsen als schwächer werden. Es stellt einen besonders innovativen und zukunftsfähigen Teil der christlichen Tradition dar (*Kaufmann* 1987:87). Soweit Katholizismus und Kirche sich den Herausforderungen von heute und morgen stellen, werden basiskirchliche Impulse in den herkömmlichen Strukturen von der Kirchengemeinde über die Verbände bis zu subsidiären Korrekturen in den Kirchenstrukturen größere Bedeutung gewinnen. Aber: Ein basiskirchliches Monopol auf eine legitime Repräsentanz christlich-katholischer Tradition würde ebenfalls die Struktur des pluralen nachkonziliaren Katholizismus sprengen und den Zugang zur christlichen Tradition für weite Teile der Bevölkerung sektenhaft verengen. Allerdings ist die Wahrscheinlichkeit, daß Kräfte eines basiskirchlichen kirchenpolitischen Kurses im Katholizismus die Oberhand gewinnen und ein solches Monopol durchsetzen können, ungleich geringer als ein verordneter Rückzug in ein fundamentalistisch geprägtes Milieu. Wo die basiskirchlichen Ansätze ihren eigenen Prinzipien treu bleiben, werden sie zudem einen Monopolanspruch erst gar nicht erheben, sondern genügend Reflexivität entwickeln, um sich als Teil im Gesamtgefüge eines um die Zukunft konflikthaft ringenden, dialogfähigen, vielgestaltigen und offenen Katholizismus zu verstehen.

9.2.3 Pluriformer Katholizismus

Im dritten Szenarium gelingt es dem Katholizismus, in seinem Selbstverständnis die Pluralisierung seiner aus dem Umbruch zur „Post"-Moderne stammenden Sozialform einzuholen und in einer pluriformen Sozialgestalt keinen Verfall seiner Tradition, sondern eine Chance für eine zeitgemäße und glaubwürdige Repräsentanz des Christentums in einer „post"-modernen, kulturell und strukturell radikal-pluralen Gesellschaft zu sehen. Im Rahmen dieses Szenariums entwickeln sich im Katholizismus Identitätsvorstellungen, die einen offenen Konflikt und eine Konzeptionskonkurrenz um den richtigen Weg in die Zukunft zwischen den „Sektoren" und Flügeln des Katholizismus zulassen[76]. Konfliktaustragungsmechanismen und „transversale" Formen der Vernunft[77] sind in diesem Szena-

---

[76] Bemerkenswerte Überlegungen zum hier Gemeinten finden sich in einem Diskussionsbeitrag der Kommission 8 „Pastorale Grundfragen" des Zentralkomitees der deutschen Katholiken mit dem Titel „Dialog statt Dialogverweigerung. Wie in der Kirche miteinander umgehen? (Bonn 1991).

[77] Hier im Anschluß an *Wolfgang Welsch* formuliert, der angesichts der postmodernen Pluralität von der Notwendigkeit einer auf den radikalen und konflikthaften Pluralis-

rium deshalb unabdingbar, weil die Differenzen im pluriformen Katholizismus bis tief in die kulturellen Ausprägungen des Gottesbildes, der Heilswege, der Glaubenspraxis und des Kirchenverständnisses hineinreichen. Die Identität nimmt eher prozessuale Formen an und beruht auf der Bereitschaft, auch im Dissens den Dialog in der Hoffnung auf eine künftige, umfassendere Wahrheit hin nicht aufzugeben. Der Theologie gelingt es in diesem Szenarium, die kirchlichen Identitätsvorstellungen von dem Bild einer durch die moderne Gesellschaftsentwicklung bedrohten, um das Überleben kämpfenden Kirche zu lösen und auf den Dienst am Kommen des Reiches Gottes als „Paradigma" gesamtmenschlichen, universalen Heils hin auszurichten (*Zerfaß* 1983:157). Dazu gehört, daß sich die institutionellen und expliziten Ausprägungen im Katholizismus in ein relationales und symmetrisches Beziehungsverhältnis zu den Formen diffuser Katholizität bringen. In diesem symmetrischen Beziehungsverhältnis geht es sowohl um Schritte der „Bekehrung" der Kirche hin zu den in Distanz zu ihr entstehenden, diffusen volks- und massenreligiösen Glaubensformen als auch um deren kritische Be-Glaubigung und „Authentifizierung" [78]. In diesem Zusammenhang wird es für die (Pastoral-)Theologie zu einer zentralen Aufgabe, die gelebte Religiosität des Alltags empirisch zu erschließen und in den kirchlichen Kommunikationszusammenhang einzubringen. Kirche und Theologie sind in diesem Fall nicht mehr genötigt, das ihre Grenzen Überschreitende per se einer abgefallenen oder religiös indifferenten, säkularisierten Gesellschaft zuzurechnen. Vielmehr können sie sich als Teil eines notwendig differenzierten Ganzen mit fließenden Übergängen zwischen Christentum, Kirche und Gesellschaft begreifen. In diesem Szenarium gelingt es, die kirchliche Organisation differenzierter auf ihre jeweiligen Aufgabenstellungen hin zu orientieren und zu begrenzen [79]. Sie ist in ihrem

---

mus zugeschnittenen Ethik spricht und ein „transversales" Vernunftkonzept fordert, das „sowohl die Grenzen der verschiedenen Rationalitätsformen aufzeigt und wahrt als auch Übergänge und Auseinandersetzungen zwischen ihnen ermöglicht und vollzieht"(1987:7).

[78] Im Hintergrund dieser Überlegungen steht die theologische Diskussion um das Verhältnis von Volksreligion und kirchlicher Religion. Hier lassen sich Ansätze für eine fruchtbare Aufarbeitung des Verhältnisses von „expliziter" und „diffuser" Christlichkeit und Katholizität ausmachen. Karl Rahner hat mit Verweis auf die Kirchenkonstitution des Zweiten Vatikanischen Konzils (LG 35) Elemente eines symmetrischen Verhältnisses zwischen Volksreligion und kirchlicher Religion entwickelt (*Rahner* 1979:16). Das Konzept der „Authentifizierung" der Volksreligion hat Süss am Beispiel des brasilianischen Katholizismus ausgearbeitet (*Süss* 1978). Die Formulierungen an dieser Stelle nehmen Gedanken aus *Gabriel* 1991 a:214 ff. auf.

[79] Weiter ausgeführt werden die hier nur angedeuteten Überlegungen zu angemesse-

Handeln darauf ausgerichtet, für den einzelnen in seiner Glaubens-
biographie Möglichkeiten der Wegbegleitung im Glauben zu erschließen (*Simon* 1991:55 ff.). Sie gibt den expressiven Gruppen an
der Basis Raum zur Entfaltung und subsidiäre Unterstützung. Sie ermöglicht die gemeinsame liturgische Erinnerung und Feier des
Glaubens über „Sektorengrenzen" hinweg. Mit Autorität und Kontrolle geht sie „asketisch" und im Bewußtsein um, daß sie über keine
Mittel äußerer Disziplinierung, sondern nur über Möglichkeiten der
Akzeptanz aus innerer, autonomer Überzeugung verfügt (*Kaufmann*
1988 a). Sie verzichtet auf eine geistlich begründete, zentralistisch-
bürokratische Steuerung und Kontrolle und sieht sich in einem Amt
weltweiter Legitimation christlicher Sinngehalte repräsentiert.

Gibt es – gerade auch angesichts der Zumutungen an Innovation
und Veränderung hinsichtlich der kirchlichen Organisation – Zukunftschancen für das Szenarium eines pluriformen Katholizismus
und einer Kirche „als versöhnte Verschiedenheit" (*Kommission 8
des Zentralkomitees der deutschen Katholiken* 1991:5)? Angesichts
unseres Durchgangs durch die Christentumsgeschichte zwischen
Tradition und „Post"-Moderne und der gegenwärtigen Realität
eines in den gesellschaftlichen Kontext tief verflochtenen pluralen
Katholizismus ist ein Stück empirisch verantwortbarer Hoffnung in
der Gegenfrage enthalten: Gibt es eine begründbare Alternative zu
diesem schwierigen und konfliktreichen Weg des Christentums in
das dritte Jahrtausend seiner Geschichte?

---

nen kirchlichen Organisationsformen in einer „individualisierten Gesellschaft" in *Gabriel* 1989b.

Literaturverzeichnis

Allgemeine Bevölkerungsumfrage der Sozialwissenschaften (ALLBUS) 1982, 1984, 1990 – Zentralarchiv für Empirische Sozialforschung, Köln

Altermatt, U., 1979: Volksreligion – neuer Mythos oder neues Konzept? Anmerkungen zur Sozialgeschichte des modernen Katholizismus. In: *J. Baumgartner* (Hrsg.), Wiederentdeckung der Volksreligion. Regensburg

Altermatt, U., 1989: Katholizismus und Moderne. Zur Sozial- und Mentalitätsgeschichte der Schweizer Katholiken im 19. und 20. Jahrhundert. Zürich

Amery, C., 1963: Die Kapitulation – oder: Deutscher Katholizismus heute. Reinbek

Aubert, R. u. a., 1971: Die Kirche zwischen Revolution und Restauration. In: *H. Jedin* (Hrsg.), Handbuch der Kirchengeschichte, 1965–1979, Bd. VI/1. Freiburg, Basel, Wien

Aubert, R., 1988: Die Enzyklika „Aeterni Patris" und die weiteren päpstlichen Stellungnahmen zur christlichen Philosophie. In: *E. Coreth* u. a. (Hrsg.), Christliche Philosophie im katholischen Denken des 19. und 20. Jahrhunderts, Bd. 2: Rückgriff auf das scholastische Erbe. Graz u. a., 310–331

Badura, P./Gross, P., 1976: Sozialpolitische Perspektiven. Eine Einführung in Grundlagen und Probleme sozialer Dienstleistungen. München

Baethge, M., 1985: Individualisierung als Hoffnung und Verhängnis. Soziale Welt 36, 299–312

Baethge, M. u. a., 1988: Jugend: Arbeit und Identität. Lebensperspektiven und Interessenorientierungen von Jugendlichen. Opladen

Baudrillard, W. u. a., 1983: Der Tod der Moderne. Eine Diskussion. Tübingen

Beck, U., 1983: Jenseits von Stand und Klasse? In: *R. Kreckel* (Hrsg.), Soziale Ungleichheiten. Sonderband 2 der Sozialen Welt. Göttingen

Beck, U., 1986: Risikogesellschaft. Auf dem Weg in eine andere Moderne. Frankfurt a. M.

Beck, U., 1988: Gegengifte. Die organisierte Unverantwortlichkeit. Frankfurt a. M.

Beck, U., 1990: Der Konflikt der zwei Modernen. In: *W. Zapf* (Hrsg.), Die Modernisierung moderner Gesellschaften. Verhandlungen des 25. Deutschen Soziologentages in Frankfurt a. M. 1990, Frankfurt a. M., 40–53

Beck, U., 1991: Politik in der Risikogesellschaft. Frankfurt a. M.

Beck, U./Beck-Gernsheim, E., 1990: Das ganz normale Chaos der Liebe. Frankfurt a. M.

Beck-Gernsheim, E., 1983: Vom „Dasein für andere" zum Anspruch auf ein Stück „eigenes Leben". Soziale Welt 33, 307–340

Beck-Gernsheim, E., 1986: Von der Liebe zur Beziehung? Veränderungen im Verhältnis von Mann und Frau in der individualisierten Gesellschaft. In: *J. Berger* (Hrsg.), Moderne. Kontinuitäten und Zäsuren. Göttingen, 209–234

Beck-Gernsheim, E., 1991: Technik, Markt und Moral. Über Reproduktionsmedizin und Gentechnologie. Frankfurt a. M.

Beinert, W. (Hrsg.), 1991: „Katholischer" Fundamentalismus. Häretische Gruppen in der Kirche. Regensburg

Bell, D., 1978: The Return of the Sacred: The Argument about the Future of Religion. Zygon 13, 187–208

Bellah, N., 1986: Zivilreligion in Amerika. In: *H. Kleger/A. Müller* (Hrsg.), Religion des Bürgers. München

Berger, J. (Hrsg.), 1986: Moderne. Kontinuitäten und Zäsuren. Göttingen

Berger, P. A./Hradil, St. (Hrsg.), 1990: Lebenslagen, Lebensläufe, Lebensstile. Sonderband 7 der Sozialen Welt. Göttingen

Berger, P. L./Luckmann, Th., 1969: Die gesellschaftliche Konstruktion der Wirklichkeit. Frankfurt a. M.

Berger, P. L./Berger, B./Kellner, H., 1975: Das Unbehagen in der Modernität. Frankfurt a. M./New York

Berman, H. J., 1991: Recht und Revolution. Die Bildung der westlichen Rechtstradition. Frankfurt a. M.

Bertier de Sauvigny, G. de, 1966: Die Kirche im Zeitalter der Restauration. In: *L. J. Rogier/R. Aubert/M. D. Knowles* (Hrsg.), Geschichte der Kirche, Bd. IV. Einsiedeln u. a., 177–344

Blessing, W. K., 1986: Reform, Restauration, Rezession. Kirchenreligion und Volksreligiosität zwischen Aufklärung und Industrialisierung. In: *W. Schieder* (Hrsg.), Volksreligiosität in der modernen Sozialgeschichte. Göttingen, 97–122

Boff, L., 1985: Kirche, Charisma und Macht. Düsseldorf

Böckenförde, E.-W., 1967: Die Entstehung des Staates als Vorgang der Säkularisation. In: Säkularisation und Utopie. Festschrift für Ernst Forsthoff. Stuttgart, S. 75–94

Boll, F., 1987: Das Krankenhaus in katholischer Trägerschaft – Zum sozialpolitischen Handeln des Caritasverbandes im Gesundheitswesen. Medizin, Mensch, Gesellschaft 12, 97–102

Boos-Nünning, U., 1972: Dimensionen der Religiosität. Zur Operationalisierung und Messung religiöser Einstellungen. München/Mainz

Braun, W./Proebsting, H., 1985: Heiratstafeln für ledige Deutsche 1980/83. Wirtschaft und Statistik 12, 921–931

Brock, D., 1988: Vom traditionellen Arbeiterbewußtsein zum individualisierten Handlungsbewußtsein. Über Wandlungstendenzen im gesellschaftlichen Bewußtsein der Arbeiterschaft seit der Industrialisierung. Soziale Welt 39, 413–434

Brose, H.-G., 1984: Arbeit auf Zeit – Biographie auf Zeit. In: *M. Kohli / G. Robert* (Hrsg.), Biographie und gesellschaftliche Wirklichkeit. Stuttgart, 192–216

Bühler, H. H., 1991: Die katholischen sozialen Einrichtungen der Caritas in der Bundesrepublik Deutschland (Stand 1.1.1990). Caritas 92, 372–380

Büschges, G., 1983: Einführung in die Organisationssoziologie. Stuttgart

Champion, F./Hervieu-Léger D. (Hrsg.), 1990: De l'émotion en religion. Paris

Coenen, L. (Hrsg.), 1990: Unterwegs in Sachen Zukunft. Das Taschenbuch zum konziliaren Prozeß. Stuttgart/München

Coreth, U. u. a. (Hrsg.), 1988: Christliche Philosophie im katholischen Denken des 19. und 20. Jahrhunderts Bd. 2: Rückgriff auf das scholastische Erbe. Graz u. a.

Daiber, K.-F., 1988: Religiöse Orientierungen und Kirchenmitgliedschaft in der Bundesrepublik Deutschland. In: *F.-X. Kaufmann/B. Schäfers* (Hrsg.), Religion, Kirchen und Gesellschaft in Deutschland. Gegenwartskunde Sonderheft 5. Opladen, 61–73

Deufel, R., 1976: Kirche und Tradition. Paderborn

Dipper, Ch., 1986: Volksreligiosität und Obrigkeit im 18. Jahrhundert. In: *W. Schieder* (Hrsg.), Volksreligiosität in der modernen Sozialgeschichte, Göttingen, 73–96

Dirks, W., 1966: Ein „anderer" Katholizismus? In: *N. Greinacher/H. Th. Risse* (Hrsg.), Bilanz des deutschen Katholizismus. Mainz, 292–310

Dobbelaere, K., 1981: Secularization: A Multi-Dimensional Concept. Current Sociology 29, 1–213

Dobbelaere, K., 1987: Secularity and Religion: The Persisting Tension. The Journal of Oriental Studies 26, 11–20

Dobbelaere, K., 1988: Secularization, Pillarization, Religious Involvement, and Religious Change in the Low Countries. In: *Th. Gannon* (Hrsg.), World Catholicism in Transition. New York/London, 80–115

Döbert, R., 1988: Zivilreligion. In: Kursbuch 93: Glauben. Berlin, 67–84

Doering-Manteuffel, A., 1982: Kirche und Katholizismus in der Bundesrepublik der fünfziger Jahre. Historisches Jahrbuch 102, 113–134

Douglas, M., 1974: Ritual, Tabu und Körpersymbolik. Frankfurt a. M.

Drewermann, E., 1989: Kleriker. Psychogramm eines Ideals. Olten

Dubach, A./Campiche, R. J. (Hrsg.), 1992: Jeder ein Sonderfall? Religion in der Schweiz. Zürich

Duchrow, U./Liedke, G., 1987: Schalom. Der Schöpfung Befreiung, den Menschen Gerechtigkeit, den Völkern Frieden. Stuttgart

Dülmen, R. van, 1986: Volksfrömmigkeit und konfessionelles Christentum im 16. und 17. Jahrhundert. In: *W. Schieder* (Hrsg.), Volksreligion in der modernen Sozialgeschichte. Göttingen, 14–30

Dülmen, R. van, 1989: Religion und Gesellschaft. Beiträge zu einer Religionsgeschichte der Neuzeit. Frankfurt

Dussel, E., 1984: Herrschaft und Befreiung. Fribourg

Dux, G., 1982: Die Logik der Weltbilder. Sinnstrukturen im Wandel der Geschichte. Frankfurt a. M.

Ebbighausen, R./Tiemann, F. (Hrsg.), 1984: Das Ende der Arbeiterbewegung in Deutschland? Opladen

Ebertz, M. N., 1980: Herrschaft in der Kirche. Hierarchie, Tradition und Charisma im 19. Jahrhundert. In: *K. Gabriel/F.-X. Kaufmann* (Hrsg.), Zur Soziologie des Katholizismus. Mainz, 89–111

Ebertz, M. N., 1987: Die Bürokratisierung der katholischen „Priesterkirche". In: *P. Hoffmann* (Hrsg.), Priesterkirche. Düsseldorf, 132–163

Ebertz, M. N., 1988: Heilige Familie? Die Herausbildung einer anderen Familienreligiosität. In: Deutsches Jugendinstitut (Hrsg.), Wie geht's der Familie. Ein Handbuch zur Situation der Familie. München, 403–413

Ebertz, M. N., 1989: Fundamentalismus im Katholizismus – religionssoziologische Thesen und Notizen. Die Neue Gesellschaft. Frankfurter Hefte 36, 223–233

Ebertz, M. N., 1991: Vom Schicksal zur Wahl kirchlicher Religiosität. Religionsunterricht an Höheren Schulen 34, 146–154

Ebertz, M. N., 1992: Erosionen im Jenseits – Erosionen im Diesseits. „Himmel", „Hölle" und „Fegfeuer" in soziologischer Sicht. Freiburg i. Br., Unveröffentlichtes Manuskript

Ebertz, M. N./Schultheis, F. (Hrsg.), 1986: Volksfrömmigkeit in Europa. Beiträge zur Soziologie popularer Religiosität aus 14 Ländern. München

Eder, K., 1988: Wertwandel: Ein Beitrag zur Diagnose der Moderne? In: *H. O. Luthe/H. Meulemann* (Hrsg.), Wertwandel – Faktum oder Fiktion? Frankfurt a. M., 257–294

Eichelberger, H.-W., 1989: Konfession und Ethik am Beispiel der Einstellung zum Schwangerschaftsabbruch. In: *K.-F. Daiber* (Hrsg.), Religion und Konfession. Studien zu politischen, ethischen und religiösen Einstellungen von Katholiken, Protestanten und Konfessionslosen in der Bundesrepublik Deutschland und in den Niederlanden. Hannover, 72–92

Eicher, P., 1991: Neuzeitliche Theologien. A. Die katholische Theologie. In: *P. Eicher* (Hrsg.), Neues Handbuch theologischer Grundbegriffe, Bd. 4. München, 7–46, Erweiterte Neuausgabe

Eicher, P./Mette, N., 1989: Auf der Seite der Unterdrückten? Theologie der Befreiung im Kontext Europas. Düsseldorf

Eichinger, W., 1988: „Strukturen der Sünde". Zur theologischen Argumentation von Sollicitudo rei socialis. In: *K. Gabriel/W. Klein/W. Krämer* (Hrsg.), Die gesellschaftliche Verantwortung der Kirche. Düsseldorf, 117–136

Elias, N., 1976: Über den Prozeß der Zivilisation, Bd. 1 u. 2. Bern. 2. Aufl.

Elias, N., 1988: Die Gesellschaft der Individuen. Herausgegeben von Michael Schröter. 3. Aufl.

Elsas, C. (Hrsg.), 1975: Religion. Ein Jahrhundert theologischer, philosophischer, soziologischer und psychologischer Interpretationsansätze. München

Emeis, D., 1991: Zwischen Ausverkauf und Rigorismus. Zur Krise der Sakramentenpastoral. Freiburg u. a.

EPD Dokumentation, 1987: „Civil Religion" in Deutschland. Studientagung von LWB und EKD über politisch wirksame religiöse Orientierungen. Nr. 18 und 35. Frankfurt a. M.

Erharter, H./Schwarzenberger, R. (Hrsg.), 1990: Christliche Gemeinden für Gerechtigkeit, Frieden und Bewahrung der Schöpfung. Wien

Erlinghagen, K., 1965: Katholisches Bildungsdefizit. Freiburg i. Br.

Faltin, I., 1990: Norm – Milieu – Politische Kultur. Normative Vernetzungen in Gesellschaft und Politik der Bundesrepublik. Wiesbaden

Feige, A., 1982: Erfahrungen mit Kirche. Hannover, 2. Aufl.

Feige, A., 1989: Kirchenentfremdung/Kirchenaustritte. In: Theologische Realenzyklopädie, Bd. VIII, 530–535

Feige, A., 1990: Kirchenmitgliedschaft in der Bundesrepublik Deutschland. Gütersloh

Feige, A., 1992: Jugend und Religion. In: *H.-H. Krüger* (Hrsg.), Handbuch der Jugendforschung. Opladen 2. Aufl., im Erscheinen

Felling, A./Peters, J./Schreuder, O., 1987: Religion im Vergleich: Bundesrepublik Deutschland und Niederlande. Frankfurt a. M. u. a.

Forster, K., 1976: Deutscher Katholizismus in der Adenauer-Ära. In: Konrad Adenauer und seine Zeit, hrsg. von *D. Blumwitz* u. a., Stuttgart, 488–520

Forster, K., 1979: Kirche in einer säkularisierten Gesellschaft. In: *J. Becker* (Hrsg.), 30 Jahre Bundesrepublik – Tradition und Wandel. München, 77–100

Friedrich, W., 1990: Mentalitätswandlungen der Jugend in der DDR. In: Aus Politik und Zeitgeschichte B 16–17, 25–37

Frings, J., 1955/1956: Die Kirche in Deutschland 1955/56. Herder Korrespondenz 11, 72–78

Fuchs, O., 1990: Individualisierung und Institution. Theologische Reflexionen zu Umfrageergebnissen in der Bundesrepublik. Stimmen der Zeit 208, 545–555

Fuchs, P., 1992: Gefährliche Modernität. Das zweite vatikanische Konzil und die Veränderung des Messeritus. Kölner Zeitschrift für Soziologie und Sozialpsychologie 44, 1–11

Fuchs, W., 1985: Konfessionelle Milieus und Religiosität. In: *A. Fischer* u. a., Jugendliche u. Erwachsene 85, Bd. 1, Opladen, 265–304

Gabriel, K., 1979: Analysen der Organisationsgesellschaft. Frankfurt a. M.

Gabriel, K., 1980: Die neuzeitliche Gesellschaftsentwicklung und der Katholizismus als Sozialform der Christentumsgeschichte. In: *K. Gabriel/F. X. Kaufmann* (Hrsg.), Zur Soziologie des Katholizismus. Mainz, 201–225

Gabriel, K., 1983: Religionssoziologie als „Soziologie des Christentums". In: *K.-F. Daiber/Th. Luckmann* (Hrsg.), Religion in den Gegenwartsströmungen der deutschen Soziologie. München, 182–198

Gabriel, K., 1986: Zur Sozialform des neuzeitlichen Katholizismus. Orientierung 50,13/14, 153–157

Gabriel, K., 1986a: Milieu (sozio-kulturelle Voraussetzungen). In: *G. Bitter/G. Miller* (Hrsg.), Handbuch religionspädagogischer Grundbegriffe, Bd. 1. München, 120–124

Gabriel, K., 1986b: Religion, Identität und Familie. Die Krise religiöser Sinnerfahrung und die Überlastung der Familie. In: *K. Gabriel/P. L. Sauer/W. Vieth* (Hrsg.), Sinnfragen sozialer Arbeit, Hildesheim, 73–90

Gabriel, K., 1988: Lebenswelten unter den Bedingungen entfalteter Modernität. Pastoraltheologische Informationen 8, 93–108

Gabriel, K., 1988a: Nachchristliche Gesellschaft heute. Diakonia. Internationale Zeitschrift für die Praxis der Kirche 19, 27–34

Gabriel, K., 1988b: Kirchliche Sozialverkündigung im Umbruch der Sozialform des neuzeitlichen Katholizismus. In: *K. Gabriel/W. Klein/W. Krämer* (Hrsg.), Die gesellschaftliche Verantwortung der Kirche. Düsseldorf, 71–84

Gabriel, K., 1988c: Ritualisierung. In: Staatslexikon. Recht, Wirtschaft, Gesellschaft, hrsg. von der Görres-Gesellschaft. Freiburg u. a., 926–927

Gabriel, K., 1989: Religionsunterricht und Religionslehrer im Spannungsfeld von Kirche und Gesellschaft. Katechetische Blätter 114, 865–879

Gabriel, K., 1989a: Gesellschaftliche Bedingungen und Folgen des Zentralismus in der Kirche. In: Diakonia. Internationale Zeitschrift für die Praxis der Kirche 20, 366–373

Gabriel, K., 1989b: Möglichkeiten und Grenzen kirchlicher Organisation in der individualisierten Gesellschaft. In: *Schweizerisches Pastoralsoziologisches Institut* (Hrsg.), Konfessionelle Religiosität. Chancen und Grenzen. Zürich, 52–67

Gabriel, K., 1990: Tradierungsprobleme einer „bestimmten" Religion. Religionssoziologische Anmerkungen zu den Umfragen des Instituts für Demoskopie Allensbach zum Religionsunterricht. Religionspädagogische Beiträge 25, 18–30

Gabriel, K., 1990a: Von der „vordergründigen" zur „hintergründigen" Religiosität: Zur Entwicklung von Religion und Kirche in der Geschichte der Bundesrepublik. In: *R. Hettlage* (Hrsg.), Die Bundesrepublik. Eine historische Bilanz. München, 255–279

Gabriel, K., 1990b: Die Erosion der Milieus: Ende der Arbeiterbewegung – Ende

jeden politischen Katholizismus? In: *H. Ludwig/W. Schroeder* (Hrsg.), Sozial-
und Linkskatholizismus. Erinnerungen – Orientierung – Befreiung. Frankfurt
a. M., 241–260

Gabriel, K., 1991: Tradition im Kontext enttraditionalisierter Gesellschaft. In: *D.
Wiederkehr* (Hrsg.), Wie geschieht Tradition? Überlieferung im Lebensprozeß
der Kirche. Quaestiones Disputatae, Bd. 133. Freiburg i. Br., 69–88

Gabriel, K., 1991 a: Volksreligion. In: *P. Eicher* (Hrsg.), Neues Handbuch theologischer Grundbegriffe, Bd. 5. Erweiterte Neuausgabe. München, 201–217

Gabriel, K., 1991 b: Religiöse Heimatsuche – Religiöser Heimatverlust heute. Soziologische Feststellungen. In: *G. Koch/J. Pretscher* (Hrsg.), Kirche als Heimat. Würzburg, 9–27

Gabriel, K., 1992: Verbandliche Caritas zwischen Sozialstaat und Gemeinde. Unveröffentlichtes Manuskript. Vechta

Gabriel, K./Kaufmann, F.-X. (Hrsg.), 1980: Zur Soziologie des Katholizismus.
Mainz

Gabriel, K./Kaufmann, F.-X., 1988: Der Katholizismus in den deutschsprachigen Ländern. In: *F.-X. Kaufmann/B. Schäfers* (Hrsg.), Religion, Kirchen
und Gesellschaft in Deutschland. Gegenwartskunde Sonderheft 5. Opladen,
31–57

Gauly, Th. M., 1991: Katholiken – Machtanspruch und Machtverlust. Bonn

Gerhardt, U./Schütze, Y., 1988: Vorwort. In: *dies.* (Hrsg.), Frauensituation.
Frankfurt a. M., 7–13

Geser, H., 1991: Zur Bedeutung der Kirchen in der modernen Gesellschaft.
Schweizerische Zeitschrift für Soziologie 17, 569–584

Global 2000, 1980: Der Bericht an den Präsidenten. Frankfurt a. M.

Götz von Olenhusen, I., 1991: Die Ultramontanisierung des Klerus. Das Beispiel
der Erzdiözese Freiburg. In: *W. Loth* (Hrsg.), Deutscher Katholizismus im
Umbruch zur Moderne. Stuttgart, 46–75

Gorz, A., 1980: Abschied vom Proletariat. Frankfurt a. M.

Gotto, K., 1978: Die deutschen Katholiken und die Wahlen in der Ära Adenauer.
In: *A. Langner* (Hrsg.), Katholizismus im politischen System der Bundesrepublik Deutschland 1949–1963. Paderborn, 7–32

Gotto, K., 1985: Wandlungen des politischen Katholizismus seit 1954. In: *D.
Oberndörfer* u. a. (Hrsg.), Wirtschaftlicher Wandel, religiöser Wandel und
Wertwandel. Berlin, 211–229

Greinacher, N., 1966: Auf dem Weg zur Gemeindekirche. Die religiöse und gesellschaftliche Situation der deutschen Katholiken. In: *Ders./H. T. Risse*
(Hrsg.), Bilanz des deutschen Katholizismus. Mainz, 15–41

Greiner, F., 1964: Die Katholiken in der technischen Gesellschaft der Nachkriegszeit. In: *H. Maier* (Hrsg.), Deutscher Katholizismus nach 1945. München, 103–135

Groethuysen, B., 1978: Die Entstehung der bürgerlichen Welt- und Lebensanschauung in Frankreich, Bd. 1 und 2. Frankfurt a. M.

Groner, F., 1960: Statistik der katholischen Kirchengemeinden in Deutschland.
In: *D. Goldschmidt/F. Greiner/H. Schelsky* (Hrsg.), Soziologie der Kirchengemeinde. Stuttgart, 196–208

Gutiérrez, G., 1973: Theologie der Befreiung. München/Mainz

Gundlach, G. SJ, 1958: Katholizismus und Sozialismus. In: Christentum und De-
mokratischer Sozialismus, hrsg. von *K. Forster*. München, 15–29

Habermas, J., 1962: Strukturwandel der Öffentlichkeit. Untersuchungen zu einer
Kategorie der bürgerlichen Gesellschaft. Neuwied/Berlin

Habermas,J., 1981: Theorie des kommunikativen Handelns, 2 Bde. Frankfurt a. M.

Habermas, J., 1985: Die neue Unübersichtlichkeit. Frankfurt a. M.

Habermas, J., 1988: Der philosophische Diskurs der Moderne. Zwölf Vorlesungen. Frankfurt a. M.

Hahn, A., 1982: Zur Soziologie der Beichte und anderer Formen institutionalisierter Bekenntnisse: Selbstthematisierung und Zivilisationsprozeß. Kölner Zeitschrift für Soziologie und Sozialpsychologie 34, 407–434

Haller, M. u. a. (Hrsg.), 1989: Kultur und Gesellschaft. Verhandlungen des 24. Deutschen Soziologentags, des 11. Österreichischen Soziologentags und des 8. Kongresses der Schweizerischen Gesellschaft für Soziologie in Zürich 1988. Frankfurt a. M.

Hannemann, B./Franke, H., 1990: Kirchenmitglieder wollen schnelle Einheit. Übergänge 16, 139–143

Hanselmann, J. u. a. (Hrsg.), 1984: Was wird aus der Kirche? Ergebnisse der zweiten EKD-Umfrage über Kirchenmitgliedschaft. Gütersloh, 2. Aufl.

Hanssler, B., 1978: Der Pluralisierungsprozeß im deutschen Katholizismus und seine gesellschaftlichen Auswirkungen. In: *A. Langner* (Hrsg.), Katholizismus im politischen System der Bundesrepublik 1949–1963. Paderborn, 103–121

Harenberg, W. (Hrsg.), 1968: Was glauben die Deutschen? Die Emnidumfrage – Ergebnisse – Kommentare. München/Mainz

Hauer, N./Zulehner, P. M., 1991: Aufbruch in den Untergang? Das II. Vatikanische Konzil und seine Auswirkungen. Wien

Heimann, E., 1980: Soziale Theorie des Kapitalismus – Theorie der Sozialpolitik. Frankfurt a. M., zuerst 1929

Heitmeyer, W./Olk, Th. (Hrsg.), 1989: Individualisierung von Jugend: gesellschaftliche Prozesse, subjektive Verarbeitungsformen, jugendpolitische Konsequenzen. Weinheim

Heller, A., 1990: Zur Sozialgeschichte des Katholizismus in lebensgeschichtlichen Erinnerungen. In: *Ders.* u. a., Religion und Alltag. Wien/Köln, 287–300

Heller, A. u. a., 1990: Religion und Alltag. Interdisziplinäre Beiträge zu einer Sozialgeschichte des Katholizismus in lebensgeschichtlichen Aufzeichnungen. Wien/Köln

Hengsbach, F., 1990: Strukturentgiftung. Kirchliche Soziallehre im Kontext von Arbeit, Umwelt, Wirtschaft. Düsseldorf

Hengsbach, F. u. a. (Hrsg.), 1990: Ein unbekannter Bekannter. Eine Auseinandersetzung mit dem Werk von Oswald von Nell-Breuning SJ. Köln

Herkommer, S., 1983: Sozialstaat und Klassengesellschaft – Zur Reproduktion sozialer Ungleichheit im Spätkapitalismus. In: *R. Kreckel* (Hrsg.), Soziale Ungleichheiten. Sonderband 2 der Sozialen Welt. Göttingen, 75–92

Herlyn, I./Vogel, U., 1989: Individualisierung: Eine neue Perspektive auf die Lebenssituation von Frauen. Zeitschrift für Sozialisationsforschung und Erziehungssoziologie 9, 162–178

Hervieu-Léger, D., 1987: Vers un nouveau christianisme? Paris

Hervieu-Léger, D., 1987 a: Vers un christianisme de communautés émotionnelles? In: L'Etat des Religions dans le Monde. Paris, 507–509

Hervieu-Léger, D., 1990: Religion and Modernity in the French Context: For a New Approach to Secularization. Sociological Analysis 51, 15–25

Hervieu-Léger, D., 1991: The Case of French Catholicism. Paper, Research Project „The Post-War Generation and Established Religion". Paris

Hild, H. (Hrsg.), 1974: Wie stabil ist die Kirche? Bestand und Erneuerung. Ergebnisse einer Umfrage. Gelnhausen/Berlin

Hitzler, R./Honer A., 1984: Lebenswelt – Milieu – Situation. Terminologische Vorschläge zur theoretischen Verständigung. Kölner Zeitschrift für Soziologie und Sozialpsychologie 36, 56–74

Hobsbawm, E. J., 1962: Europäische Revolutionen. Zürich

Höhn, H.-J., 1989: Gesellschaft im Übergang – Theologie im Wandel. Theologie der Gegenwart 32, 83–94

Hölscher, L., 1990: Die Religion des Bürgers. Bürgerliche Frömmigkeit und protestantische Kirche im 19. Jahrhundert. Historische Zeitschrift 250, 595–630

Honneth, A., 1991: Pluralisierung und Anerkennung. Zum Selbstmißverständnis postmoderner Sozialtheorien. In: *W. Zapf* (Hrsg.), Die Modernisierung moderner Gesellschaften. Verhandlungen des 25. Deutschen Soziologentages in Frankfurt a. M. Frankkfurt a. M., 165–173

Hürten, H., 1976: Die Frankfurter Hefte und Konrad Adenauer. In: Konrad Adenauer und sein Zeit, hrsg. von *D. Blumwitz* u. a. Stuttgart, 453–467

Hürten, H., 1986: Kurze Geschichte des deutschen Katholizismus 1800–1960. Mainz

Hummel, R., 1988: Kult statt Kirche. Wurzeln und Erscheinungsformen neuer Religiosität außerhalb und am Rande der Kirche. In: *G. Baadte/A. Rauscher* (Hrsg.), Neue Religiosität und säkulare Kultur. Graz, 43–61

Imhof, K., 1990: Mythos und Moderne. Zur Fragilität der posttraditionalen Gesellschaft. In: *V. Bornschier* u. a. (Hrsg.), Diskontinuitäten des sozialen Wandels. Entwicklung als Abfolge von Gesellschaftsmodellen und kulturellen Deutungsmustern. Frankfurt a. M., 55–90

Institut für Demoskopie Allensbach, 1986: Das Kirchenverständnis der Katholiken und Protestanten. Repräsentativbefragung im Auftrag der Redaktion Kirche und Leben des ZDF. Allensbach

Institut für Demoskopie Allensbach, 1988: Religionsunterricht – zwei Perspektiven. Schüler und Lehrer über den katholischen Religionsunterricht. Allensbach

Institut für Demoskopie Allensbach, 1989: Das Glaubensbekenntnis. Repräsentativbefragung im Auftrag der Zeitschrift P.M. Perspektive. Allensbach

Institut für Demoskopie Allensbach, 1989 a: Vertrauenskrise der Kirche? Eine Repräsentativerhebung zu Kirchenbindung und -kritik. Allensbach

Institut für kirchliche Sozialforschung des Bistums Essen, 1991: Einstellungen zum Schwangerschaftsabbruch in der Bundesrepublik. Kurzinformation über die Ergebnisse aus der Allgemeinen Bevölkerungsumfrage der Sozialwissenschaften ALLBUS 1990. Essen

Institut für kirchliche Sozialforschung des Bistums Essen, 1991 a: Priester im Bistum Essen. Daten zur Entwicklung der Priesterzahlen 1958 bis 1990. Handreichung Nr. 63. Essen

Institut für kirchliche Sozialforschung des Bistums Essen, 1992: Kirchliche Statistik des Bistums Essen. Essen

Japp, K. P., 1986: Wie psychosoziale Dienste organisiert werden. Widersprüche und Auswege. Frankfurt a. M.

Joas, H., 1988: Das Risiko der Gegenwartsdiagnose. Soziologische Revue 11, 1–6

Kaiser, J.-Ch., 1989: Die zeitgeschichtlichen Umstände der Gründung des Deutschen Caritasverbandes am 9. November 1898. In: *M. Manderscheid/H. J. Wollasch* (Hrsg.), Lorenz Werthmann und die Caritas. Freiburg i. Br., 11–29

Kandil, F., 1988: Der Islam in der Bundesrepublik Deutschland. In: *F.-X. Kauf-*

mann/B. Schäfers (Hrsg.), Religion, Kirchen und Gesellschaft in Deutschland. Gegenwartskunde Sonderheft 5. Opladen, 89–106

Katz, H., 1980: Katholizismus zwischen Kirchenstruktur und gesellschaftlichem Wandel. In: *K. Gabriel/F.-X. Kaufmann* (Hrsg.), Zur Soziologie des Katholizismus. Mainz, 112–144

Kaufmann, F.-X., 1973: Theologie in soziologischer Sicht. Freiburg i. Br.

Kaufmann, F.-X., 1973 a: Wissenssoziologische Überlegungen zu Renaissance und Niedergang des katholischen Naturrechtsdenkens im 19. und 20. Jahrhundert. In: *F. Böckle/E. W. Böckenförde* (Hrsg.), Naturrecht in der Kritik. Mainz, 126–164

Kaufmann, F.-X., 1978: Zur gesellschaftlichen Verfassung des Christentums heute. In: *L. Bertsch/F. Schlösser* (Hrsg.), Kirchliche und nichtkirchliche Religiosität. Freiburg i. Br., 11–48

Kaufmann, F.-X., 1979: Kirche begreifen. Analysen und Thesen zur gesellschaftlichen Verfassung des Christentums. Freiburg i. Br. u. a.

Kaufmann, F.-X., 1987: Kirche für die Gesellschaft von morgen. In: *Ders./J. B. Metz*, Zukunftsfähigkeit. Suchbewegungen im Christentum. Freiburg i. Br. u. a., 11–54

Kaufmann, F.-X., 1988: Familie und Modernität. In: *K. Lüscher* u. a. (Hrsg.), Die postmoderne Familie. Konstanz 1988, 391–415

Kaufmann, F.-X., 1988 a: Die Bischofskonferenzen im Spannungsfeld von Zentralisierung und Dezentralisierung. Diakonia. Internationale Zeitschrift für die Praxis der Kirche 20, 400–407

Kaufmann, F.-X., 1989: Religion und Modernität. Sozialwissenschaftliche Perspektiven. Tübingen

Kaufmann, F.-X., 1989 a: Auf der Suche nach den Erben der Christenheit. In: *M. Haller* u. a. (Hrsg.), Kultur und Gesellschaft. Verhandlungen des 24. Deutschen Soziologentags, des 11. Österreichischen Soziologentags und des 8. Kongresses der Schweizerischen Gesellschaft für Soziologie in Zürich 1988. Frankfurt a. M.

Kaufmann, F.-X., 1990: Zur Zukunft der Familie. München

Kaufmann, F.-X./Kerber, W./Zulehner, P. M., 1986: Ethos und Religion bei Führungskräften. München

Kaufmann, L./Klein, J., 1990: Johannes XXIII. Prophetie im Vermächtnis. Fribourg

Kehrer, G., 1988: Die Kirchen im Kontext der Säkularisierung. In: *G. Baadte/A. Rauscher* (Hrsg.), Neue Religiosität und säkulare Kultur, Graz/Wien/Köln, 9–24

Kepel, G., 1991: Die Rache Gottes. Radikale Moslems, Christen und Juden auf dem Vormarsch. München

Kienzler, K. (Hrsg.), 1990: Der neue Fundamentalismus. Rettung oder Gefahr für Gesellschaft und Religion. Düsseldorf

Kienzler, K., 1990 a: Fundamentalismus und Antimodernismus im Christentum. In: *Ders.* (Hrsg.), Der neue Fundamentalismus. Düsseldorf, 67–91

Kirchenamt der EKD (Hrsg.), 1991: Der Dienst der Evangelischen Kirche an der Hochschule. Eine Studie im Auftrag der Synode der EKD. Gütersloh

Kirchliches Handbuch. Amtliches statistisches Jahrbuch der katholischen Kirche Deutschlands, Bd. 23 ff. Köln 1951 ff.

Kirchliches Jahrbuch für die evangelische Kirche in Deutschland Gütersloh 1973 ff.

Klages, H., 1985: Wertorientierungen im Wandel. Frankfurt a. M.

211

Kleger, H./Müller, A. (Hrsg.), 1986: Religion des Bürgers – Zivilreligion in Amerika und Europa. München

Kleutgen, J., 1867–74: Theologie der Vorzeit vertheidigt, 5 Bde. Münster, 2. Aufl.

Klöcker, M., 1991: Katholisch – von der Wiege bis zur Bahre. Eine Lebensmacht im Zerfall. München

Klönne, A., 1988: Die „roten Schwarzen". Zur Tradition des Sozialkatholizismus in Deutschland. Stimmen der Zeit 206, 125–133

Knoblauch, H., 1989: Das unsichtbare neue Zeitalter. „New Age", privatisierte Religion und kultisches Milieu. Kölner Zeitschrift für Soziologie und Sozialpsychologie 41, 504–525

Knoblauch, H., 1991: Die Verflüchtigung der Religion ins Religiöse. Thomas Luckmanns Unsichtbare Religion. In: *Th. Luckmann*, Die unsichtbare Religion. Frankfurt a. M., 7–41

Knoll, A. M., 1968: Katholische Kirche und scholastisches Naturrecht. Zur Frage der Freiheit. Darmstadt/Neuwied, 2. Aufl.

Kochanek, H. (Hrsg.), 1991: Die verdrängte Freiheit. Fundamentalismus in den Kirchen. Freiburg i. Br. u. a.

Kocka, J., 1979: Stand – Klasse – Organisation. Strukturen sozialer Ungleichheit in Deutschland. In: *H.-U. Wehler* (Hrsg.), Klassen in der europäischen Sozialgeschichte. Göttingen, 137–165

Köcher, R., 1987: Religiös in einer säkularisierten Welt. In: *E. Noelle-Neumann/R. Köcher*, Die verletzte Nation. Stuttgart, 164–281

Köcher, R., 1990: Gottlos. Rheinischer Merkur/Christ und Welt 39, 28. September, 25–26

Kohli, M., 1986: Gesellschaftszeit und Lebenszeit. Der Lebenslauf im Strukturwandel der Moderne, in: *J. Berger* (Hrsg.), Die Moderne – Kontinuitäten und Zäsuren. Göttingen, 183–208

Kohli, M., 1988: Normalbiographie und Individualität: Zur institutionellen Dynamik des gegenwärtigen Lebenslaufregimes. In: *H.-G. Brose/B. Hildenbrand* (Hrsg.), Vom Ende des Individuums zur Individualität ohne Ende. Opladen, 33–54

Kommission 8 „Pastorale Grundfragen" des Zentralkomitees der deutschen Katholiken, 1991: Dialog statt Dialogverweigerung. Wie in der Kirche miteinander umgehen?

Korff, G., 1977: Formierung der Frömmigkeit. Zur sozialpolitischen Intention der Trierer Rockwallfahrten 1891. Geschichte und Gesellschaft 3, 352–383

Korff, G., 1986: Kulturkampf und Volksfrömmigkeit. In: *W. Schieder* (Hrsg.), Volksreligiosität in der modernen Sozialgeschichte. Göttingen, 137–151

Kosellek, R., 1976: Kritik und Krise. Eine Studie zur Pathogenese der bürgerlichen Welt. Frankfurt a. M., 2. Aufl.

Koslowski, P. (Hrsg.), 1985: Die religiöse Dimension der Gesellschaft. Tübingen

Koslowski, P., 1986: Die Baustelle der Postmoderne – Wider den Vollendungszwang der Moderne. In: *P. Koslowski/R. Spaemann/R. Löw* (Hrsg.), Moderne oder Postmoderne? Zur Signatur des gegenwärtigen Zeitalters. Weinheim

Kreckel, R., 1983: Soziale Ungleichheiten. Sonderband 2 der Sozialen Welt. Göttingen

Kroh, W., 1982: Kirche im gesellschaftlichen Widerspruch. München.

Krüggeler, M., 1991: Religion in der Schweiz. Eine religionssoziologische Untersuchung im europäischen Kontext. Pastoraltheologische Informationen 11, 245–258

Krüggeler, M., 1991 a: „Nenn's wie du willst …". Religiöse Semantik unter der

Bedingung struktureller Individualisierung. Schweizerische Zeitschrift für Soziologie 17, 455–472

Krüggeler, M., 1992: Inseln der Seligen. Religiöse Orientierungen in der Schweiz. In: *A. Dubach/R. J. Campiche* (Hrsg.), Jeder ein Sonderfall. Religion in der Schweiz. Zürich

Krüggeler, M./Voll, P., 1992: Säkularisierung oder Individualisierung? Variationen zu „Faust I, Vers 341 ff. Pastoraltheologische Informationen 12, 147–164

Küenzlen, G., 1987: Das Unbehagen an der Moderne: Der kulturelle und gesellschaftliche Hintergrund der New-Age-Bewegung. In: *H. Hemminger* (Hrsg.), Die Rückkehr der Zauberer. New Age – eine Kritik. Reinbek b. Hamburg, 187–222

Kühr, H., 1985: Katholische und evangelische Milieus. Vermittlungsinstanzen und Wirkungsmuster. In: *D. Oberndörfer* u. a. (Hrsg.), Wirtschaftlicher Wandel, religiöser Wandel und Wertwandel, Berlin 1985, 245–261, München Kursbuch 93, 1988: Glauben. Berlin

Langner, A. (Hrsg.), 1978: Katholizismus im politischen System der Bundesrepublik Deutschland 1949–1963. Paderborn

Lau, Ch., 1988: Gesellschaftliche Individualisierung und Wertwandel. In: *H. O. Luthe/H. Meulemann* (Hrsg.), Wertwandel – Faktum oder Fiktion? Frankfurt a. M., 217–234.

Leo XIII, 1879: Enzyklika „Aeterni Patris". ASS 12, 97–115

Lepsius, M. R., 1966: Parteiensystem und Sozialstruktur: zum Problem der Demokratisierung der deutschen Gesellschaft. In: *W. Abel* u. a. (Hrsg.), Wirtschaft, Geschichte und Wirtschaftsgeschichte. Hamburg, 371–393

Lepsius, M. R., 1990: Soziologische Theoreme über die Sozialstruktur der „Moderne" und „Modernisierung". In: *Ders.,* Interessen, Ideen und Institutionen. Opladen, 211–231

Leugers-Scherzberg, A. H., 1991: Die Modernisierung des Katholizismus im Kaiserreich. Überlegungen am Beispiel von Felix Porsch. In: *W. Loth* (Hrsg.), Deutscher Katholizismus im Umbruch zur Moderne. Stuttgart u. a., 219–235

Lockwood, D., 1964: Social Integration and System Integration. In: *G. K. Zollschan/W. Hirsch* (Hrsg.), Explorations in Social Change. London, 244–257

Lorenzer, A., 1981: Das Konzil der Buchhalter. Frankfurt a. M.

Loth, W., 1984: Katholiken im Kaiserreich. Der politische Katholizismus in der Krise des Wilhelminischen Deutschland. Düsseldorf

Loth, W., 1990: Der Katholizismus – eine globale Bewegung gegen die Moderne? In: *H. Ludwig/W. Schröder* (Hrsg.), Sozial- und Linkskatholizismus. Erinnerungen – Orientierung – Befreiung. Frankfurt a. M., 11–31

Loth, W., 1991: Soziale Bewegungen im Katholizismus des Kaiserreichs. Geschichte und Gesellschaft 17, 279–310

Loth, W., 1991 a: Integration und Erosion. Wandlungen des katholischen Milieus in Deutschland. In: *Ders.,* Deutscher Katholizismus im Umbruch zur Moderne. Stuttgart u. a., 266–281

Luckmann, Th., 1960: Neuere Schriften zur Religionssoziologie. Kölner Zeitschrift für Soziologie und Sozialpsychologie 12, 315–326

Luckmann, Th., 1967: Invisible Religion. The Transformation of Symbols in Industrial Society. New York

Luckmann, Th., 1980: Lebenswelt und Gesellschaft. Paderborn u. a.

Luckmann, Th., 1988: Die „massenkulturelle" Sozialform der Religion. In: *H.-G. Soeffner* (Hrsg.), Kultur und Alltag. Göttingen, 37–48

Luckmann, Th., 1990: Shrinking Transcendence, Expanding Religion? Sociological Analysis. A Journal of the Sociology of Religion 51, 127–138

Luckmann, Th., 1991: Die unsichtbare Religion. Mit einem Vorwort von Hubert Knoblauch. Frankfurt a. M.

Lübbe, H., 1986: Religion nach der Aufklärung. Graz

Luhmann, N., 1972: Funktionen und Folgen formaler Organisation. Berlin, 2. Aufl.

Luhmann, N., 1972 a: Die Organisierbarkeit von Religionen und Kirchen. In: *J. Wösner* (Hrsg.), Religion im Umbruch. Stuttgart, 245–285

Luhmann, N., 1977: Funktion der Religion. Frankfurt a. M.

Luhmann, N., 1980: Gesellschaftsstruktur und Semantik. Studien zur Wissenssoziologie der modernen Gesellschaft, Bd. 1. Frankfurt a. M.

Luhmann, N., 1981: Politische Theorie im Wohlfahrtsstaat. München/Wien

Luhmann, N., 1987: Soziologische Aufklärung 4. Beiträge zur funktionalen Differenzierung der Gesellschaft. Opladen

Luhmann, N., 1987 a: Die gesellschaftliche Differenzierung und das Individuum. In: *Th. Olk/H.-U. Otto* (Hrsg.), Soziale Dienste im Wandel 1. Helfen im Sozialstaat. Neuwied/Darmstadt, 121–138

Luhmann, N., 1988: Die Wirtschaft der Gesellschaft. Frankfurt a. M.

Luhmann, N., 1989: Die Ausdifferenzierung der Religion. In: *Ders.,* Gesellschaftsstruktur und Semantik. Studien zur Wissenssoziologie moderner Gesellschaften, Bd. 3. Frankfurt a. M., 259–357

Luhmann, N., 1991: Religion und Gesellschaft. Sociologia Internationalis 29, 133–139

Lukatis, I./Lukatis, W., 1987: Jugend und Religion in der Bundesrepublik Deutschland. In: *U. Nembach* (Hrsg.), Jugend und Religion in Europa, Frankfurt a. M. 107–144

Lukatis, I./Lukatis, W., 1989: Protestanten, Katholiken und Nicht-Kirchenmitglieder. Ein Vergleich ihrer Wert- und Orientierungsmuster. In: *K.-F. Daiber* (Hrsg.), Religion und Konfession. Studien zu politischen, ethischen und religiösen Einstellungen von Katholiken, Protestanten und Konfessionslosen in der Bundesrepublik Deutschland und in den Niederlanden. Hannover, 17–71

Lutz, B., 1984: Der kurze Traum immerwährender Prosperität. Frankfurt a. M.

Lutz, B., 1986: Die Bauern und die Industrialisierung. In: *J. Berger* (Hrsg.), Die Moderne – Kontinuitäten und Zäsuren. Göttingen, 119–137

Lyotard, J.-F., 1979: La condition postmoderne. Rapport sur le savoir. Paris

Lyotard, J.-F., 1986: Das postmoderne Wissen. Wien

Mahlmann, Th., 1985: Kirche und Wiederbewaffnung. In: *D. Bänsch* (Hrsg.), Die fünfziger Jahre. Beiträge zu Politik und Kultur. Tübingen, 90–107

Maier, H., (Hrsg.), 1964: Deutscher Katholizismus nach 1945. München

Malinowski, B., 1973: Magie, Wissenschaft und Religion. Und andere Schriften. Frankfurt a. M.

Mallmann, K.-M., 1986: „Aus des Tages Last machen sie ein Kreuz des Herrn …"? Bergarbeiter, Religion und sozialer Protest im Saarrevier des 19. Jahrhunderts. In: *W. Schieder* (Hrsg.), Volksreligiosität in der modernen Sozialgeschichte. Göttingen, 152–183

Mallmann, K.-M., 1991: Ultramontanismus und Arbeiterbewegung im Kaiserreich. Überlegungen am Beispiel des Saarreviers. In: *W. Loth* (Hrsg.), Deutscher Katholizismus im Umbruch zur Moderne. Stuttgart u. a., 76–94

Marshall, Th. H., 1992: Bürgerrechte und soziale Klassen. Zur Soziologie des Wohlfahrtsstaats. Frankfurt a. M.

Matthes, J., 1964: Gesellschaftspolitische Konzeptionen im Sozialhilferecht. Zur soziologischen Kritik der neuen deutschen Sozialhilfegesetzgebung 1961. Stuttgart

Matthes, J., 1967: Religion und Gesellschaft. Einführung in die Religionssoziologie I. Reinbek

Matthes, J., 1968: Kirche und Gesellschaft. Einführung in die Religionssoziologie II. Reinbek

Matthes, J., 1975: Volkskirchliche Amtshandlungen, Lebenszyklus und Lebensgeschichte, in: *Ders.* (Hrsg.), Erneuerung der Kirche. Stabilität als Chance. Gelnhausen/Berlin, 83–112

Matthes, J., 1985: Wie praktisch ist die praktische Theologie? Theologia Practica 20, 149–155

Matthes, J., 1989: Religion und Weltkultur. In: *M. Haller* u.a. (Hrsg.), Kultur und Gesellschaft. Verhandlungen des 24. Deutschen Soziologentags, des 11. Österreichischen Soziologentags und des 8. Kongresses der Schweizerischen Gesellschaft für Soziologie in Zürich 1988. Frankfurt a.M., 321–328

Mette, N., 1992: Der konziliare Prozeß – eine Herausforderung für die kirchlichen Sozialverbände. Arbeiterfragen 1/92. Herzogenrath

Meulemann, H., 1985: Wertwandel in der Bundesrepublik zwischen 1950 und 1980: Versuch einer zusammenfassenden Deutung vorliegender Zeitreihen. In: *D. Oberndörfer* u.a. (Hrsg.), Wirtschaftlicher Wandel, religiöser Wandel und Wertwandel. Berlin, 391–411

Mieth, D., 1987: Tradierungsprobleme christlicher Ethik. Zur Motivationsanalyse der Distanz von Glaube und Kirche. In: *E. Feifel/W. Kasper* (Hrsg.), Tradierungskrise des Glaubens. München, 101–138

Mörth, I., 1988: New Age – neue Religion? Theoretische Überlegungen und empirische Hinweise zur sozialen Bedeutung des Wendezeit-Syndroms. In: *M. Haller* u.a. (Hrsg.), Kultur und Gesellschaft. Frankfurt a.M., 297–320

Mooser, J., 1983: Auflösung der proletarischen Milieus. Klassenbindung und Individualisierung in der Arbeiterschaft vom Kaiserreich bis in die Bundesrepublik Deutschland. Soziale Welt 34, 270–306

Mooser, J., 1984: Arbeiterleben in Deutschland 1900–1970. Frankfurt a.M.

Mooser, J., 1988: Arbeiterleben im historischen Wandel seit 1900. Gewerkschaftliche Monatshefte 11, 649–659

Mooser, J., 1991: „Christlicher Beruf" und „bürgerliche Gesellschaft". Zur Auseinandersetzung über Berufsethik und wirtschaftliche Inferiorität im Katholizismus um 1900. In: *W. Loth* (Hrsg.), Deutscher Katholizismus im Umbruch zur Moderne. Stuttgart u.a., 124–142

Müller, W., 1982: Bürgertum und Christentum. In: *F. Böckle* u.a. (Hrsg.), Christlicher Glaube in moderner Gesellschaft, Teilband 18. Freiburg i.Br., 5–58

Münch, R., 1986: Die Kultur der Moderne, 2 Bde. Frankfurt a.M.

Naßmacher, K.-H., 1979: Zerfall einer liberalen Subkultur. Kontinuität und Wandel des Parteiensystems in der Region Oldenburg. In: *H. Kühr* (Hrsg.), Vom Milieu zur Volkspartei. Königstein/Ts., 30–134

Nell-Breuning, O. von, 1978: Soziallehre der Kirche. Erläuterungen der lehramtlichen Dokumente. Wien, 2. Aufl.

Nellessen-Schumacher, T., 1969: Sozialstruktur und Ausbildung der deutschen Katholiken. Weinheim u.a.

Nelson, B., 1977: Der Ursprung der Moderne. Vergleichende Studien zum Zivilisationsprozeß. Frankfurt a.M.

Neuhaus, D., 1989: Fundamentalismus in der protestantischen Kirche. Die Neue Gesellschaft. Frankfurter Hefte 36, 210–214

Neuner, J./Roos, H., 1965: Der Glaube der Kirche in den Urkunden der Lehrverkündigung, hrsg. von *Karl Rahner*. Regensburg, 7. Aufl.

Nientiedt, K., 1986: Neue geistliche Bewegungen. In: Handwörterbuch religiöser Gegenwartsfragen. Freiburg i. Br., 293–298

Nientiedt, K., 1992: Gemeinschaftlicher, gefühlsbetonter, kirchlicher. Geistliche Gemeinschaften verändern das Gesicht der französischen Kirche. Herder-Korrespondenz 46, 162–166

Nipperdey, Th., 1988: Religion im Umbruch. Deutschland 1870–1918. München

Nunner-Winkler, G., 1988: Entwicklungslogik und Wertwandel: ein Erklärungsansatz und seine Grenzen. In: *H. O. Luthe/H. Meulemann* (Hrsg.), Wertwandel – Faktum oder Fiktion? Frankfurt a. M., 235–256

Offe, C., 1986: Die Utopie der Null-Option. Modernität und Modernisierung als politische Gütekriterien. In: *J. Berger* (Hrsg.), Die Moderne – Kontinuitäten und Zäsuren. Göttingen, 97–117

Offe, C., 1991: Selbstbeschränkung als Methode und als Resultat. In: *U. Beck*, Politik in der Risikogesellschaft. Frankfurt a. M., 225–231

Pannenberg, W., 1988: Christentum in einer säkularisierten Welt. Freiburg i. Br.

Pappi, F. U., 1985: Die konfessionell-religiöse Konfliktlinie in der deutschen Wählerschaft: Entstehung, Stabilität und Wandel. In: *D. Oberndörfer* u. a. (Hrsg.), Wirtschaftlicher Wandel, religiöser Wandel und Wertwandel. Berlin, 263–290

Pastorale Konstitution über die Kirche in der Welt von heute (Constitutio pastoralis de Ecclesia in mundo huius temporis „Gaudium et spes"), 1968. In: Lexikon für Theologie und Kirche. Das Zweite Vatikanische Konzil III. Freiburg i. Br. u. a., 241–592

Peters, J./Schreuder, O., 1989: Konfessionelle Kulturen in den Niederlanden. In: *K.-F. Daiber* (Hrsg.), Religion und Konfession. Hannover, 113–138

Pfürtner, St., 1991: Fundamentalismus: Die Flucht ins Radikale. Freiburg i. Br.

Pittkowski, W./Volz, R., 1989: Konfession und politische Orientierung: Das Beispiel der Konfessionslosen. In: *K.-F. Daiber* (Hrsg.), Religion und Konfession. Hannover, 93–112

Pollack, D., 1990: Vom Tischrücken zur Psychodynamik. Formen außerkirchlicher Religiosität in Deutschland. Schweizerische Zeitschrift für Soziologie 16, 107–134

Pollack, D., 1990a: Das Ende einer Organisationsgesellschaft: Systemtheoretische Überlegungen zum gesellschaflichen Umbruch in der DDR. Zeitschrift für Soziologie 19, 292–307

Pollack, D., 1991: Integration vor Entscheidung. Zur Entwicklung von Religiosität und Kirchlichkeit in der ehemaligen DDR. In: Glauben und Lernen 6, 144–156.

Pottmeyer, H. J., 1975: Unfehlbarkeit und Souveränität. Die päpstliche Unfehlbarkeit im System der ultramontanen Ekklesiologie des 19. Jahrhunderts. Mainz

Pye, M., 1987: A Common Language of Minimal Religiosity. The Journal of Oriental Studies 26, 21–27

Quink, C., 1987: Milieubedingungen des politischen Katholizismus in der Bundesrepublik. In: *D. Berg-Schlösser/J. Schissler* (Hrsg.), Politische Kultur in Deutschland. PVS Sonderheft 18. Opladen, 309–321

Rabb, Th. K., 1975: The Struggle for Stability in Early Modern Europe. New York

Rahner, K., Einleitende Überlegungen zum Verhältnis von Theologie und Volksreligion. In: *Ders.* u. a. (Hrsg.), Volksreligion – Religion des Volkes. Stuttgart, 9–16

Ratzinger, J., 1968: Pastorale Konstitution über die Kirche in der Welt von heute (Constitutio pastoralis de Ecclesia in mundo huius temporis „Gaudium et spes"). Erster Hauptteil: Kommentar zum I. Kapitel. Freiburg i. Br., 313–353

Rauscher, A. (Hrsg.), 1979: Kirche und Staat in der Bundesrepublik 1949–1963. Paderborn u. a.

Rauscher, A. (Hrsg.), 1981: Katholizismus, Rechtsethik und Demokratiediskussion 1945–1963. Paderborn u. a.

Reigrotzki, E., 1956: Soziale Verflechtungen in der Bundesrepublik. Elemente der sozialen Teilnahme in Kirche, Politik, Organisationen und Freizeit. Tübingen

Reitinger, H., 1991: Die Rolle der Kirche im politischen Prozeß der DDR 1970 bis 1990. München

Rendtorff, T., 1967: Zur Säkularisierungsproblematik. In: *J. Matthes*, Religion und Gesellschaft. Einführung in die Religionssoziologie I. Reinbek, 208–229

Rendtorff, T., 1972: Theorie des Christentums. Historisch-theologische Studien zu seiner neuzeitlichen Verfassung. Gütersloh

Richter, K. (Hrsg.), 1991: Das Konzil war erst der Anfang. Die Bedeutung des II. Vatikanums für Theologie und Kirche. Mainz

Riedel, M., 1975: Gesellshaft, bürgerliche. In: Geschichtliche Grundbegriffe. Historisches Lexikon zur politisch-sozialen Sprache in Deutschland, Bd. II. hrsg. von *O. Brunner / W. Conze / R. Koselleck*, Stuttgart

Rogier, L. J. / Aubert, R. / Knowles, M. D. (Hrsg.), 1965–1977: Geschichte der Kirche, 5 Bde. Einsiedeln u. a.

Rose, S. D., 1988: Keeping Them Out of the Hands of Satan: Evangelical Schooling in America. New York

Rose, S. D., 1989: Erweckungsbewegungen, Konversionen und Handlungsspielräume im Lebenslauf. In: *A. Weymann* (Hrsg.), Handlungsspielräume. Stuttgart, 134–150

Rosenbaum, H., 1982: Formen der Familie. Frankfurt a. M.

Rost, H., 1907: Die wirtschaftliche und kulturelle Lage der deutschen Katholiken. Köln

Roth, G., 1963: The Social Democrats in Imperial Germany – A Study of Working-Class-Isolation and National Integration. Totowa

Ruh, U., 1988: Wandel der kirchlichen Frömmigkeit. In: *G. Baadte / A. Rauscher* (Hrsg.), Neue Religiosität und säkulare Kultur. Graz u. a., 63–80

Schieder, W. (Hrsg.), 1986: Volksreligiosität in der modernen Sozialgeschichte. Göttingen

Schildt, A. / Sywottek A., 1989: „Wiederaufbau" und „Modernisierung". Zur westdeutschen Gesellschaftsgeschichte in den fünfziger Jahren. Aus Politik und Zeitgeschichte. Beilage zur Wochenzeitung Das Parlament B, 6–7, 18–31

Schilling, H., 1988: Reformation und Konfessionalisierung in Deutschland und die neuere deutsche Geschichte. In: *F.-X. Kaufmann / B. Schäfers* (Hrsg.), Religion, Kirchen und Gesellschaft in Deutschland. In: Gegenwartskunde Sonderheft 5. Opladen, 11–29

Schimank, U., 1988: Biographie als Autopoiesis – eine systemtheoretische Rekonstruktion von Individualität. In: *H.-G. Brose / B. Hildenbrand* (Hrsg.), Vom Ende des Individuums zur Individualität ohne Ende. Opladen, 55–72

217

Schluchter, W., 1988: Religion und Lebensführung, Bd. 2: Studien zu Max Webers Religions- und Herrschaftssoziologie. Frankfurt a. M.

Schluchter, W. (Hrsg.), 1988a: Max Webers Sicht des okzidentalen Christentums. Frankfurt a. M.

Schluchter, W., 1988b: Religion, Herrschaft, Wirtschaft und bürgerliche Lebensführung: Die okzidentale Sonderentwicklung. In: *Ders.* (Hrsg.), Max Webers Sicht des okzidentalen Christentums. Frankfurt a. M. 11–128

Schmidt, R. K. W., 1976: Zur Konstruktion von Sozialität durch Diakonie. Frankfurt a. M.

Schmidt, U., 1987: Zentrum oder CDU. Politischer Katholizismus zwischen Tradition und Anpassung. Opladen

Schmidt, U., 1990: Linkskatholische Positionen nach 1945 zu Katholizismus und Kirche im NS-Staat. In: *H. Ludwig/W. Schröder* (Hrsg.), Sozial- und Linkskatholizismus. Erinnerungen – Orientierung – Befreiung. Frankfurt a. M., 130–147

Schmidtchen, G., 1972: Zwischen Kirche und Gesellschaft. Forschungsbericht über die Umfragen zur Gemeinsamen Synode der Bistümer in der Bundesrepublik Deutschland. Freiburg u. a.

Schmidtchen, G., 1973: Gottesdienst in einer rationalen Welt. Religionssoziologischen Untersuchungen im Bereich der VELKD. Stuttgart/Freiburg u. a.

Schmidtchen, G., 1973a: Protestanten und Katholiken. Soziologische Analyse konfessioneller Kultur. Bern/München

Schmidtchen, G., 1977: Machtverlust der Kirche und religiöse Entwicklung der Gesellschaft. In: *M. Seitz/L. Mohaupt* (Hrsg.), Gottesdienst und öffentliche Meinung. Kommentare und Untersuchungen zur Gottesdienstumfrage der VELKD. Stuttgart, 21–46

Schmied, G., 1988: Kirche oder Sekte? Entwicklungen und Perspektiven des Katholizismus in der westlichen Welt. München

Schmitt, K., 1984: Inwieweit bestimmt auch heute noch die Konfession das Wahlverhalten? Konfession, Parteien und politisches Verhalten in der Bundesrepublik. In: *H.-G. Wehling* (Hrsg.), Konfession – eine Nebensache? Stuttgart u. a., 21–57

Schmitt, K., 1985: Religiöse Bestimmungsfaktoren des Wahlverhaltens: Entkonfessionalisierung mit Verspätung? In: *D. Oberndörfer* u. a., Wirtschaftlicher Wandel, religiöser Wandel und Wertwandel. Berlin, 291–332

Simmel, G., 1968: Soziologie. Untersuchungen über die Formen der Vergesellschaftung. Berlin, zuerst 1908

Simon, W., 1991: Glauben lernen? Modelle und Elemente einer Begleitung auf dem Lernweg des Glaubens. In: *Ders./M. Delgado* (Hrsg.), Lernorte des Glaubens. Berlin, 23–43

Sinus-Institut, 1984: Planungsdaten für eine mehrheitsfähige SPD. Eine Untersuchung im Auftrag des Parteivorstands der SPD. Heidelberg

Spaemann, R., 1959: Der Ursprung der Soziologie aus dem Geist der Restauration. München

Der Spiegel, 1991: Gewaltige Sprünge. Heft 14, 84–89

Der Spiegel, 1992: Nur noch jeder vierte ein Christ. Heft 25, 36–57

Spotts, F., 1976: Kirchen und Politik in Deutschland. Stuttgart

Statistisches Jahrbuch der Bundesrepublik Deutschland, 1957ff., Statistisches Bundesamt. Wiesbaden

Statistisches Jahrbuch der DDR, 1990: Staatliche Zentralverwaltung für Statistik. Berlin (Ost)

Steinkamp, H., 1985: Diakonie – Kennzeichen der Gemeinde. Freiburg i. Br.

Steinkamp, H., 1991: Sozialpastoral. Freiburg i. Br.

Stiftung Entwicklung und Frieden (Hrsg.), 1991: Globale Trends. Daten zur Weltentwicklung. Bonn/Düsseldorf

Stolz, F., 1991: „Alternative" Religiosität: Alternativ wozu? Schweizerische Zeitschrift für Soziologie 17, 659–666

Strümpel, B./Scholz-Ligma, J., 1988: Bewußtseins- und sozialer Wandel. Wie erleben die Menschen die Wirtschaft. In: *H. O. Luthe/H. Meulemann* (Hrsg.), Wertwandel – Faktum oder Fiktion? Frankfurt a. M., 21–47

Süss, G. P., 1978: Volkskatholizismus in Brasilien. Zur Typologie gelebter Religiosität. München/Mainz

Tenfelde, K. (Hrsg.), 1991: Das Ende des Klassenbewußtseins im Sozialstaat. Stuttgart

Troeltsch, E., 1977: Die Soziallehren der christlichen Kirchen und Gruppen. Tübingen, zuerst 1923

Tyrell, H., 1976: Probleme einer Theorie der gesellschaftlichen Ausdifferenzierung der privatisierten, modernen Kernfamilie. Zeitschrift für Soziologie 5, 393–417

Tyrell, H., 1982: Familie und Religion im Prozeß gesellschaftlicher Differenzierung, in: *V. Eid/L. Vaskovics* (Hrsg.), Wandel der Familie – Zukunft der Familie. Mainz

Tyrell, H., 1985: Nichteheliche Lebensgemeinschaften in der Bundesrepublik Deutschland. In: Schriftenreihe des BMJFG, Bd. 170. Stuttgart, 93–140

Tyrell, H., 1988: Ehe und Familie – Institutionalisierung und Deinstitutionalisierung. In: *K. Lüscher* u. a. (Hrsg.), Die postmoderne Familie. Konstanz, 145–156

Tyrell, H., 1990: Worum geht es in der „Protestantischen Ethik"? Ein Versuch zum besseren Verständnis Max Webers. Säculum 41, 131–177

Vester, M., 1989: Neue soziale Bewegungen und soziale Schichten. In: *U. C. Wasmuht* (Hrsg.), Alternativen zur alten Politik? Neue soziale Bewegungen in der Diskussion. Darmstadt, 38–63

Voll, P., 1991: Von der Mitte zum Rand? Zur Lage religiöser Milieus in der soziokulturellen Landschaft der Schweiz. Schweizerische Zeitschrift für Soziologie 17, 600–617

Voll, P., 1992: Vom Beten in der Mördergrube: Religion in einer Dienstleistungsgesellschaft. In: *A. Dubach/R. J. Campiche* (Hrsg.), Jeder ein Sonderfall? Religion in der Schweiz. Zürich

Vorgrimler, H., 1991: Vom „Geist des Konzils". In: *K. Richter* (Hrsg.), Das Konzil war erst der Anfang. Die Bedeutung des II. Vatikanums für Theologie und Kirche. Mainz, 25–52.

Wagner, F., 1986: Was ist Religion? Gütersloh

Wahl, K., 1989: Die Modernisierungsfalle. Gesellschaft, Selbstbewußtsein und Gewalt. Frankfurt a. M.

Walf, K., 1989: Der Abbruch der Kirche des Konzils. Diakonia. Internationale Zeitschrift für die Praxis der Kirche 20, 374–384

Weber, Ch., 1991: Ultramontanismus als katholischer Fundamentalismus. In: *W. Loth* (Hrsg.), Deutscher Katholizismus im Umbruch zur Moderne. Stuttgart u. a., 20–45

Weber, M., 1956: Wirtschaft und Gesellschaft. Grundriß der verstehenden Soziologie, hrsg. von *J. Winckelmann,* Tübingen 4. Aufl., zuerst 1922

Weber, M., 1971/72: Gesammelte Aufsätze zur Religionssoziologie, 3 Bde. Tübingen, zuerst 1920

Wehler, H.-U., 1975: Modernisierungstheorie und Geschichtswissenschaft. Göttingen

Wehler, H.-U., 1987: Deutsche Gesellschaftsgeschichte, Erster Band: Vom Feudalismus des Alten Reiches bis zur Defensiven Modernisierung der Reformära 1700–1815. München

Weibel, R., 1991: Stabilität und Stagnation. Die Schweiz im Jubiläumsjahr 1991. Herder-Korrespondenz 45, 360–364

Weizsäcker, C. F. von, 1986: Die Zeit drängt. München

Welsch, W., 1987: Unsere postmoderne Moderne. Freiburg i. Br.

Welte, B., 1965: Zum Strukturwandel der katholischen Theologie im 19. Jahrhundert. In: *Ders.,* Auf der Spur des Ewigen. Freiburg i. Br.

Werlen, I., 1984: Ritual und Sprache. Zum Verhältnis von Sprechen und Handeln in Ritualen. Tübingen

Weymann, A., 1989: Handlungsspielräume im Lebenslauf. Ein Essay zur Einführung. In: *Ders.* (Hrsg.), Handlungsspielräume. Stuttgart, 1–39

Weymann, A., 1989a: Ergebnisse und Schlußbemerkungen. In: *Ders.* (Hrsg.), Handlungsspielräume. Stuttgart, 210–213

Worldwatch Institute Reports, 1990: Zur Lage der Welt. Daten für das Überleben unseres Planeten. Frankfurt a. M.

Zander, H., 1988: Zur Situation der katholischen Kirche in der DDR. In: Aus Politik und Zeitgeschichte B 4–5, 29–38.

Zapf, W., 1966: Angst vor der wissenschaftlichen Frage. Zur Diskussion über das „katholische Bildungsdefizit": Materialien und Argumente. In: *N. Greinacher/ H. T. Risse* (Hrsg.), Bilanz des deutschen Katholizismus. Mainz

Zapf, W., 1990: Modernisierung und Modernisierungstheorien. In: *Ders.* (Hrsg.), Die Modernisierung moderner Gesellschaften. Verhandlungen des 25. Deutschen Soziologentages in Frankfurt a. M. 1990. Frankfurt a. M., 23–39

Zeiger, I., 1975: Kirchliche Zwischenbilanz 1945. Bericht über die Informationsreise durch Deutschland und Österreich im Herbst 1945, eingeleitet und kommentiert durch Ludwig Volk. Stimmen der Zeit 193, 293–312

Zentralkomitee der deutschen Katholiken, 1958: Arbeitstagung Saarbrücken 16.-19. April 1958. Paderborn

Zerfaß, R., 1983: Zu den Chancen der Glaubensvermittlung in unserer Gesellschaft. Theologie der Gegenwart 26, 151–159

Zerfaß, R., 1988: Die Funktion der Caritas und ihrer Einrichtungen für die Kirche selbst. In: Caritas Internationalis. Regio Europa (Hrsg.), Schlußbericht des Internationalen Seminars über sozio-caritative Einrichtungen der Caritas Brüssel, 5.-7. 11. 1987. Luzern, 39–55

Ziehe, Th., 1991: Zeitvergleiche. Jugend in kulturellen Modernisierungen. Weinheim/München

Zinnecker, J., 1987: Jugendkultur 1940–1985. Opladen

Zulehner, P. M., 1990: „Zur Welt kommen …" Zur Auseinandersetzung um das Zweite Vatikanum. Theologie der Gegenwart 33, 126–133

Zulehner, P. M. u. a., 1991: Vom Untertan zum Freiheitskünstler. Eine Kulturdiagnose anhand der Untersuchungen „Religion im Leben der Österreicher 1970-1990" – „Europäische Wertestudie – Österreich 1990". Freiburg i. Br. u. a.

QUAESTIONES DISPUTATAE

Herder Freiburg · Basel · Wien